WESTEND

Moshe Zimmermann
Moshe Zuckermann

Denk ich an Deutschland …

Ein Dialog in Israel

WESTEND

Erweiterte Ausgabe. Erschien zunächst auf Hebräisch unter dem Titel *Choschwim germania. Dialog israeli* im Resling Verlag.

Mehr über unsere Autor:innen und Bücher:
www.westendverlag.de

Die Deutsche Nationalbibliothek verzeichnet diese Publikation in der Deutschen Nationalbibliografie; detaillierte bibliografische Daten sind im Internet über http://dnb.d-nb.de abrufbar.

FSC
www.fsc.org
MIX
Papier | Fördert gute Waldnutzung
FSC® C014889

ISBN: 978-3-86489-402-2

Übersetzung von den Autoren
Lektorat: Lea Mara Eßer
Umschlaggestaltung: Buchgut, Berlin
Satz: Publikations Atelier, Dreieich
Druck und Bindung: Pustet, Regensburg
Printed in Germany

Inhalt

Vorbemerkungen zur deutschen Ausgabe

Deutschland ist in Israel ein heikles Thema. Die berufliche Beschäftigung beider Autoren des vorliegenden Bandes wendet sich (dennoch) gerade diesem Thema zu, der deutschen Geschichte und dem zeitgenössischen Diskurs über diese Geschichte. Der Band ist das Ergebnis eines Dialogs, den wir ein Dreivierteljahr, von April 2021 bis Januar 2022, miteinander geführt haben. Es handelt sich um eine fortlaufende E-Mail-Korrespondenz in wechselndem Rhythmus, der einerseits durch die Zwänge unserer anderen Aktivitäten und Verpflichtungen, andererseits aber durch das drängende Bedürfnis, uns mit dem zu befassen, was dieses Buch zu erörtern trachtet, bestimmt wurde. Der Inhalt dieses Buches mag als eine Art Bilanz (vielleicht auch nur Zwischenbilanz) dessen gewertet werden, womit wir uns als Professoren und *public intellectuals* seit rund fünfzig Jahren beschäftigen*: der vielschichtigen Geschichte Deutschlands, der Geschichte des Zionismus sowie der Wechselbeziehung zwischen beiden Geschichten samt der sich von ihr ableitenden Themenkomplexe – der Shoah der europäischen Juden, dem israelisch-palästinensischen Konflikt, dem Antisemitismus und seiner Vereinnahmung für fremdbestimmte Zwecke, der israelisch-zionistischen politischen Kultur und ihrer (deutschen) Wurzeln im 19. Jahrhundert und anderer Fragen, die sich aus unserem bewegten Dialog ergaben. Kurze Zeit nach Abgabe des Manuskripts zur Veröffentlichung wurden wir dann von einem neuen relevanten Ereignis, einem Krieg in Europa, überrascht, und wir hielten es für notwendig, auch dieses Ereignis im Nachtrag zu erörtern, um unseren Dialog abzuschließen.

* Eine ausführliche Literaturliste beider Autoren findet sich auf der Internetseite des Verlages.

Die Logik einer Bilanz in Dialogform liegt darin, dass wir uns in unseren historischen und politischen Anschauungen zwar nah sind, aber nicht so nah, dass die Unterschiede unserer Positionen oder die Verschiedenheit unserer Biografien einen regen Austausch verhindern würden, wobei sie zugleich einen willentlich polemischen Ton ausschließen. Den Lesern wird der ehrliche Versuch angeboten, die Dinge auf gemeinsamer Basis eingehend zu durchleuchten und Nuancen zu erörtern, die der öffentliche Diskurs zumeist in simplifizierender Eindimensionalität, zuweilen auch in selbst auferlegter Blindheit anzugehen neigt. Es ist anzunehmen, dass die Ergebnisse des von uns geführten Dialogs sich nicht in den israelischen Konsens einfügen, und manche werden in ihnen wohl eine säkulare Häresie gegen Zentralpostulate der israelischen Staatsideologie und die Hegemonie ihrer Apparate sehen wollen. Auch eine typische Reaktion, die sich des »Man kann nicht vergleichen« bedient, ist zu erwarten. Eine solche Rezeption unseres Denkens ist uns nicht neu, wir sind an sie gewöhnt, nicht nur in Israel, sondern auch in Deutschland. Man darf gleichwohl hoffen, dass die Debatte um die wie immer kontroversen Thesen und Postulate so sachlich wie möglich geführt werden wird.

Unter dem Titel *Public Historians*[1] ist jüngst in Deutschland eine Aufsatzsammlung erschienen, die sich mit im Mittelpunkt öffentlicher historischer Debatten in Deutschland stehenden Personen und Themen befasst. In Deutschland sind solche Debatten eine geläufige Erscheinung, wovon das Feuilleton in den respektablen Zeitungen ein beredtes Zeugnis ablegt. Unser Dialog ergänzt diesen von einer Nabelschau geprägten innerdeutschen Diskurs durch eine von außen kommende Sichtweise, die sich (auch) an ein nichtdeutsches Publikum richtet.

Es mag sich die Frage stellen, ob dies die angemessene Form ist, sich mit solch gewichtigen Themen auseinanderzusetzen. Einerseits dürfte klar sein, dass ein forschungsmäßig geordneter, sich ins Detail akribisch vertiefender Schreibduktus ein systematischeres, vielleicht auch »verantwortungsvolleres« Ergebnis im Hinblick auf die Tiefendimensionen des Erörterten hätte hervorbringen können. Wir haben uns hingegen von vornherein auf je höchsten zwei bis drei Seiten zu jeder Frage im Verlauf des Dialogs beschränkt, was einem breiteren Publikum Einblick in die komplexen Bereiche eröffnen soll. Außerdem steht außer Zweifel, dass gerade die dialogische Ping-Pong-Dynamik, die keiner strikt eingehaltenen Ordnung unterliegt, Perspektiven und Debattendimensionen erzeugt hat, die keiner von uns hätte allein hervorbringen können. Wer darüber hinaus gewillt ist, die Erzeugnisse unserer Forschung zu prüfen, ist eingeladen, dies zu tun. Vielleicht wird dies auch helfen, die häufige Verwechslung zwischen den beiden sich mit Deutschland befassenden Moshes endlich zu überwinden.

Wie dem auch sei, der Dialog ist vollendet, das Urteil obliegt nun den Lesern.

Moshe Zimmermann und Moshe Zuckermann
Israel, im Mai 2023

Die Triade: Deutschland-Israel-Palästina

Tel Aviv, 21. April 2021
Zuckermann an Zimmermann

Der Versuch, Israel, Deutschland und Palästina in einen homogenen historisch-politischen Zusammenhang zu setzen, ist so notwendig wie problematisch. Er ist notwendig, weil die Konstellation dieser Triade in der Tat prägnante, unleugbare historische Wurzeln aufweist. Deutschland hat den Holocaust des europäischen Judentums verursacht. Die Gründung des Staates Israel (jedenfalls die Beschleunigung der Gründung) war unter anderem das Ergebnis dieses welthistorischen Ereignisses im Sinne einer nationalen staatlichen Zufluchtsstätte für das jüdische Volk bei jedem künftigen es ereilenden Unglück. Aber die Staatsgründung als emanzipativer Akt für die Juden ging mit einer kollektiven Katastrophe für das palästinensische Volk einher. Die Benennung einer solchen Verbindung ist dahingehend problematisch, dass die Konstellation zugleich die ideologische Instrumentalisierung ihrer katastrophischen Aspekte samt deren Unterordnung unter heteronome Bedürfnisse und zudem unzulässige Vergleiche und widersinnige Kausalverbindungen ermöglicht. Es lohnt sich daher, die zentralen ideologischen Grundlagen der Kontext-Koordinaten dieser unheiligen Dreifaltigkeit zu untersuchen.

Man mag sich fragen, ob es selbstverständlich war, die Adresse der Sühne für die von Deutschland am jüdischen Volk begangenen Verbrechen gerade im Staat Israel zu finden. Das Grauen ereignete sich ja noch vor der Staatsgründung, und zwar an geografischen Orten, die weit entfernt waren vom Territorium, auf dem später der Staat errichtet wurde; entsprechend waren die Opfer nicht seine Bürger, und es darf bezweifelt werden, ob ein Großteil von ihnen sich selbst überhaupt als zionistisch ansah. Als aber 1952 das sogenannte Wiedergutmachungsabkommen beschlossen wurde, war allen Beteiligten klar, dass es sich um einen Deal handelte, dessen Logik auf den partikularen Interessen einer jeden der beiden Seiten basierte. Die USA reagierten gleich nach Beendigung des Zweiten Weltkriegs auf die neue geopolitische Konstellation im Rahmen dessen, was sehr bald unter dem Begriff »Kalter Krieg« geführt wurde. Sie benötigten eine feste Bastion in Mitteleuropa, die sich dem sich verbreitenden Sowjetkommunismus entgegenstemmen sollte. Der westliche Teil des besiegten Deutschlands ist zu dieser Bastion erkoren worden – eine verständliche Wahl angesichts der Folgen des Krieges und der Teilung Deutschlands, durch die dessen westlicher Teil der Besatzungsautorität der Alliierten unterworfen worden ist. Um den Plan der USA zu verwirklichen, war es nötig, (West-)Deutschland wieder in die »Völkergemeinschaft« zu integrieren. Zu diesem Zweck wurden Praktiken der »Umerziehung« und Prozeduren der »Entnazifizierung« in Gang gesetzt, welche die Resteinflüsse des Nazismus auf die deutsche Bevölkerung eliminieren sollten. Westdeutschland erhielt von den USA auch massive wirtschaftliche Unterstützung, die es schnellstmöglich wiederherstellen sollte; in der Tat war der Marshall-Plan dermaßen erfolgreich, dass sich innerhalb eines Jahrzehnts das westdeutsche »Wirtschaftswunder« ereignete, welches das völlig zerstörte Deutschland in eine der stärksten und blühendsten Mächte Europas verwandelte. Die ökonomische Prosperität war es auch, die die Materialisierung der Sühne ermöglichte, für deren Verwirklichung Israel, wie gesagt, als Adresse fungierte.

Israel erfüllte seinerseits seinen Part des Deals, indem es sich bereit erklärte, ihn zu akzeptieren und das Geld anzunehmen. Das hatte seine guten Gründe: Der jüngst gegründete Staat sah sich großer wirtschaftlicher Not ausgesetzt und benötigte dringend den Kapitalimport, um die Infrastruktur für die Massen an Immigranten, die in Israel einzuströmen begannen, aufzunehmen. Der Deal hatte auch Gegner – sei es aus politischen Gründen (die Kommunisten) oder aus national-moralischen Beweggründen (Begins Cherut-Partei) –, aber Ben-Gurion, der erste, der von einem »anderen Deutschland« sprach, schaffte es, den Deal durchzubringen und ihm eine allgemeine parlamentarische Geltung zu verschaffen. Wie man die getroffene und verwirklichte Entscheidung auch betrachtet, Deutschland und Israel wollten letztlich beide den Deal, beide aus je eigenem zweckgerichtetem Kalkül: Jenes wollte zahlen und dieses wollte bezahlt werden. Die ermordeten Opfer und die Überlebenden wurden *mutatis mutandis* zum Schlüsselfaktor bei der Umwandlung der historischen Schuld und der Sühne in einen materiellen Tauschwert. Das Reden über das Andenken an die Opfer erwies sich denn schon in dieser frühen Phase als primär ideologisch.

Dies schlug sich auch im innerisraelisch-jüdischen Diskurs nieder – damals wie in gewissem Sinne auch noch heute: Da die zionistische Ideologie auf dem kategorischen Postulat der Diaspora-Negation basiert, konnte der als Verkörperung des diasporischen Subjekts angesehene Shoah-Überlebende in die zionistische Wirklichkeit nur negativ aufgenommen werden, genauer: als der, dem das Ablegen seiner (diasporischen) Identität kategorisch abgefordert wird. Gegenüber den Ermordeten konnte diese Forderung nicht gestellt werden – sie verwandelten sich bald zur riesigen anonymen Masse (»die sechs Millionen«), Objekte einer selbstgerechten ideologischen Bezichtigung (»wenn der Staat Israel nur rechtzeitig gegründet worden wäre«); gegenüber den in Israel ankommenden Überlebenden (»aus zionistischen Gründen«, wie man zu sagen pflegt) war die Forderung eindeutiger: »Eliminiert die von ›dort‹ mitgebrachte Identität – eignet euch die Identität des ›neuen Juden‹ an.«

Ein nicht geringer Anteil der Überlebenden kam dieser Forderung in der Tat nach. Das heißt, tagsüber Zionist sein und Überlebender »von dort« in den Nächten. Manchmal kapitulierte der Zionismus vor dem »Dort«; manchmal wurde das »Dort« zugunsten des Zionismus verdrängt; es gab auch Fälle der völligen Unfähigkeit, das Dasein hier mit der psychischen Realität der Erinnerung ans »Dort« miteinander zu vereinbaren. Das subjektive Lebensschicksal der Überlebenden war nicht einheitlich, wie denn auch die Identitäten der Gemordeten, als sie noch am Leben waren, sich voneinander unterschieden. Aber diese fundamentale Einsicht interessierte die sich im neuen Staat nach und nach bildende öffentliche Sphäre nicht – die Wirklichkeit der Opfer stand im Widerspruch zu den staatlich-ideologischen Bedürfnissen dieser Sphäre. Der Staat stellte also eine im Wesen ideologische Forderung: das Opfer nach Israel zu importieren, ohne sich aber seiner Realität als Überlebens-Subjekt, mithin seiner erlebten Wirklichkeit totaler Ohnmacht, aussetzen zu müssen (geschweige denn, sie zu akzeptieren). Im besten Fall herrschte ein Schweigen, ein bewusstes Nicht-Sprechen zwischen dem Subjekt, Träger des Unfassbaren, und dem den Unwillen zu begreifen tragenden Subjekt. Im argen – und gängigen – Fall vollzog sich die Verdinglichung des Opfers und dessen systematische Unterordnung als »Opfer« unter das Postulat der zionistischen Rechtfertigungsideologie.

Das staatsoffizielle, öffentliche Shoah-Gedenken in Israel entfaltete sich von Anbeginn als Akt der Instrumentalisierung dessen, was »dort« geschah, für fremdbestimmte Zwecke. Die Shoah mutierte zur »Shoah« und wurde als solche dem Tauschprinzip untergeordnet – je mehr sich die Ideologie ihrer Einzigartigkeit intensivierte, desto fungibler wurde sie über die Jahre: materiell fungibel auf der ökonomisch-kommerziellen Ebene, ideologisch fungibel auf der politisch-diplomatischen Ebene, mental fungibel auf der militärischen-sicherheitsmäßigen Ebene, rhetorisch fungibel im Alltagsdiskurs. In der Tat verkam die Shoah gerade in Israel zum Bestandteil der Kulturindustrie. Der archaische jüdische Imperativ des Gedenkens (»Zechor!«) gerann zur inflationären Erinnerung, zur Praxis der Nicht-Erinnerung durch fetischistische Routinisierung des Gedenkens – zur schauerlichen Verwirklichung des Nicht-Gedenkens.

Gleichwohl ist dies nur die eine Seite des israelischen Opfer-Diskurses. Der Staat Israel entstand, wie gesagt, aus und infolge der Katastrophe des jüdischen Volkes, aber er selbst viktimisierte im Prozess seiner Gründung das palästinensische Volk. Zwar sollte man die Dimensionen des Leids der Palästinenser, so schrecklich und tiefgreifend es sich manifestierte, nicht mit dem Grauen des Zivilisationsbruchs von Auschwitz vergleichen; und doch sehen sich die Palästinenser nicht von ungefähr bis zum heutigen Tag als »Opfer der Opfer«. Diese

Kodierung des Nahostkonflikts enthält einen Wahrheitskern, den man auf keinen Fall ignorieren darf. Indes, angesichts der Tatsache, dass die Shoah als Katastrophe der Juden fast völlig aus dem palästinensischen Diskurs ausgeschlossen ist (Ausnahmen bilden hierin Edward Said und Azmi Bishara), mag die Apostrophierung der (jüdischen) Opfer als Viktimisierer als ideologisch erscheinen, mithin als heteronome Verwendung der Kategorie der Opfer – zumindest, was die jüdischen Opfer anbelangt. Das ist nachvollziehbar: Wie soll man auch eine empathische Identifizierung mit dem (historischen) Leid jener erwarten, die (in der Gegenwart) das eigene Leid verursachen? Das Problem beginnt mit dem Vergleich: Man muss nicht Auschwitz heranziehen, um erschüttert zu werden von dem, was die Israelis in den besetzten Gebieten anrichten, von der von ihnen praktizierten Barbarei und ihrem brutalen Verhalten als Besatzer. Sobald aber der Vergleich gezogen wird (wie es von Palästinensern zuweilen tatsächlich getan wird), verzerrt er die historischen Kontexte, innerhalb derer die Opfer als solche zu Opfern wurden. Die Verzerrung ist ihrem Wesen nach falsch. Nicht nur ist der Vergleich im Hinblick auf die historischen Ereignisse nicht triftig – so entsetzlich die Realität der israelischen Okkupation ist, vollziehen die Israelis nicht eine industriell verrichtete, administrativ geplante und bürokratisch organisierte Vernichtung des palästinensischen Volkes –, er verfehlt auch sein Ziel: Ein jeder solcher Vergleich verlegt die Erörterung von der Realität des Beklagten in den Bereich der Empörung über den schieren Vergleich und der Polemik gegen ihn; das palästinensische Leid wird nicht mehr thematisiert, während die Israelis automatisch zu »Opfern« werden (allein schon durch den Vergleich).

Aber über den rein politischen Aspekt hinaus birgt der Vergleich eine schändliche Dimension der Banalisierung des Opferbegriffs in sich: Da jeder Erinnerung an die Vergangenheit zwangsläufig ein instrumentalisierendes Element anhaftet, und zwar allein schon durch die Eingliederung der Vergangenheit in die Hierarchie der Bedürfnisse, Bestrebungen und Orientierungen der Gegenwart, macht nicht allein die zweckgerichtete Funktionalisierung der Vergangenheit das Problem aus, sondern die sie antreibende Absicht. Die »Konkurrenz« um den Status der Opfer, die sich im Vergleich der eigenen Opfer zu den Opfern der anderen manifestiert, schändet sowohl das Andenken der historischen Opfer als auch das der Opfer der Gegenwart, da sie sich nicht mit den Opfern als solchen (und den Tätern als solchen) befasst, sondern mit der widersinnigen Quantifizierung des Leids zugunsten der »Rechtfertigung des begangenen Weges« und – noch schlimmer – zur Rechtfertigung einer politischen Ideologie, die immer mehr Opfer hervorbringt. Nichts verrät die Opfer mehr als die Vereinnahmung ihres Andenkens zur Rechtfertigung einer oppressiv-viktimisierenden Wirklichkeit.

So besehen, äußert sich das Problem der Triadenkonstellation Israel-Deutschland-Palästina vor allem darin, dass trotz der Tatsache, dass sie zwar von einer pathoserfüllten Mentalität der »Erinnerung« dominiert wird, sich letztlich aber der Erinnerung der Opfer als solcher verweigert: Israelis und Palästinenser ignorieren beidseitig die historischen wie gegenwärtigen Opfer des je anderen Kollektivs, und insofern sich die deutsche Erinnerung auf beide Kollektive bezieht, erweist sie sich als Gefangene innerhalb der heteronomen Dynamik, die diese zwischen sich entfaltet haben.

Jerusalem, 28. April 2021
Zimmermann an Zuckermann

Bereits in Deinem ersten Beitrag näherst Du Dich gleich zwei großen Themen an – der »Dreifaltigkeit« und der Instrumentalisierung der Shoah. Lass mich mit dem ersten Thema beginnen. Obwohl beide Themen miteinander verquickt sind, ziehe ich eine Trennung vor, um mehr Klarheit zu schaffen.

Schon dem Leser von Theodor Herzls *Altneuland* wurde klar, dass jenseits der Gegenüberstellung von »Wir Juden« und »Ihr

Deutschen (oder Europäer)« eine dritte, das Dreieck ergänzende Seite hinzukommen muss – die arabischen Bewohner Palästinas. Der Dialog zwischen Juden und Deutschen, oder besser: zwischen Zionisten und Deutschen, durfte von Beginn an die arabische Bevölkerung im sogenannten Nahen Osten nicht einfach ausklammern. Deutschland war schließlich ein Land mit kolonialen Ambitionen, eine Weltmacht, die das Osmanische Reich, die Herrscherin des Nahen Ostens, unterstützte und daher einzig innerhalb dieses Zusammenhangs eine Haltung zur zionistischen Lösung der »Judenfrage« einnehmen konnte. Dabei ging es nicht allein um die Überlegungen innerhalb der Entourage des Kaisers bzw. in der Wilhelmstraße, sondern auch um die öffentliche Meinung. Nicht nur Herzl, der den Antisemitismus durch die Auswanderung der Juden aus Europa und ihre Ansiedlung in einem eigenen Territorium überwinden wollte, wusste, dass Palästina von Arabern besiedelt ist. Darauf hatte bereits Wilhelm Marr, der Mann, der den Begriff Antisemitismus geprägt hat, hingewiesen, als er von der Gründung der zionistischen Bewegung erfuhr. Als das Deutsche Kaiserreich um die Unterstützung der zionistischen Unternehmung gebeten wurde, wollte es nicht nur auf die Interessen des Osmanischen Reichs Rücksicht nehmen, sondern auch auf jene der dort lebenden arabischen Bevölkerung und strebte eine ausgewogene Politik an. So blieb es auch nach dem Ersten Weltkrieg, als Deutschland sein Kolonialreich aufgeben musste, und sogar in der Palästina-Politik des Dritten Reichs: Das Regime unterstützte den Zionismus, das heißt die Auswanderung der Juden nach Palästina, als »Lösung der Judenfrage« sogar noch mehr als das Kaiserreich; dies, ohne die Kooperation mit der arabischen Bevölkerung in der Region gefährden zu wollen, auf die man im Kampf gegen die Kolonialreiche der Demokratien setzte. Diese Tradition der »Triade« konnte sich auch nach der Niederlage des Dritten Reichs und der Gründung beider deutscher Staaten fortsetzen. Westdeutschland, die alte Bundesrepublik, unterstützte das zionistische Projekt, nunmehr gleichsam als Sühne der Verfolgung und Ermordung der europäischen Juden, während es zugleich auf seine Interessen in der arabischen Welt achtete, die sich naturgemäß auf die Seite der Palästinenser stellte. Kurzum: Von Beginn an und bis heute geht es letztlich um eine Triade, die nur teilweise mit der Shoah zusammenhängt. In diesem Sinne ist Deutschland nicht mehr als ein Beispiel für eine Triade, deren eine Seite die europäische Großmacht, die zweite die zionistische Bewegung bzw. Israel, und die dritte die arabische Welt, einschließlich Palästina, verkörpert. Die arabische und palästinensische Reaktion auf die zionistische Vision war von Beginn an eindeutig, auch ohne Bezug auf die Shoah: Wieso sollen wir die Opfer einer Konfrontation zwischen Juden und Nichtjuden in Europa werden? Für den Historiker bietet sich hierin der Kontext »europäischer Kolonialismus und Post-Kolonialismus« an, noch ehe er bei der Kategorie »Katastrophe und Shoah« angelangt ist.

Auch das Opfermotiv taucht im besagten Dreiecksverhältnis bereits vor der Shoah auf. Der Kontext ist bekannt: Juden sind Opfer des Antisemitismus und sehen sich der Notwendigkeit einer Selbstbestimmung als Nation unter Nationen ausgesetzt. Dass die Juden in diesem Zusammenhang Opfer sind, erweist sich im historischen Geschehen – sowohl in der Massenauswanderung als auch in der Verfolgung und Ermordung der Juden. Gleichwohl neigten auch manche Deutsche und andere Europäer dazu, sich als Opfer zu betrachten: als Opfer einer »jüdischen Verschwörung«. Aus ihrer Perspektive waren antijüdische Maßnahmen die Reaktion des Opfers auf ein von Juden verübtes Unrecht. Bei der Suche nach einer »Lösung« haben sie es vorgezogen, das »Problem« in eine Region zu verlagern, in der die Opfer der vermeintlichen jüdischen Verschwörung keine Europäer mehr sein werden. Dieser Logik zufolge half die Unterstützung der Zionisten durch Nichtjuden bei der Verlagerung des Aufenthaltsortes der Täter (also der Juden) von Europa nach Palästina. Und dennoch fragten sich auch manche Antisemiten, ob es nicht ungerecht sei, somit den Arabern die Rolle der Opfer aufzubürden. Bereits Wilhelm Marr war der Ansicht, dass Europäer nicht das Recht haben, die Araber in Opfer zu verwandeln. Selbst das Dritte Reich hat zugegeben, dass man die falsche Gruppe trifft, wenn man die »Judenfrage« durch Auswanderung nach Palästina zu lösen trachtet.

Nach der Shoah wurde die Debatte um das Opfersein, mithin die Konkurrenz der Opfer um dieses »Privileg«, offen geführt. So ist bereits in der deutschen Gesellschaft (und das galt auch für die DDR) von den Palästinensern als »Opfer der Opfer« die Rede. Nach der Shoah galten zwar die Juden als absolute Opfer, nicht »die« Deutschen oder »die« Europäer; aber die dritte Seite des Dreiecks aus der Zeit vor der Shoah blieb erhalten – die Araber als Opfer der Juden. Antisemiten konnten (auch mit indirekter Hilfe von Zionisten) weiterhin an der Behauptung festhalten, dass sie die eigentlichen Opfer seien – eine Behauptung, die die Nazis maximal auszuschlachten verstanden. Es wurde keine antijüdische Maßnahme ergriffen, ohne von der Annahme auszugehen, dass die Deutschen, die Europäer, die Nichtjuden darin lediglich auf eine jüdische Provokation reagierten, also die eigentlichen Opfer seien. Nach der Shoah gab es für diese antisemitische Annahme wenig Verständnis, sie wurde daher durch ein anderes Argument ersetzt, das die Verlagerung der Schuld auf die Juden ermöglichte, nämlich durch die Verwandlung der Juden in Täter und der Palästinenser in deren Opfer. So entstand eine schwierige Situation für den deutsch-israelischen Dialog: Palästinenser sind ja in der Tat Opfer des Zionismus geworden, doch der neue Täter, der zionistische Judenstaat, verschaffte sich die Rechtfertigung für sein Handeln, indem er für sich die historische jüdische Rolle des Opfers in Anspruch nahm, während die eigentlichen damaligen Opfer als Asche auf europäischem Boden lagen. Somit sind wir beim Thema der Instrumentalisierung der Shoah angelangt, mit dem ich mich später auseinandersetzen möchte.

Zusammenfassend kann ich sagen: Die Debatte um die hier erörterte »Dreifaltigkeit« kann sowohl im Rahmen des postkolonialen Diskurses als auch im Rahmen der Opfer-Konkurrenz stattfinden, mit oder ohne Bezug auf die Shoah.

Deutscher Antisemitismus

Tel Aviv, 30. April 2021
Zuckermann an Zimmermann

Die Erweiterung des Spektrums der Triadenkonstellation, mithin ihre Rückführung bis zur Zeit des Kaiserreichs, scheint mir wichtig zu sein. Nicht nur weist sie auf einen geopolitischen Zusammenhang hin, der in gewissem Sinne sogar den Aktionsbereich der zentralen Protagonisten in der Triade überschreitet (und sie dem Diskurs über Kolonialismus und Imperialismus im Allgemeinen unterwirft), sondern sie schert auch aus dem Bereich aus, der die Shoah als bestimmenden Faktor der Beziehungen zwischen den Protagonisten betrachtet. Das lässt natürlich die klassische Frage aufkommen, welchen Zeitpunkt man als Beginn der erörterten historischen Erscheinung wählt. In der Tat muss man zur Ära des Kaiserreichs zurückkehren, nicht nur, weil sich in ihr die kolonialistischen/imperialistischen Ambitionen Deutschlands herausbilden, sondern auch, weil in dieser Zeit der Antisemitismus seine moderne (noch nicht dezidiert rassistische) Form annimmt, mithin seine Etablierung in der politischen Sphäre beginnt, wie Du in Deinem Buch über Wilhelm Marr gezeigt hast. Es versteht sich von selbst, dass dabei der kausale Wirkzusammenhang in den Blick genommen werden muss: Da »das jüdische Problem« angesichts der Verbreitung des säkularen Antisemitismus in der westlichen bürgerlichen Gesellschaft zu einem realen Problem gerann und da der herzlianische Zionismus sich primär als Reaktion auf diesen Antisemitismus, der zum Schlüsselfaktor in der Beziehung von Nichtjuden zu Juden avancierte, herausbildete und begründete, war die zionistische Lösung des »Problems« zwangsläufig der Idee verschwistert, die Lösung außerhalb Europas auf einem Territorium zu verwirklichen, welches gewiss kein Land ohne Volk für ein Volk ohne Land darstellte. Interessant ist in diesem Kontext das von Dir ausgemachte Muster, welches sich, bis auf wenige Änderungen, von der Ära des Kaiserreichs, über die Nazizeit hindurch bis hin zur Gründung des zionistischen Staates (und seiner Beziehung zu beiden deutschen Staaten) fortwährend reproduziert. Es sei dabei, so besehen, hervorgehoben, dass der Zionismus von Anbeginn vom Antisemitismus »abhing«, es lässt sich gar behaupten, dass er ein objektives Interesse an dessen Bestehen hatte. Ich habe mal (ich weiß nicht mehr, wo) einen Ausspruch Ben-Gurions gelesen, demzufolge der Antisemitismus dem Zionismus nütze, und wenn er sich zuweilen abschwäche, müsse er belebt werden. Es ist meines Erachtens kein Zufall, dass die Antisemitismus-Forschung in Israel nicht sonderlich weit entwickelt ist. Außer der jährlich publizierten quantitativen Berichte über den fluktuierenden Antisemitismus-Index in der Welt bekommt die israelische Bevölkerung kaum je Zugang zu Forschungen, die die soziologischen, psychologischen, politischen und ideologischen Dimensionen des Phänomens beleuchten, geschweige denn zu Untersuchungen dazu, inwiefern Israel selbst mit seiner Politik Rechtfertigungen für latente antisemitische Ressentiments produziert. Hinzu kommt, dass Israel auch im Rest der Welt keinesfalls Antisemitismus bekämpft; es bietet allenfalls den von ihm betroffenen Juden an, nach Israel zu emigrieren. Es lässt sich natürlich fragen, ob der bestehende Antisemitismus überhaupt bekämpft werden kann. In den 1880er Jahren wurde Theodor Mommsen gebeten, sich über den Antisemitismus zu äußern. Man sagte ihm, seine Worte könnten hilfreich sein bei der Bekämpfung des Phänomens. In seinem Antwortbrief schrieb Mommsen: »Sie täuschen sich, wenn Sie glauben, dass ich da was richten kann. Sie täuschen sich, wenn Sie glauben, dass man da überhaupt mit Vernunft etwas machen kann. Es ist alles umsonst. Was ich Ihnen sagen könnte [...], das sind doch immer nur Gründe, logische und sittliche Argumente. Darauf hört doch kein Antisemit. Die hören nur auf den eigenen Hass und den eigenen Neid, auf die schändlichsten Instinkte ... gegen den Pöbel gibt es keinen Schutz – ob es nun der Pöbel auf der Straße oder der Pöbel im Salon ist, das macht keinen Unterschied. Kanaille bleibt Kanaille, und der Antisemitismus ist die Gesinnung der Kanaille. Er ist wie eine schauerliche Epidemie, wie die Cholera – man kann ihn weder erklären noch heilen. Man muss geduldig warten, bis sich das Gift von selber auflöst und seine Kraft verliert.«[2] Die Wirkung des Giftes hat sich bekanntlich nicht von selber aufgelöst. Im Gegenteil, es hat das Allerschlimmste bewirkt. Indes, nicht darum geht es im hier erörterten Zusammenhang, sondern um den heteronomen Gebrauch des Antisemitismus-Vorwurfs. Im Hinblick auf das Opfer-Täter-Muster, das Du angerissen hast, würde ich gern eine gewisse Differenzierung vornehmen.

Du stellst fest: »Gleichwohl neigten auch manche Deutsche und andere Europäer dazu, sich als Opfer zu betrachten: als Opfer einer ›jüdischen Verschwörung‹. Aus ihrer Perspektive waren antijüdische Maßnahmen die Reaktion des Opfers auf ein von Juden verübtes Unrecht.« Weiterhin sagst Du: »Es wurde keine antijüdische Maßnahme ergriffen, ohne von der Annahme auszugehen, dass die Deutschen, die Europäer, die Nichtjuden darin lediglich auf eine jüdische Provokation reagierten, also die eigentlichen Opfer seien.« Und fügst dem hinzu: »Nach der Shoah gab es für diese antisemitische Annahme wenig Verständnis, sie wurde daher durch ein anderes Argument ersetzt, das die Verlagerung der Schuld auf die Juden ermöglichte, nämlich durch die Verwandlung der Juden in Täter und der Palästinenser in deren Opfer.« Bevor wir uns an die Erörterung der Instrumentalisierung des Shoah-Gedenkens machen, sollten wir den wesentlichen Unterschied herausarbeiten zwischen dem Opferbewusstsein der Juden (angesichts des Antisemitismus und infolge der Shoah), der Palästinenser (infolge ihrer von den Zionisten verursachten kollektiven Katastrophe) und dem Opferbewusstsein der Deutschen (schon zur Zeit des Zweiten Reichs, wie Du darlegst). Denn »jüdische Verschwörung« und »von Juden verübtes Unrecht« waren doch verlogene Ideologeme, geboren aus den Fantasievorstellungen der antisemitischen Pathologie. Dass man an die Schuld des Verurteilten zutiefst glaubt und sich diesem Aberglauben verschreibt, lässt doch den Inhalt der Meinungen und

Glaubenssätzen nicht wahrhaftig werden, sondern lediglich psychologisch effektiv – als falsches Bewusstsein, wie Mommsen sagt, welches sich nicht vernünftig eliminieren lässt; nicht von ungefähr redet er darüber in pathologischen Kategorien. Das bedeutet, dass das deutsche Opferbewusstsein ursprünglich der symbolischen Ordnung entstammt und nicht so sehr der historischen Wirklichkeit. Ironie des Schicksals ist es, dass die Zionisten die jüdische Opfererfahrung nachmalig zur puren Ideologie haben verkommen lassen – womit sie nach meiner Auffassung das Andenken an die realen historischen Opfer verraten haben.

Jerusalem, 8. Mai 2021
Zimmermann an Zuckermann

Lass uns auch diesmal zwei Subthemen unseres Dreiecks voneinander getrennt behandeln: zum einen Israel und der Antisemitismus und zum anderen Israels Selbstwahrnehmung als Opfer.

Zunächst sei hier die Abhängigkeit des Zionismus vom Antisemitismus thematisiert. Die Erfindung der jüdischen Nation im späten 19. Jahrhundert allein auf den Antisemitismus zurückzuführen, wäre aus der Sicht des Historikers falsch: Da kollektive Identitäten in Europa seit Ende des 18. Jahrhunderts zunehmend von den Begriffen Volk und Nation bestimmt wurden und da die überwiegende Mehrheit der Juden (den Begriff Weltjudentum meide ich) in Europa lebte, war die Anpassung an diese Art kollektiver Selbstbestimmung und kollektiven Bewusstseins, nämlich als Nation, selbst in ihrer völkischen Ausrichtung, eine konsequente Schlussfolgerung. Bekannt ist die von Helmuth Plessner geprägte Bezeichnung »die verspätete (deutsche) Nation«; die jüdische Nation entstand noch später als die deutsche. Paradox war der Versuch der Zionisten, die jene Mehrheit der Juden, die sich nicht für die Selbstbestimmung als Nation begeisterten, davon überzeugen wollten, die Anfänge der modernen jüdischen Nation seien schon *vor* Ende des 19. Jahrhunderts zu datieren. Zu diesem Zweck wurde der Begriff »Vorboten des Zionismus« erfunden: Personen, die bereits vor dem letzten Drittel des 19. Jahrhunderts nationaljüdische Impulse gegeben hatten, wurden »entdeckt«, mithin wurde eine auf das 18. Jahrhundert zurückreichende Verbindung zwischen ihnen und dem Territorium Palästina konstruiert. Je früher die Anfänge der nationaljüdischen Renaissance, desto überzeugender ihre Legitimität, meinten sie.

Eine Legitimationsart, die sowohl bei Juden als auch bei Nichtjuden an Bedeutung gewann, bot die Verbindung zwischen der Erfindung des jüdischen Nationalismus und dem modernen Judenhass, dem Antisemitismus. Gab es für den Zionismus keine bessere innere Rechtfertigung, so sollte auf »Hilfe« von außen gesetzt werden. Wenn die *Gojim* uns hassen, die »Nationen der Welt« uns verabscheuen und verfolgen, ist das der klarste Beweis dafür, dass wir eine Nation sind. Es war diese Denkweise, aus der sich die Hervorhebung des Antisemitismus als Beweggrund und Katalysator der jüdischen Nationalbewegung ableitete. Ich kann mich gut an meinen aus NS-Deutschland ausgewanderten Geschichtslehrer in der religiösen Ma'ale-Schule in Jerusalem erinnern, der uns mit der Frage konfrontierte: Welcher Zar war für die Juden gefährlicher: Nikolaus I., der sie schikanierte, oder Alexander II., der ihre Emanzipation einleitete? Die von uns erwartete Antwort (und der Lehrer war sich dessen bewusst, dass es sich um ein Paradox handelte) war: selbstverständlich Alexander. Denn die große Gefahr für eine religiöse oder nationale jüdische Existenz generiert gerade derjenige, der eine *nicht* antisemitische Politik praktiziert. Fällt der Antisemitismus weg, ist der Weg zur Assimilation freigegeben. Ich vermute, dass es die Frage dieses Lehrers war, die mich späterhin angeregt hat, mich mit der sonderbaren Beziehung zwischen Judentum und Antisemitismus zu befassen, besonders in Israel. Heute, mehr als damals vor sechzig Jahren, ist die von meinem Lehrer erhoffte Antwort zur gängigen Antwort avanciert, weil sich der jüdische Nationalismus in Israel mit der Zeit radikalisierte und in gesteigertem Maß religiös einfärbte. Die Vertreter der Meinung, dass der Antisemitismus dem Kampf des Judentums gegen die Assimilation einen Vorteil verschaffe, hatten während dieser Zeit ein zunehmend leichtes Spiel.

Von Anbeginn hatte jeder Versuch, Juden als Nation darzustellen, um das »Judenproblem« zu lösen, bei Juden kaum Erfolgschancen, wenn nicht das Argument »die Gojim haben uns bereits als Nation definiert und wollen uns als solche loswerden« als Schützenhilfe herangezogen wurde. Spricht man vom Antisemitismus, ohne auf den Unterschied zwischen seiner religiösen und säkularen Begründung, mithin auf den Unterschied zwischen Juden als Religionsgemeinschaft oder als Nationalgemeinschaft einzugehen, öffnet sich zwangsläufig der Weg zur Verwendung des generischen Begriffs »Amalekiter«. Somit verstand sich nunmehr die Rechtfertigung des Zionismus nicht nur als Lösung für das 19. Jahrhundert, sondern als eine immer schon und ewig zeitgemäße Lösung. Kurzum: Der Antisemitismus wurde zum permanenten Angelpunkt und Grundpfeiler des Zionismus.

Es war Theodor Herzl, der diesen Geist aus der Flasche ließ: Ohne Antisemitismus keine Hoffnung für den Zionismus; ohne auf die antisemitischen Ressentiments des deutschen Kaisers oder des Zaren zu insistieren, hat der Zionismus keine echte Erfolgschance. Damit freilich war das Potenzial des aus der Flasche befreiten Geistes noch nicht ausgeschöpft: Herzls Logik zufolge müsste die Auswanderung der Juden in ein eigenes Territorium dem Antisemitismus letztlich das Ende bereiten. Diese Logik hätte vielleicht aufgehen können, wenn die Zionisten, die die Vorteile bei der taktischen Betonung der Rolle des Antisemitismus sehr wohl erkannt hatten, diesen Vorteil nicht hätten aufgeben wollen: Denn selbst nachdem Herzls Traum in Erfüllung ging und der Judenstaat errichtet wurde, hat man den Antisemitismus zum Erzfeind ebendieses Staates erklärt. Es sollte sich in der Tat herausstellen, dass, wenn Kritik am Zionismus oder an Israels Politik automatisch als antisemitisch apostrophiert wird, der Antisemitismus als Herausforderung weiterhin »gerettet« werden kann. So bleibt der Wirkzusammenhang von Antisemitismus und Zionismus auch nach der Gründung des Staates und selbst nachdem dieser Staat zur regionalen Macht herangewachsen ist erhalten.

Wir machen uns selbstverständlich nichts vor: Viele gegen Israel erhobene Vorwürfe sind antisemitischen Charakters respektive weisen einen antisemitischen Unterton auf. Entscheidend ist jedoch die Tendenz des israelischen Establishments, den Begriff »Antisemitismus«, ohne ihn je genau zu definieren, stets als Vorwand zu benutzen, um jede Kritik an der israelischen Politik abzuschmettern. Es ist meines Erachtens nicht verwunderlich, dass besonders das heutige Deutschland auf diese politische Taktik so empfindlich reagiert. Da in Deutschland der Nexus Antisemitismus-Zionismus unumstritten ist, werden dort, hauptsächlich wegen der historischen Last des NS-Antisemitismus, automatisch die Schlussfolgerungen, die die israelischen Regierungen diesbezüglich ziehen, einfach angenommen und sich zu eigen gemacht. So positioniert sich Deutschland im Namen der Abwehr des Antisemitismus als herausragender Kämpfer gegen die Kritik an Israel. Hieraus erklärt sich das Phänomen der vielen Antisemitismusbeauftragten in Deutschland, und zwar nicht nur innerhalb der staatlichen Einrichtungen. Der Begriff »israelbezogener Antisemitismus« überlagert in den letzten Jahren die Antisemitismus-Debatte in Deutschland, eine Entwicklung, die Israels Regierungen selbstverständlich begrüßen. Es ist auch kein Wunder, dass sich Rechtsradikale in diesem Kampf gegen den Antisemitismus ganz vorne einreihen; dient er ihnen doch als nützliche Waffe gegen Araber, Muslime und Asylsuchende. Zu diesem Thema kehren wir später noch zurück

Die Wurzeln dieses Paradoxes finden sich bereits in der Geschichte des Dritten Reichs: Das antisemitische NS-Regime hielt die Zionisten für praktische Partner und erkor sie zu Helfern seiner »Judenpolitik«. Von selbst versteht sich dabei, dass seit dem 30. Januar 1933 die Zionisten vom Regime zur Kooperation gezwungen wurden, einer Kooperation, die allerdings ab Beginn der »Endlösung« nicht mehr gefragt war. Dass die zionistisch motivierte Auswanderung nach Palästina im Widerspruch zu anderen Interessen des Dritten Reichs stand, nämlich zur Zusammenarbeit mit den Arabern im Kampf gegen das britische Kolonialreich, haben die Entscheidungsträger im Reich erst später begriffen. Man kann sogar sagen, dass erst, als das Dritte Reich diesen »Catch-22« verinnerlichte, es *by default* zu radikalen Alternativen griff– zuerst Madagaskar, dann die »Endlösung«.

Tel Aviv, 9. Mai 2021
Zuckermann an Zimmermann

Ich möchte die Erörterung des Konnexes zwischen Zionismus und Antisemitismus noch weiter vertiefen. Hierzu müssen wir zunächst zu der von Dir so genannten »Erfindung der jüdischen Nation im 19. Jahrhundert« zurückkehren. Ich bin der Meinung, dass das Diktum »In Basel habe ich den Judenstaat gegründet« bereits das ganze Paradoxon in sich enthält: Der Judenstaat wurde in der Tat als Überbau einer nicht existenten Basis gegründet. Damit die Basis bestehen konnte, musste ihr ein Territorium zugewiesen werden. Damit das Territorium wirklich das des Judenstaates werde, musste es erobert werden (zugleich aber musste darauf geachtet werden, dass es als Einöde angesehen wurde). Um das Territorium zu erobern, bedurfte es einer kolonisierenden Bevölkerung. Daher sorgte man für die Ankunft eines besiedelnden Volkes, denn erst dann konnte der Staat als formaler Rahmen für jene besiedelnde Bewegung gegründet werden. Erst nach Gründung des Staates begann man mit den Importen einer kritischen Masse der Bevölkerung. Der Judenstaat – ein ausgesprochenes Erzeugnis der europäischen Nationalstaatsideologie – ist vermutlich der einzige Staat auf der Welt, der ideell gegründet wurde, bevor die materielle Basis zur Verwirklichung der Idee bestand; der territorial bestimmt wurde, bevor das Kollektiv zur Besiedlung des Territoriums zur Verfügung stand; der errichtet wurde, ehe es die notwendige Bürgerbevölkerung für seinen Fortbestand gab. Handelt es sich hier also um einen Überbau ohne Basis, ohne gesellschaftliche Praxis? Nein. Denn das Bewusstsein der »Notwendigkeit« eines zu errichtenden Judenstaates wurde durch das gesellschaftliche Dasein in der »Diaspora« bestimmt. Das ist der Grund für die Zentralität des Postulats der »Diaspora-Negation« in der zionistischen Ideologie. Lange bevor der Zionismus wusste, wie der »neue Jude« beschaffen sein sollte, wusste er, wie er *nicht* beschaffen sein sollte. Der »neue Jude« sollte das negative Abziehbild des »diasporischen Juden« sein. Was also im sozialen Dasein des »diasporischen Juden« begann, endete im Staat des »neuen Juden«. Man darf behaupten, dass, wenn die notwendigen Bedingungen zur Errichtung eines modernen Nationalstaates die Einheit des Territoriums (das Prinzip des Anspruchs auf Besitz und der Grenzbestimmung), die Einheit des das Territorium bevölkernden Kollektivs (die Nation) und eine gewisse kulturelle Einheit (die nationale Sprache) sind, diese drei Bedingungen im Falle des Zionismus historisch nicht erfüllt waren. Sogar einen Sprachstreit gab es bekanntlich, bevor man sich für Hebräisch als Nationalsprache entschied (man stelle sich nur vor, dass Jiddisch, und eine Zeit lang sogar Deutsch, als mögliche Alternativen zur Disposition standen).

Angesichts dieser eigentümlichen Prädispositionen stellt sich gleichwohl die Frage: Welchen Sinn sahen die Juden in der Gründung eines Staates unter solchen unmöglichen historischen Bedingungen? Was bewirkte die Entstehung eines nationalen Bewusstseins, welches das »diasporische« Dasein in das einer nationalen »Freiheit« verwandeln sollte? Es sei in diesem Zusammenhang an Hans Kohns Buch *Prelude to Nation-States* erinnert. Kohn stellt das französische Modell des Nationalismus dar, der sich im »inneren« (klassenmäßigen) Kampf herausbildet, als Konflikt also zwischen verschiedenen Teilen der französischen Gesellschaft, und beschreibt im Gegensatz dazu das deutsche Modell, in welchem das nationale Gefühl gegenüber einem »fremden Besatzer« (Napoleon) heranreift, das heißt fremdbestimmt kraft der Berührung mit einer »äußeren« Macht. Übersetzt man diese beiden Muster in die Kategorie der Selbstbestimmung des nationalen Kollektivsubjekts, lässt sich behaupten, dass es um die Unterscheidung zwischen einer positiven Selbstbestimmung, die sich auf etwas Wesentliches im Innern des Subjekts stützt, und einer *ex negativo* generierten Selbstbestimmung, die sich aus etwas Heteronomem speist, dessen man sich zu entledigen hat, geht. Ich behaupte, dass der Zionismus seine Raison d'être primär aus der Auseinandersetzung mit der Realität des in Europa sich verbreitenden Antisemitismus schöpfte, dass der Antisemitismus also von Anbeginn seine zentrale Antriebskraft darstellte. Der jüdisch-zionistische Nationalismus entfaltete und verfestigte sich eben ex negativo.

Was hätte auch eine *positive* Selbstbestimmung des Judentums als Kollektiv sein können, welches über die ganze Welt verstreut war, mithin also der realen Daseinsgemeinsamkeit eines Kollektivs entbehrte? Nur die Religion. Die (von Religiösen aufgestellte) Behauptung, dass einzig die Religion den einenden Faktor bildete, der das Judentum über Generationen bewahrend erhielt, hat ihre Berechtigung. Nur erhebt sich hier ein Problem: Der moderne Nationalismus wollte gerade die Religion aus dem Bereich der politischen Praxis ausscheiden. Die Trennung von Staat und Kirche behauptete sich als eines der zentralen Postulate des frühen Nationalismus (in den USA und Frankreich). In der Tat ist es so, dass der Zionismus einerseits bestrebt war, sich von den Fesseln der Religion zu lösen und das zionistisch-jüdische Kollektiv zu säkularisieren; andererseits mag es kein Zufall gewesen sein, dass der Zionismus dafür sorgte, die Religion durch die Hintertür wieder einzuschleusen und sie als einenden Faktor zu nutzen, da es ihm aus den erwähnten historischen Gründen an solcher Einheit mangelte. Das heißt, ein dem Kollektiv der neuen Judenheit vermeintlich »fremdes« Element fungierte, und sei es latent, als Versicherungspolice des großen historischen Experiments – des zionistischen Projekts. Was aber das zionistische Projekt in allen Phasen seines Bestehens festigend einigte, war das Einheitsprinzip *ex negativo*: in erster Linie der Antisemitismus, der ihm gleichsam zum Lebenselixier gerann, und späterhin seine grauenerregende Ableitung – die Shoah; aber auch das »Sicherheitsproblem« als Garant der inneren Konsolidierung gegenüber dem äußeren Feind und als Ideologie der »nationalen Standhaftigkeit«. Die Shoah erwies sich als Vernichtung der *realen* Praxis, deren (selbst gewollte) Eliminierung das Postulat der »Diaspora-Negation« anstrebte; die Vernichtung vollzog sich nicht anhand der Ideologie der »Diaspora-Negation«, sondern durch die Vollstreckung der nazistischen Rassenideologie, Ideologie der realen Vernichtung. Welches Schicksal wäre dem Judenstaat ohne den Antisemitismus des 19. Jahrhunderts beschieden gewesen? Was wäre er ohne die Millionen grausam ermordeter Juden? Und bewahrheitete er sich tatsächlich als prinzipielle Antwort auf diese Fragen?

Der Antisemitismus als Antriebskraft des Zionismus im Allgemeinen und des zionistischen Staates im Besonderen hatte weitreichende Auswirkungen. Nicht nur bedurfte es seiner Bewahrung, um seine Erscheinungen gemäß der ideologischen und propagandistischen Interessen Israels ausnutzen zu können (was zur Bigotterie des Widerspruchs führte, etwas bekämpfen zu sollen, dessen man bedurfte), sondern er begann ein effektives politisches Instrument abzugeben, um von den sich häufenden und systematisch begangenen Verbrechen des israelischen Okkupationsregimes abzulenken. Und in eben diesem Zusammenhang entfaltete und verbreitete sich das Muster der ideologischen Selbstviktimisierung in Israels politischer Kultur.

Jerusalem, 22. Mai 2021
Zimmermann an Zuckermann

Bevor ich zum Thema Opfersein komme, erlaube ich mir eine Bemerkung zum jüdischen Nationalismus, die für den roten Faden unseres Dialogs relevant ist, nämlich zur historischen Beziehung zwischen dem jüdischen und dem deutschen Nationalismus.

Du hast auf zwei Arten des Nationalismus hingewiesen, Nationalismus im Sinne der Tradition der Französischen Revolution einerseits und Nationalismus nach dem Muster der deutschen Tradition andererseits. Es verwundert nicht, dass der jüdische Nationalismus sich von Beginn an eher am deutschen Vorbild orientiert hat. Nicht die individuelle Entscheidung für die Zugehörigkeit zu einer Nation, nicht »un plébiscite de tous les jours« (Ernest Renan) im Sinne der Französischen Revolution, sondern die Zugehörigkeit zur Nation auf der Grundlage einer gemeinsamen Herkunft, Geschichte, Sprache und eines kollektiven Bewusstseins. Nicht von ungefähr wurden die Väter des deutschen Nationalismus auch als Väter des jüdischen Nationalismus wahrgenommen. Das erkennt man bereits beim Lesen der Aussagen von Zionisten der ersten Stunde. »Wir sollen alle kleine Fichtes werden!«, also Anhänger des Verfassers der *Reden an die deutsche Nation*, Johann Gottlieb Fichte. Dieser Spruch wurde auch zum Titel eines Buches über die Geschichte des deutschen Zionismus. Als Historiker, der sich mit der Geschichte des Sports befasst, konnte ich auch feststellen, welch großen Einfluss »Turnvater« Jahn auf die jüdische Turnbewegung ausübte. Das Prinzip *mens sana in corpore sano* als Fundament des Volkstums. Auch der dritte unter den Vätern des deutschen Nationalismus im 19. Jahrhundert, Ernst Moritz Arndt, hinterließ seine Spuren im jüdischen Nationalismus: Vor Jahren fiel mir ein Plakat auf, das an der Außenmauer des Hauses Nr. 12 des Rothschild Boulevards in Tel Aviv hing, ein Plakat der Irgun, der »nationalen Militärorganisation« der 1940er Jahre, auf dem die Symbole der Irgun zu sehen waren (die skizzierten Konturen Großisraels, auf beiden Seiten des Jordans, in der Mitte eine ein Gewehr haltende Hand und in fetten Lettern gedruckt: Nur so!); überraschend war indes eine zweizeilige Überschrift auf Hebräisch: »Der Gott, der Eisen wachsen ließ, der wollte keine Knechte«. Diese ersten Zeilen aus Arndts *Vaterlandslied* (1812), die ja zum Herzstück des deutschen Nationalismus avanciert waren, wurden also von der militantesten nationaljüdischen Organisation übernommen. Mehr noch: Die drei Idole des deutschen Nationalismus wurden als Wegweiser für die jüdische Nationalbewegung anerkannt, obwohl sie Antisemiten waren. Auch das ist zweifelsohne ein paradoxer Beitrag zur Wechselwirkung zwischen Antisemitismus und Zionismus. Und dies noch lange, bevor sich das bekanntere Paradoxon zugetragen hatte – der Beitrag der NS-Bewegung, die Ausdruck der stärksten und nicht zu übertreffenden Form des Antisemitismus ist, zum Erfolg des Zionismus in Palästina.

Wie Du bereits hervorgehoben hast, galt Deutschland, was die Rolle des Opferseins in der Herausbildung der nationalen Gesinnung anbelangt, als Präzedenzfall. Die deutsche Nationalbewegung bildete sich bekanntlich als Reaktion auf die Niederlage Preußens (1806) und der deutschen Staaten im Krieg gegen das revolutionäre Frankreich. Mit anderen Worten: Erst als die deutschen Staaten und ihre Einwohner Opfer der französischen Besatzung wurden, konnte sich bei den Deutschen ein Nationalbewusstsein entfalten. Der Hass auf die Franzosen, wie Heinrich von Kleists *Kriegslied der Deutschen* und *Germania an ihre Kinder* zeigen (»Schlagt ihn tot! Das Weltgericht / Fragt euch nach den Gründen nicht!«), diente als Nährboden für den deutschen Nationalismus, und von da an wurde Ausschau nach weiteren Feinden gehalten– vom »perfiden Albion« bis hin zum russischen Bolschewismus. Bekanntlich zählten auch »die Juden« zu den Feinden des deutschen Volkes, zumindest nach der Vorstellung radikalerer Strömungen im deutschen Nationalismus. Und es ist der deutsche Nationalismus, von dem die national gesinnten Juden gelernt haben, Feinde aufzuspüren und zu markieren. Während für sie in Europa die Antisemiten zu Recht als Feind Nummer eins galten, konnten in Palästina »die Araber« – spätestens seitdem die palästinensischen Araber ihr eigenes Nationalbewusstsein entdeckten – als Feind markiert werden. Das Thema Opfersein verlagerte sich somit von Europa, wo die Juden Opfer des dortigen Antisemitismus waren, in den Nahen Osten. Hier betrachten sich die Araber als Opfer des Antisemitismus, indem sie sich als Opfer der Opfer wahrnehmen, während sich die zionistischen Juden als Opfer des gegen sie gerichteten Hasses von Arabern und Muslimen in dieser Region verstehen.

Damit meine ich nicht, dass die feindselige Haltung gegenüber Juden oder ihr Opferdasein im Orient bloß imaginierte, grundlose Konstrukte waren, sondern dass die permanente Präsenz eines Feindbildes in der nationaljüdischen Bewegung dem Zionismus – mit Ausnahmen, wie etwa der Initiative Brit Shalom (Friedensbund)– als Rechtfertigung seines aggressiven nationalistischen Verhaltens diente. An dieser Krankheit leiden ja Nationalisten überall. Mitteleuropäische Zionisten, eben Angehörige von Brit Shalom, aber auch andere, die dem linken Flügel der Bewegung angehörten, erkannten diese Gefahr bereits in der Zwischenkriegszeit, konnten sich aber nicht gegen die hegemoniale Strömung im Zionismus behaupten, die die Konfrontation zwischen dem jüdischen und dem arabischen Nationalismus für den Kerninhalt der Beziehungen zwischen beiden Gruppierungen hielt. Niemand wird bestreiten, dass sich in der Shoah der ultimative Zustand der Juden als Opfer manifestierte. Die von den Zionisten aus diesem Ereignis gezogene Schlussfolgerung – dass ein jüdischer Nationalstaat der vielversprechendste Schutz gegen die Wiederholung einer solchen Katastrophe in der Zukunft ist – ist zwar nicht die einzige, an die man glauben muss (was sich an der Existenz von jüdischen Gemeinden weltweit ja auch erweist), gleichwohl ist sie aber auch nicht pauschal von der Hand zu weisen. Doch um die Opfer-Situation von Europa nach Palästina verlagern zu können, war ein weiterer Schachzug notwendig: die Erinnerung an Haj Amin al-Husseini, den Mufti von Jerusalem, der mit den Organisatoren der »Endlösung« kollaborierte, die sich zum konstitutiven Element des nationaljüdischen, israelischen Shoah-Narrativs entfaltete. In diesem Narrativ wurde der Mufti zum überzeitlichen Vertreter des palästinensischen Nationalismus verwandelt, mithin zum unbestreitbaren Vorwand, der den ewigen Kampf gegen die Palästinenser rechtfertigt. Sie wurden somit zum orientalischen Nazi-Ersatz stilisiert. Netanjahus Bemerkung im Jahr 2015, wonach es der Mufti war, der Hitler zur »Endlösung« motivierte, war kein Ausrutscher, sondern konsequentes Resultat des israelisch-jüdischen Opfer-Narrativs, das in den Sozialisationsprozessen des Landes Fuß fassen konnte.[3]

Tel Aviv, 29. Mai 2021
Zuckermann an Zimmermann

Deine Einsichten in die deutschen Ursprünge des israelisch-jüdischen Nationalismus und das sich in ihm bildende Opferbewusstsein (bzw. die Selbstviktimisierung) scheinen mir von zentraler Bedeutung. Als ich über die von Hans Kohn beschriebenen Paradigmata sprach, meinte ich den Nationalismus-Typus, der den zionistischen Nationalismus kennzeichnet. Du fügst dem eine Art ideengeschichtlich geprägte Genealogie der Manifestation dieses Typus bei. Ich frage mich, wie sich der Gang dieser Ideen im realen geschichtlichen Sein entfaltete. Haben tatsächlich zentrale Figuren des Zionismus Fichte, Jahn und Arndt gekannt und übernahmen deren Denkgebäude als umsetzbare Matrix ihres zionistischen Handelns und Wirkens? Oder handelt es sich lediglich um eine Isomorphie, also eine Gleichgestaltigkeit, die nicht zwangsläufig in einer historischen Entwicklung eingebettet ist, die ihre Inspiration von einer konkreten Quelle bezieht? Ich frage dies nicht, weil nicht beide Möglichkeiten denkbar wären, sondern um das Wesen der Affinität zwischen dem deutschen und dem jüdisch-zionistischen Paradigma anzunähern. Denn wenn die innere Logik der historischen Entwicklung Deutschlands (fast) zwangsläufig zu dem führte, was Friedrich Meinecke als die »deutsche Katastrophe« bezeichnete, dann führt eine zionistische Affinität zur Geschichtsentwicklung Deutschlands, die sich nicht nur als abstrakte Isomorphie versteht, sondern durch reale historische Einflüsse in sie eingebettet ist – eine Möglichkeit, die sich der von Dir skizzierten Genealogie entnehmen lässt –, (fast) zwangsläufig zu einem ähnlichen Ergebnis. Wir wissen, dass das Verbot, Vergleiche zu Nazideutschland anzustellen, eines der zentralen Postulate im israelischen politischen Diskurs ist. Über Faschismus darf man reden, der Nazismus hingegen ist tabu, insofern er Vergleiche mit Israel oder dem Zionismus betrifft. Aber es ist eine Sache, von abstrakten strukturellen Parallelen zu reden (als Leo Trotzki während der bolschewistischen Revolution fragt, in welcher Phase der großen Französischen Revolution sich die russische befinde, verwendet er das historische Vorbild als Modell im Sinne des »Idealtypus« Max Webers, quasi als methodologisches Mittel der Analyse); eine andere Sache ist es, von einer wesentlichen »familiären Affinität« zu sprechen, mithin von einem organischen Eingebettetsein des zionistischen Nationalismus in dem des historischen Deutschlands. Verstehe ich Dich richtig, dass Du von der historischen *Realität* einer deutsch-jüdischen Symbiose bzw. – genauer – von einer deutsch-zionistischen Symbiose redest?

Meine andere, in den gleichen Kontext gehörende Frage betrifft die Rolle des osteuropäischen Zionismus im hier erörterten Zusammenhang. Ich stelle diese Frage primär wegen einer Differenzierung, die man vielleicht machen sollte (und ich bin mir der möglicherweise allzu pauschalisierenden Verallgemeinerung bewusst) zwischen dem »bürgerlichen« Zionismus der deutschen Juden und den sozialistischen Elementen, die sich im osteuropäischen Zionismus fanden. Wenn, wie Du sagst, der Zionismus vor allem vom deutschen Nationalismus beeinflusst war, wie hat man das sozialistische bzw. späterhin sozialdemokratische Fundament im zionistischen Nationalismus zu verstehen? Zeev Sternhell hat bekanntlich gezeigt, wie die sozialistische Ausrichtung des Zionismus schon in der prästaatlichen Ära zugunsten des Nationalismus aufgegeben worden ist. Aber es besteht kein Zweifel darüber, dass der Zionismus in seinen Anfängen auf einer aus Osteuropa »importierten« sozialistischen Gesinnung basierte. Wie soll man diese im Hinblick auf die zwischen dem deutschen Nationalismus im 19. Jahrhundert und dem zionistischen im 20. Jahrhundert bestehende Affinität einordnen und verstehen? Deutschland hatte selbstverständlich eigene sozialistisch-revolutionäre Traditionen. Haben sie aber bedeutenden Einfluss auf die Gestaltung des deutschen Zionismus genommen?

Was nun das Opferbewusstsein anbelangt, bin ich der Meinung, dass es tatsächlich in der langen, katastrophendurchwirkten historischen Erfahrung der Juden in dem von der christlichen Religion hegemonial beherrschten Westen wurzelt (die Lage der Juden in Heinrich Heines Wirksphären des Islams waren ungleich besser) verankert ist. Das Opferbewusstsein entstand also nicht aus dem Nichts, sondern hatte reale historische Gründe, die zu einem bestimmten Zeitpunkt den Zionismus nicht von ungefähr zu einer der möglichen Lösungen für das sogenannte »jüdische Problem« haben werden lassen. Das Problem beginnt für mich dort, wo das Opferbewusstsein einen Prozeß der Verdinglichung unterläuft und zum Rechtfertigungsideologem verkommt; es verwandelt sich dann in einen politischen »Besitz«, dessen Verwendung für fremdbestimmte Zwecke perfide verlogen ist sowohl im Hinblick auf die historischen Opfer als auch in Bezug auf die reale Lage Israels, das sich selbst viktimisiert, obgleich es selbst als Täter agiert. Ich glaube, niemand hat diese komplexe Konstellation so frühzeitig und scharfsichtig erkannt wie Heinrich Heine. In einem Brief an Moses Moser von 1824 ist sein Gedicht *An Edom!* enthalten:

An Edom!

Ein Jahrtausend schon und länger,
Dulden wir uns brüderlich,
Du, du duldest, dass ich atme,
Dass du rasest, dulde Ich.

Manchmal nur, in dunkeln Zeiten,
Ward dir wunderlich zu Mut,
Und die liebefrommen Tätzchen
Färbtest du mit meinem Blut!

Jetzt wird unsre Freundschaft fester,
Und noch täglich nimmt sie zu;
Denn ich selbst begann zu rasen,
Und ich werde fast wie Du.

Jerusalem, 9. Juni 2021
Zimmermann an Zuckermann

Heinrich Heine, dessen Gedicht über die Verschwisterung von Täter und Opfer Du zitiertest (worauf ich später noch zu sprechen komme), ging auch von einer »Wahlverwandtschaft« zwischen den Juden und den Deutschen aus. Zwischen beiden Völkern entstand, so Heine, eine gedankliche Nähe, ungeachtet des Opfer-Begriffs. In den Worten Heines selbst: »Es ist in der Tat auffallend, welche innige Wahlverwandtschaft zwischen den beiden Völkern der Sittlichkeit, den Juden und Germanen, herrscht. […] Beide Völker sind sich […] so ähnlich, dass man das ehemalige Palästina für ein orientalisches Deutschland ansehen könnte, wie man das heutige Deutschland für die Burg der reinen Geistheit […] halten sollte.« Judäa erschien ihm »als eine Art Deutschland, ich möchte fast sagen, als die Mark Brandenburg des Orients«.[4]

Das, was Heine zu Beginn des 19. Jahrhunderts empfand, wurde im Laufe jenes Jahrhunderts weiter bestätigt, vor allem in der Phase, als man bereits von zwei Nationen, einer deutschen und einer jüdischen, sprechen konnte, vor allem seit der Entstehung der zionistischen Bewegung (um 1896). Tatsächlich war nunmehr die »Verwandtschaft« keine abstrakte Frage mehr. Der Einfluss der bereits erwähnten Erzväter des deutschen Nationalismus – Arndt, Jahn, Fichte – auf die Ideologen des mitteleuropäischen Zionismus ist gut dokumentiert. Kein Wunder, dass der Patriarch des Zionismus, Theodor Herzl, im Jahr 1895 den früheren Reichskanzler Otto von Bismarck um Unterstützung für sein Unternehmen bat: »Ich glaube, die Lösung der Judenfrage gefunden zu haben. Nicht ›eine Lösung‹, sondern ›die‹ Lösung […] Nur der Mann, der mit seiner eisernen Nadel das zerrissene Deutschland so wunderbar zusammengenäht hat, […] nur der ist groß genug, mir endgültig zu sagen, ob mein Plan ein wirklich erlösender Gedanke ist oder eine scharfsinnige Phantasie.«[5] Andere Zionisten haben im selben Sinne gepredigt. So Robert Weltsch in *Die Welt* im Jahr 1912 an Fichtes 50. Todestag: »Fichtes schwungvolle Worte können wir fast genau auf unsere Verhältnisse übertragen.«[6] Nahum Goldmann, einer der prominentesten deutschen Zionisten, hielt Fichte für einen »dem Typus der jüdischen Propheten verwandte[n]«.

Die Antwort auf Deine Frage laute also: sowohl als auch. Das deutsche Modell passte den Juden, die sich nun als Angehörige einer jüdischen Nation empfanden, und manche bezogen sich bewusst auf die Botschaft des deutschen Nationalismus. Herzls Brief an Bismarck war ein Beispiel für den Wunsch, dem deutschen Beispiel zu folgen: Was die »verspätete Nation« der Deutschen im Jahr 1871 vollbracht hat, wollen auch wir Juden schaffen, wenn auch mit einer noch größeren Verspätung. Jedenfalls diente die Definition der Nation nach dem Muster der Französischen oder der Amerikanischen Revolution nicht als Modell für die jüdische Nationalbewegung, für den Zionismus. Mehr noch: Mit der Zeit wurde auch diese Tradition immer mehr durch Elemente aus der orthodoxen Strömung der jüdischen Religion ergänzt oder gar ersetzt. Die Mischung aus einer romantischen (mittel- und osteuropäischen) Tradition des Nationalismus einerseits und dem religiösen jüdischen Messianismus andererseits erwies sich als besonders gefährlich.

Es stellt sich die Frage, ob die Hochachtung für die Erzväter des deutschen Nationalismus auch außerhalb des deutschen bzw. mitteleuropäischen Judentums verbreitet war. Da viele osteuropäische Juden aus Ländern jenseits der Grenzen des Kaiserreichs und der K.-u.-k.-Monarchie an deutschen Universitäten ausgebildet wurden, wurden auch sie vom deutschen Nationalismus beeinflusst. Dabei darf selbstverständlich der Einfluss der osteuropäischen Nationalismen nicht unbeachtet bleiben, denn die osteuropäische Komponente spielte im Zionismus seit seinem Entstehen und bis zur Gründung des Judenstaates eine entscheidende Rolle: Die Mehrheit des zionistischen »Fußvolkes« stammte ja aus Osteuropa.

Doch galt das Schicksal des deutschen Nationalismus vor dem Ersten Weltkrieg und kurz danach auch als Mahnung an den Zionismus: Das Ergebnis einer Nachahmung dieses Modells könnte sich als katastrophal erweisen. Aus dieser Befürchtung entsprang – wenn ich Deinem Gedankengang folge – die Vision von Brit Shalom (Friedensbund). Noch bevor die Welt das vom Historiker Friedrich Meinecke als »die deutsche Katastrophe« apostrophierte Geschichtsereignis zur Kenntnis nahm, befürchtete Brit Shalom bereits eine Katastrophe für das Judentum. Man konnte sich eine begrenzte Katastrophe vorstellen – die Entstehung eines »jüdischen Albanien« in Palästina etwa (so Martin Buber) oder eine Mega-Katastrophe, Konflikte mit der gesamten Umgebung, der das zionistische Projekt über kurz oder lang zunichtemachen würde. Wir müssen nicht sofort zum Vergleich mit dem Dritten Reich greifen (mit oder ohne »Wahlverwandtschaft«), aber die sich seit Jahren bei uns entwickelnde Situation regt sehr wohl zum Vergleich mit der Weimarer Republik an. Das ist erschreckend genug, wenn auch der Prozess sich nicht im Eiltempo vollzieht.

Mir scheint auch die Vorstellung vom Spannungsverhältnis zwischen der sozialistischen Tradition in Osteuropa und der bürgerlichen mitteleuropäischen Tradition zumindest vereinfacht zu sein. Die jüdische Gesellschaft war sowohl in Osteuropa als auch in Mitteleuropa nicht homogen. Die sogenannte vierte *Alija* (zionistische Einwanderungswelle zwischen 1924–1932), die hauptsächlich aus Polen kam, war von der sozialen Struktur wie auch von ihrer Vorstellungswelt her nicht minder bürgerlich als die fünfte *Alija* (1932–1939), die mehrheitlich aus Mitteleuropa kam. Sozialistische Denkmuster waren wiederum für die zionistisch erzogenen Mitteleuropäer nicht weniger typisch als für die *Haluzim* (Pioniere), die in Osteuropa, ja sogar in der UdSSR aufgewachsen waren. Darüber hinaus übten sozialdemokratische Traditionen deutscher Provenienz (Fritz Naphtali, Giora Yoseftal) ihren Einfluss auf die zionistische Gesellschaft in *Erez Israel* (Israel der prästaatlichen Phase) aus. Es ist tatsächlich tragisch, dass diese Tradition in Erez Israel ihre Anziehungskraft noch schneller verlor als unter den sozialdemokratischen Schwesterparteien Europas. Der israelische Politologe Zeev Sternhell hatte recht: Letztendlich waren die zionistischen Sozialisten eher national als klassenbewusst gesinnt. Es war primär die Tradition eines nationalen Sozialismus, die zur Abkopplung vom internationalen Sozialismus beitrug und die aus Mitteleuropa importierten nationalen Traditionen in den Rang des hegemonialen Staatsgedankens erhob. Wann hast Du zuletzt eine rote Fahne bei einer israelischen Demonstration gesehen?

Hat es eine deutsch-jüdische Symbiose gegeben?

Tel Aviv, 10. Juni 2021
Zuckermann an Zimmermann

In seinem Gedicht *An Edom!* spricht Heine zwar von der Leiderfahrung des Opfers im Laufe der Geschichte und möglicherweise auch von der Rechtfertigung des sich von dieser Erfahrung ableitenden Opferbewusstseins, ich glaube aber, dass der springende Punkt gerade im Bewusstsein der Wandlung des Opfers zum Täter liegt. Mag sein, dass es sich hier um eine grundsätzliche Feststellung handelt, die sich der Hegel'schen Herr-Knecht-Dialektik verdankt. Aber insofern sie sich konkret auf die Beziehungen zwischen Juden und Christen und vielleicht auch auf die historischen Beziehungen zwischen Juden und Deutschen bezieht, darf man darin eine gewichtige Bestätigung Deiner Behauptung erkennen: Dass nämlich eine gewisse Symbiose zwischen Juden und Deutschen im Allgemeinen und zwischen den deutschen Denkern, die Du erwähnt hast, und den Führern des Zionismus in seinen Anfangsphasen im Besonderen geherrscht hat. Das muss gerade im Hinblick auf das bekannte Diktum Gershom Scholems von 1964 hervorgehoben werden, demzufolge eine solche Symbiose nie bestanden habe, eine Symbiose, die von den Juden vielleicht ersehnt wurde, als deren Teil sich die Deutschen aber nicht gesehen haben.

Ich möchte auf Scholems Behauptung eingehen. Er schreibt: »Ich bestreite, dass es ein solches deutsch-jüdisches Gespräch in irgendeinem echten Sinne als historisches Phänomen gegeben hat. Zu einem Gespräch gehören zwei, die aufeinander hören, die bereit sind, den anderen in dem, was er ist und darstellt, wahrzunehmen und ihm zu erwidern. Nichts kann irreführender sein, als solchen Begriff auf die Auseinandersetzungen zwischen Deutschen und Juden in den letzten 200 Jahren anzuwenden. Dieses Gespräch erstarb in seinen ersten Anfängen und ist nie zustande gekommen.« Im Weiteren stellt Scholem fest: »Gewiss, die Juden haben ein Gespräch mit den Deutschen versucht, von allen möglichen Gesichtspunkten und

Standorten her, fordernd, flehend und beschwörend, kriecherisch und auftrotzend, in allen Tonarten ergreifender Würde und gottverlassener Würdelosigkeit, und es mag heute, wo die Symphonie aus ist, an der Zeit sein, ihre Motive zu studieren und eine Kritik ihrer Töne zu versuchen.« Scholem kennzeichnet sodann die Versuche der Juden, besagtes Gespräch zu konstituieren, als einen »Schrei ins Leere« und kommentiert dies mit den lapidaren Worten: »Niemals hat etwas diesem Schrei erwidert, und es war diese einfache und ach so weitreichende Wahrnehmung, die so viele von uns in unserer Jugend betroffen und uns bestimmt hat, von der Illusion eines Deutschjudentums abzulassen.« Scholem fragt: »Zu wem also sprachen die Juden in jenem vielberufenen deutsch-jüdischen Gespräch?«, und beantwortet die Frage: »Sie sprachen zu sich selber.« Er gibt zu, dass jetzt, wo alles vorbei sei, die jüdische Produktivität von Deutschen wahrgenommen werde. Das ändere aber nichts daran, dass »mit den Toten kein Gespräch mehr möglich ist«. Von der »Unzerstörbarkeit des Gesprächs« zu sprechen, erscheine ihm nachgerade als »Blasphemie«.[7]

Scholem schrieb dies nach dem Holocaust. So besehen, handelt es sich um eine Einsicht *ex post facto*, um eine Bewusstwerdung, nachdem die Eule der Minerva ihren Flug begonnen hat. Und dennoch leitet sich von Scholems Behauptung ein wichtiger Punkt für unsere Erörterung ab; denn was bedeutete besagte »Wahlverwandtschaft«, wenn sie sich als eine einseitige Verwandtschaft manifestierte, welche die jüdische Seite ersehnte, während die deutsche Seite sie ablehnte? Gershom Scholem stellt fest, dass die Einseitigkeit des deutsch-jüdischen Dialogs bereits die Jugend seiner Generation dazu angetrieben habe, von der Illusion eines Deutschjudentums abzulassen. In der Tat emigrierte er schon 1923, 26-jährig, nach Palästina. Es versteht sich von selbst, dass man von einer Individualbiografie nicht auf ein gesamtes Kollektiv schließen kann, und dennoch erhebt sich angesichts der Worte Scholems und der Konsequenz, die er aus besagter Einsicht gezogen hat (die Emigration nach Palästina noch *vor* der Machtübernahme der Nazis), die Frage, was es mit dem Einfluss des nationalistischen, deutschen Denkens auf die zionistische Führung in ihren Anfängen auf sich hatte. Zum einen, wie Du sagst, ging ein beträchtlicher Einfluss von Denkern wie Fichte, Arndt, Jahn und anderen aus. Zum anderen aber gab es die ernüchternde Erkenntnis, dass der deutsch-jüdische Dialog bloß eine Illusion gewesen war. Ich stelle diese Frage, weil sie mir zur Erfassung der sich herausbildenden Inhalte und Ausrichtungen der zionistischen Ideologie in ihren Frühphasen wichtig erscheint. Die Frage gewinnt noch an Gewicht angesichts der Tatsache, dass Herzl sich an Otto von Bismarck wandte. Denn die »von oben« durch den deutschen Junker (mit »Blut und Eisen«) vollzogene Einigung Deutschlands war nicht nur die national-politische Errungenschaft des zu seiner Zeit hochverehrten Staatsmannes, sondern auch das Symbol des »deutschen Sonderweges«, dem die Autoritätsgläubigkeit, die Deutschlands politische Kultur das gesamte 19. Jahrhundert hindurch und bis tief ins 20. Jahrhundert hinein durchwirkte, zugrunde lag. War diese Autoritätsgläubigkeit aber auch Teil des Einflusses der deutschen Ideologie auf den Zionismus? Wenn dem so wäre, kommt Deiner Einschätzung, der zufolge »die sich seit Jahren bei uns entwickelnde Situation sehr wohl zum Vergleich mit der Weimarer Republik anregt. Das ist erschreckend genug, wenn auch der Prozess sich nicht im Eiltempo vollzieht«, eine umso größere Bedeutung zu. Allerdings geht es dann nicht mehr nur um eine isomorphe Ähnlichkeit paralleler Geschichtsverläufe, sondern um eine lange und wesentlich tiefere Einwirkung, deren Beginn bereits im deutschen Vormärz zu verorten wäre. Denn wenn man heute von einer zunehmenden Faschisierung der israelischen Gesellschaft redet, mag es notwendig sein, subkutane Strömungen herauszuarbeiten, die ihren entscheidenden Einfluss auf diese Entwicklung, gleichsam als »unbewusste Geschichte«, seit den Anfängen des Zionismus ausgeübt haben.

Jerusalem, 20. Juni 2021
Zimmermann an Zuckermann

Die Gegenüberstellung von »Deutschen« und »Juden«, von der sogar ich in Momenten der Unaufmerksamkeit Gebrauch mache, ist das eigentliche Problem. Für Kenner der Geschichte der deutschen Juden gibt es keinen Kontrast zwischen Juden und Deutschen. Wir sprechen eigentlich von der Beziehung zwischen jüdischen Deutschen und nichtjüdischen Deutschen. Beide Gruppen sind deutsch, sei es als Angehörige des deutschen Kulturkreises (also auch jenseits der deutschen Staatsgrenze), sei es als deutsche Staatsbürger. Dem ist so, da sowohl die einen als auch die anderen Untertanen der verschiedenen Staaten im Heiligen Römischen Reich, dann Bürger des Kaiserreichs (1871–1918) und schließlich der Weimarer Republik waren.

Aus der Sicht der deutschen Antisemiten konnten Juden keineswegs Deutsche sein. Das Dritte Reich hat Juden dementsprechend die Zugehörigkeit zum deutschen Kollektiv, zur deutschen Nation, aberkannt. In der Zeit, bevor es zur Vertreibung und Deportation (1941) kam, wurden Juden im Dritten Reich zu Staatsangehörigen ohne Bürgerrechte degradiert. Bereits im Jahr 1935 war die Bezeichnung »deutsche Juden« formal durch »Juden in Deutschland« ersetzt. Es ist eine bittere Ironie der Geschichte, dass der Nationalsozialismus in dieser Hinsicht auch nach 1945 unbesiegt blieb – Juden in Nachkriegsdeutschland sind bis heute nicht bereit, als deutsche Juden bezeichnet zu werden (die Institution, die sie repräsentiert, heißt »Zentralrat der Juden in Deutschland«).

Lass mich zum Ursprung des Problems zurückkehren: Die Sprachmünze »deutsch-jüdische Symbiose« war von Beginn an irreführend. Der Begriff Symbiose kommt aus dem Bereich der Zoologie bzw. der Biologie und bezieht sich auf lebendige Organismen. Juden und Deutsche (besser: deutsche Nichtjuden) als Organismen wahrzunehmen, heißt meines Erachtens, einen gefährlichen Weg zu beschreiten, nämlich Menschen nicht als Individuen, sondern als Glieder eines ethnisch oder national definierten Organismus zu betrachten. Diese Symbiose-Metapher ist umso bedenklicher, als auch dem Parasiten eine Art symbiotische Existenz zu eigen ist – wohin wird also der Begriff »deutsch-jüdische Symbiose« führen? Kurz: Es wäre besser gewesen, diese Sprachmünze erst gar nicht aufkommen zu lassen, mithin die hartnäckige Debatte um die Frage, ob es eine solche Symbiose gegeben habe, zu vermeiden. Sowohl Gershom Scholems Feststellung, dass es nie eine Symbiose gegeben habe, als auch die Martin Bubers, wonach diese Symbiose ihr Ende im Dritten Reich gefunden habe, ist letztlich belanglos. Die Kontroverse beweist nur, wie ich bereits betonte, dass die deutschen Juden die Begrifflichkeit übernommen haben, die die romantisch gesinnten bzw. rassistisch und eugenisch denkenden nichtjüdischen Deutschen benutzt haben. Die Zionisten in Deutschland waren Teil unzähliger Mitmenschen ihrer Zeit, die diese Begrifflichkeit verwendeten.

Die Ersetzung des Begriffs »Symbiose« durch »Dialog« scheint mir vorteilhaft zu sein. Dabei handelt es sich freilich nicht um einen deutsch-jüdischen Dialog, sondern um einen Dialog zwischen Juden und Nichtjuden in Deutschland bzw. um den gemeinsamen Dialog von Juden und Nichtjuden in Deutschland. Diese Gesprächsbereitschaft gab es auf verschiedenen Ebenen tatsächlich: im Rahmen der deutschen Kultur, der bürgerlichen Kultur oder der deutschen Zivilgesellschaft. Interessant finde ich die Bemerkung George Mosses zur Frage des Erfolgs der vermeintlichen Symbiose: Es habe keinen Dialog, sondern ein Aneinander-Vorbeireden gegeben. Und dennoch ist Mosse meines Erachtens einen Schritt zu weit gegangen, denn es handelte sich nicht um zwei geschlossene Gruppen, die vermeintlich miteinander einen Dialog führten, sondern um Individuen, die zwei nach Religion, Herkunft oder Bewusstsein flexibel definierbaren Kollektiven angehörten. Juden vs. Christen – schon; Juden vs. Deutsche innerhalb der deutschen Gesellschaft – mitnichten.

Zu beachten ist, dass der Begriff Symbiose im Jahre 1879, gleichzeitig mit dem Begriff Antisemitismus, zur Welt kam. Es war ein Antisemit, der das Konstrukt »Sieg des Judenthums über das Germanenthum« schuf (so der Titel des Buches von Wilhelm Marr, das 1879 erschien) und mit den Worten »Finis Germaniae« seine Resignation zum Ausdruck brachte. Es ist eine antisemitische Wortschöpfung, die wir als Historiker dekonstruieren müssen. Und siehe da: Die Grundelemente dieses Konstrukts wurden auch von den Zionisten in Deutschland angewendet, unter anderem von Gershom Scholem.

Das führt uns zurück zur Grundsatzfrage: Gerade weil die deutschen Juden ein Teil der deutschen Gesellschaft und der deutschen Erlebniswelt waren, haben sie aus dieser Quelle auch die Begrifflichkeit und Denkweisen, die für den neuen jüdischen Nationalismus relevant waren, übernommen. Es gab keinen Widerspruch zwischen Deutschen und Juden, man war nicht entweder Deutscher oder Zionist. Auch zionistische Juden, die alles geglaubt haben, was der deutsche Nationalist geglaubt hat, konnten, die Ziele des jüdischen Nationalismus annehmend, weiterhin deutsche Patrioten bleiben. Das bewies am deutlichsten die Bereitschaft der Zionisten, mit Begeisterung für Deutschland in den Krieg zu ziehen. Du hast recht: Es handelt sich um eine tief verwurzelte, bereits in der Vormärzzeit (also vor 1848) beginnende Tradition, die das deutsche, mitteleuropäische und dann das gesamte zionistische Unternehmen beeinflusst hat.

Es ist bemerkenswert, dass der Satz »Ein Staat all seiner Bürger« – eine Selbstverständlichkeit in allen in der Tradition der Amerikanischen und Französischen Revolution verankerten Rechtsstaaten – in Israel als inakzeptabel gilt. Der Gegensatz zwischen einem jüdischen Staat und einem Staat all seiner Bürger kann erst dann aufgehoben werden – so die hegemoniale Vorstellung der israelischen Politkultur –, wenn allein Juden Staatsbürger Israels sein werden. Dieser Gegensatz beruht auf einer biologistischen Grundhaltung, der auch die Anwendung des Begriffs Symbiose im Kontext der deutsch-jüdischen Beziehungen zugrunde liegt. Erst wenn wir uns von diesem Grundpostulat distanzieren, werden wir ein Staat all seiner Bürger nach dem Muster der revolutionären Verfassungen des späten 18. Jahrhunderts sein können. Erst dann werden wir uns von der romantischen Phase des nationalistischen politischen Messianismus (um mit Jacob Talmon zu sprechen) befreien, wie auch von den sich anbietenden Parallelen zwischen der Weimarer Republik und Israel.

Meines Erachtens ist das auch für die gegenwärtige Diskussion um das »christlich-jüdische Erbe« relevant. Bei dieser wird der historische Gegensatz, ein wirklicher Gegensatz zwischen Juden und Christen, mit Absicht vernebelt, um einen neuen Gegensatz rechtfertigen zu können – nämlich den vor dem Hintergrund der europäischen Kulisse aufgekommenen zwischen einer jüdisch-christlichen Tradition einerseits und einer muslimischen anderseits.

Tel Aviv, 24. Juni 2021
Zuckermann an Zimmermann

Wie Du bin auch ich schon oft genug in diese Falle getappt und habe zuweilen den vermeintlichen Gegensatz von »Juden und Deutschen« verwendet. Dabei denke ich genauso wie Du, dass zumindest historisch (und begrifflich ohnehin) eine solche Gegenüberstellung hier nicht angesagt ist. Bei mir rührte die Fehlleistung vom Zögern her, die Unterscheidung zwischen beiden Kategorien anhand des Judentums als Kriterium vorzunehmen. Denn nicht nur hört sich die Unterscheidung zwischen »deutschen Juden« und »nichtjüdischen Deutschen« unbeholfen an, sondern sie kennzeichnet auch die »Deutschen« (wie sie im Wortgefüge »Juden und Deutsche« erscheinen) mithilfe des Nicht-jüdisch-Seins der Deutschen (immerhin die entscheidende Mehrheit im deutschen Kollektiv) und macht damit das Judentum zum bestimmenden Element im Definitionskonstrukt. Das Problem besteht indes darin, dass historisch die Notwendigkeit einer Unterscheidung aufkam, die späterhin zum Gegensatz mutierte. Wie Du richtig bemerkst, resultierte sie daraus, dass es die Nichtjuden waren, die die Juden im 19. Jahrhundert mit dem »jüdischen Problem« bzw. der »jüdischen Frage« konfrontierten. Noch ehe dies zum Gegenstand des modernen Antisemitismus avancierte, entfaltete sich die Problematisierung der Integration der »Juden« im deutschen Kollektiv: Sie wurde als *bedingt* aufgefasst. Ein ausgemachter Antisemit wie Richard Wagner formulierte »den Juden« die Bedingung ihrer Aufnahme in die deutsche Gesellschaft wie folgt: »Nehmt rücksichtslos an diesem, durch Selbstvernichtung wiedergebärenden Erlösungswerke teil, so sind wir einig und ununterschieden! Aber bedenkt, dass nur Eines eure Erlösung von dem auf euch lastenden Fluche sein kann: die Erlösung Ahasver's, – der Untergang!«[8] Das Interessante an diesem der berüchtigten Schrift *Das Judenthum in der Musik* entnommenen Diktum ist, dass Wagner die Aufnahme der Juden in das nationale deutsche Kollektiv durch die Selbstaufgabe der Juden qua Juden bedingt. Als deutscher Liberaler ist er bereit, sie zu akzeptieren, aber eben nur unter der Bedingung, dass sie ihre partikulare Identität loswerden. Es handelt sich um eine scheinbar rein liberale Aussage: Ihr werdet akzeptiert, wenn ihr bloß nicht eure euch aus dem Allgemeinen heraussondernde Eigentümlichkeit herausstellt; das heißt, werdet wie alle, dann gibt es kein Problem, euch aufzunehmen. Gleichwohl verstellt sich Wagner nur, seine Worte sind reines Lippenbekenntnis: Er begreift das Jüdische der Juden als wesenhaft (als das, was ihr Wesen ausmacht), was es ihnen unmöglich macht, sich dessen zu entledigen. Zum einen korrespondiert sein Vorschlag mit der Assimilationsoption, der nicht wenige deutsche Juden anhingen (ohne freilich die totale Selbstaufgabe anzunehmen, wie sich wohl von selbst versteht); zum anderen indiziert sein Vorschlag, dass er nicht wirklich an die Fähigkeit der Juden glaubt, sich von dem auf ihnen »lastenden Fluche« zu befreien. Es erhebt sich die Frage: War das nur die Position des Antisemiten Wagner oder etwa auch die (latente oder bewusste) Position der allermeisten nichtjüdischen, wiewohl nicht unbedingt antisemitischen Deutschen?

Ich greife diesen Punkt auf, um die unter Juden wie Nichtjuden real vorherrschende Überempfindlichkeit im Hinblick auf die Integration der Juden in die sich in Deutschland des 19. Jahrhunderts herausbildende bürgerliche Gesellschaft hervorzuheben. Das Deutschland jenes Jahrhunderts gilt mir als prononcierter historischer Testfall; denn wenn im modernen Zeitalter eine Chance für die Akkulturation der Juden in den europäischen Ländern bestand, war sie in Deutschland größer als in irgendeinem anderen Ort Europas. Nicht von ungefähr etablierte sich gerade dort die Auffassung vom »deutschen Bürger mosaischen Glaubens«. Ich glaube, dass ein solches Konzept dem osteuropäischen Judentum gar nicht eingefallen wäre. Bitte berichtige mich, wenn Du vergleichbare assimilatorische Tendenzen unter den damals in den slawischen Ländern lebenden Juden kennst. Es ist allerdings auch kein Zufall, dass der Jude Georg Simmel in seinem berühmten Aufsatz über die Kategorie des Fremden den »Juden« zum Paradigma des »Fremden« par excellence erwählt. Er spricht vom Fremden, der heute kommt und morgen bleibt. Der Jude ist für ihn ein solcher, weil er sich »von außen« hinzugesellt, sich durch Objektivität kennzeichnet, mithin die »Synthese von Nähe und Ferne« verkörpert, und dennoch gehört er auch dazu. Ich meine, dass diese Art von Fremdsein als psychoziale Erfahrung alle am Diskurs über »das jüdische Problem« im 19. Jahrhundert Beteiligten tangierte – die Nichtjuden (die das »Problem« aufbrachten) wie die Juden (die es zwangsläufig verinnerlichten).

Von selbst versteht sich, dass sich die Dinge nach der Shoah von Grund auf veränderten. Das Entsetzen angesichts des »Zivilisationsbruchs« war dermaßen groß, dass die Bezugnahme auf »Symbiose« oder die »Einseitigkeit des deutsch-jüdischen Dialogs« (ich stimme mit Dir darin überein, dass der Begriff »Symbiose« hier fehl am Platz ist) sich zwangsläufig revidierte und sich der späteren Perspektive unterwarf – die Shoah etablierte sich als Kriterium zur Bewertung der Beziehung zwischen Juden qua Juden und Deutschen: Die Juden (auch die Israelis) wurden allesamt als »Shoah-Opfer« kodiert, die Deutschen alle als »Nazis«. Als legitimes Thema wurde die Geschichte der Juden in Deutschland über lange Jahrzehnte aus dem israelischen Diskurs ausgestoßen. Zuweilen hatte ich das Gefühl, dass nicht wenige Israelis dachten, den deutschen Juden sei zu Recht widerfahren, was ihnen die Deutschen angetan haben: Wieso haben sie sich so sehr mit der deutschen Kultur identifiziert? Wieso waren sie deutsche Patrioten gewesen? Wir haben beide in den 1990er Jahren eine gewisse israelische Publizistin erlebt, die auf unseren »deutschen« Diskurs wie von Sinnen reagierte. Ein weiterer interessanter Aspekt: Als ich vor einigen Jahren die dreißig Jahre (1939–1969) währende Korrespondenz zwischen Gershom Scholem und Theodor Adorno las, stellte sich für mich heraus, dass Scholem, der, wie gesagt, eine deutsch-jüdische Symbiose strikt in Abrede stellte und von der Vergeblichkeit des Versuchs, sie am Leben zu erhalten, ausging, voller Sehnsucht nach Deutschland erfüllt war und regelrecht »seinen Weg« zu seinem Geburtsland suchte. Vielleicht sollte man sich darauf besinnen, dass das, was auf der Vorderbühne geschah, nicht zwangsläufig mit dem korrespondierte, was sich auf der Hinterbühne zutrug.

Und vielleicht ist es in der Tat an der Zeit, dass wir das Phänomen des israelischen Opferbewusstseins bei fortlaufender Selbstviktimisierung erörtern.

Jerusalem, 11. Juli 2021
Zimmermann an Zuckermann

Noch ein Wort zu den deutschen Juden, bevor ich mich dem Thema Opfersein zuwende. Ich werde es aus einem persönlichen Blickwinkel tun.

Ich empfehle sehr, die Dissertation meines Doktoranden Noam Zadoff über Gershom Scholem zu lesen.[9] Sein Fazit: Gerade er, Scholem, der die vermeintlich untertänige Haltung der deutschen Juden gegenüber den nichtjüdischen Deutschen am heftigsten kritisierte, er, der sich sehr früh für den Gang von Berlin nach Jerusalem entschied, fand in seinen späteren Jahren den Weg zurück nach Berlin. Brutal formuliert: Die ihm entgegengebrachte Hochachtung der in Israel lebenden Ostjuden[10] wog bei ihm weniger als die Verehrung, die ihm in der Bundesrepublik begegnet war. Den Dialog zwischen Scholem und den Nachkriegsdeutschen habe ich selbst erlebt, als ich an einer Tagung über Liberalismus in Deutschland, die 1975 in Göttingen stattfand, teilnahm. An der Tagung nahmen berühmte israelische Kollegen teil: S.N. Eisenstadt, Ernst Simon, Shemaryahu Talmon, Yehoshua Arieli, Yirmiyahu Yovel und andere (ich war damals der junge HiWi). Es war aber unübersehbar, wer von dieser Riege in den Augen der deutschen Gastgeber der »Star« war: Gershom Scholem. Der verlorene Sohn. Er kehrte nicht einfach nach Hause zurück – er wurde wie ein Heiliger empfangen.

Die Biografie Scholems ist jedoch untypisch verglichen mit der Erfahrung anderer Juden, die nach Deutschland zurückkehrten (um dort zu bleiben), aber die kalte Schulter gezeigt bekamen. Der Kinofilm *Der Ruf* (1949) befasst sich mit dem Schicksal eines jüdischen Professors, der im letzten Moment aus Nazideutschland fliehen konnte, nach dem Krieg aus der Emigration zurückkehrte und – ganz anders als Gershom Scholem – auf Ablehnung stieß. Das Drehbuch zu diesem Film schrieb Fritz Kortner, der auch die Hauptrolle spielte, und es handelt sich im Grunde um die persönliche Geschichte Kortners, der zur Emigration gezwungen worden war und als Rückkehrer mit großen Schwierigkeiten konfrontiert wurde.

Gleichwohl vermochten nicht einmal der Krieg und die Shoah, eine undurchdringbare Barriere zwischen Juden und Deutschland zu errichten. Die Rückkehr nach Deutschland, und erst recht nach Ostdeutschland, galt so manchen Jekkes als konsequente Schließung des Kreises, so im Fall Arnold Zweigs, der aus der »jüdischen Heimat« in Haifa, wo er wegen seiner politischen Meinung terrorisiert wurde, nach Deutschland zurückkehrte.

Arnon Goldfingers Film *Die Wohnung* (2011) erzählt von einer anderen Art der Kreisschließung. Goldfinger berichtet über die Wiederaufnahme der Beziehungen seiner nach Palästina geflüchteten Großeltern zum Ehepaar von Mildenstein. Dass Leopold von Mildenstein der SS und dem SD angehörte, kurze Zeit gar Adolf Eichmanns Chef war, hielt die Goldfingers nicht davon ab, die alte Freundschaft wiederzubeleben. Auch diese Geschichte wirft ein Licht auf Scholems Weg von Berlin nach Jerusalem und zurück nach Berlin. Wo, stellt sich die Frage, befindet man sich eigentlich im Ghetto? Es ist unbestreitbar, dass das Dritte Reich die Juden in ein unsichtbares Ghetto hineingepfercht hat, um sie zum Auswandern zu bewegen. Doch empfanden viele nach Palästina emigrierte Jekkes ihr Leben im neuen Land auch als Exil, als jekkisches Ghetto inmitten einer fremden, ja feindseligen orientalischen Umgebung. Jene, die sich so fühlten, glaubten nach 1945, wie seinerzeit vor 1933, sich in Deutschland weniger im Ghetto zu befinden als in der palästinensischen Heimat.

Wie gesagt, ist der Begriff »Symbiose« im hier erörterten Kontext fehlgeleitet, da »der Jude« kein biologisches Wesen ist, das sich aber durch diese Eigenschaft vom »Deutschen« unterscheidet. Bei den Beziehungen der Juden zu ihrer deutschen Umgebung fällt eher die Anpassung an deutsche Tugenden und Werten auf. Die Verinnerlichung dieser kulturellen Werte resultierte primär aus der Berührung mit der bürgerlichen Erziehung und Bildung in Deutschland. Ich habe mich persönlich darüber gewundert, dass meine Mutter, als sie zum ersten Mal, 45 Jahre nach der Auswanderung aus Deutschland, wieder das Land betrat, genauso aussah und sich verhielt wie ihre Altersgenossinnen, die ich seit den 1970er Jahren als Doktorand in Hamburg kennengelernt habe. Noch mehr verwundert war ich über ihre Fähigkeit, einen unmittelbaren Kontakt zu ihrer Heimatstadt herzustellen, als sie diese in den 1980er Jahren besuchte, ohne freilich die Erinnerung an die individuelle und kollektive Katastrophe aus dem Blick zu verlieren.

Es ist gleichwohl nicht auszuschließen, dass wir hier einen deutsch-jüdischen »Sonderweg« lediglich konstruieren. Es gab ja ähnliche assimilatorische Tendenzen auch in Ungarn, vielleicht sogar in Marokko. Deutet der massive Roots-Tourismus nach Marokko nicht darauf hin?

Tel Aviv, 16. Juli 2021
Zuckermann an Zimmermann

Der Fall Gershom Scholems ist in der Tat einzigartig angesichts der Apodiktik seines berühmten Diktums, das sich im Widerspruch zu seiner realen Lebenswirklichkeit und seinen geheimen Sehnsüchten befand. Ich weiß nicht, ob man das verallgemeinern kann. Ich akzeptiere die typologische Unterscheidung, die Du zwischen den von Dir aufgezählten Fällen triffst, und dennoch denke ich, dass die jeckischen Einwanderer die einzige Migrationsgruppe waren, in der viele den Zwang, ihr Heimatland zu verlassen, als ein biografisches Unglück empfanden. Es ist wahr, dass viele von ihnen sich späterhin in die Apparate und Institutionen der israelischen Staatsgründung integrierten, und doch enthält das halbhumoristische Diktum »Wir sind nicht aus Zionismus, sondern aus Berlin gekommen« einen Wahrheitskern. Es scheint mir, dass die Einwanderung aus Russland, vor allem die, welche nach dem Zusammenbruch der Sowjetunion begann, den in den 1930er Jahren immigrierten Jekkes noch am meisten ähnelt, jedenfalls in dem, was Du als »Ghetto« der Emigranten bezeichnest. Im Übrigen bin ich der Auffassung, dass der Grad der (kulturellen) Assimilation großer Teile der nordafrikanischen Juden (sowie auch der jemenitischen und irakischen Judenheit) mitnichten geringer war als der der deutschen Juden. Und was den deutschen Juden infolge der Machtübernahme der Nazis widerfuhr, geschah in ähnlicher Weise auch den Juden aus den arabischen Ländern: eine Zwangsemigration – wobei sich im Fall der Emigration aus den arabischen Ländern der Zwang aus der Entstehung des Zionismus in der Geopolitik des Nahen Ostens erklärte.

Ich will aber kurz noch mal auf die Doppelwertigkeit zu sprechen kommen, die wir im Fall von Gershom Scholem ausgemacht haben. Der Fall Ephraim Kishons wies seinerzeit einen ähnlichen Widerspruch auf, der sich aber fast schon zynisch ausnahm: Kishon (der den Ausspruch »Meine Vernunft ist in Auschwitz verbrannt worden« geprägt hatte) erlangte in den 1960er Jahren (nicht zuletzt durch Friedrich Torbergs Übersetzung seiner satirischen Texte ins Deutsche) einen phänomenalen Erfolg. Ich kann mich noch gut an sie aus meiner Jugendzeit in Frankfurt erinnern. Ich vermute, dass dieser Erfolg vor allem daraus resultierte, dass Kishon, der Humorist, es den Deutschen relativ früh ermöglichte, legitimerweise und ohne Schuldgefühle über Juden »zu lachen«. Später emigrierte er bekanntermaßen aus Israel, und zwar in die Schweiz, aber es steht außer Frage, dass er seinen Erfolg und den mit ihm einhergehenden Reichtum dem benachbarten Deutschland verdankte. Man müsste diesen »Deutschlandhass« bei gleichzeitiger (opportunistischer?) Hingezogenheit zu »Deutschland« tiefgehender erörtern. Diese Gleichzeitigkeit geht über die nostalgische Sehnsucht der einst Vertriebenen hinaus; sie belangt das Paradox der israelischen Kollektivität.

Du erwähnst auch Fritz Kortner, aber als Gegenbeispiel zu Gershom Scholem, ein Beispiel für jemanden, der nicht mehr an- bzw. wieder aufgenommen worden ist. Ich erinnere mich an eine TV-Inszenierung von Shakespeares *Kaufmann von Venedig* im Jahre 1968, bei der Kortner als Shylock brillierte (Regisseur war Otto Schenk). Gegen Ende des Stücks verlässt der besiegte Shylock den Gerichtssaal, und da bedeckt sich Kortner mit dem Tallit, dem jüdischen Gebetstuch (als eine Art symbolischer Geste für die aufrechte Haltung des besiegten-und-doch-nicht-besiegten Juden). Es war erschütternd, und nach der Aufführung fand im Fernsehen eine lange Diskussionsrunde statt, an der sich damalige Schlüsselfiguren des deutschen Theaters beteiligten (wenn ich mich recht entsinne). Man hatte an jenem Abend das Gefühl, dass die Straßen leergefegt sind – es war ein bedeutendes Ereignis. Heute erinnert sich kaum jemand noch an Kortner, auch nicht an Kishon, und ich weiß auch nicht, welchen Rang Gershom Scholem im heutigen deutschen Kulturdiskurs einnimmt. Mag sein, dass parallel zur zunehmenden Fetischisierung des »Juden« im deutschen sozio-politischen Diskurs reale jüdische Menschen kodiert wurden, um die öffentliche Sphäre des deutsch-jüdischen Diskurses abzustecken. Dieser Diskurs hat klar gezogene, feste Grenzen.

Ich möchte in diesem Zusammenhang ein aktuelles Beispiel anführen. Esther Bejarano ist vor einer Woche gestorben. Esther war eine Auschwitz-Überlebende (vermutlich die letzte Überlebende des Mädchenorchesters im Lager), gelangte 1945 nach Palästina und heiratete Nissim Bejarano; aber schon 1960 beschlossen sie, aus Israel zu emigrieren und sich in Hamburg niederzulassen. Gleich nach ihrem Tod erschienen Gedenktexte und Nekrologe, die ihr öffentliches Engagement in der Wahrung des Shoah-Gedenkens, ihre Aktivität in deutschen Schulen und ihre musikalische Karriere rühmten, besonders ihre anregende Zusammenarbeit mit der deutsch-türkisch-italienischen Rap-Gruppe Microphone Mafia. Man wusste, dass Esther Bejarano eine Linke war, eine Freundin von Rolf Becker und Konstantin Wecker. Aber ein gewichtiges Element fehlte in allen Zeitungsartikeln und Radio- und TV-Sendungen: Kein Wort darüber, dass die Shoah-Überlebende Esther Bejarano eine Antizionistin war, die die Okkupation und die verbrecherische Politik Israels gegenüber den Palästinensern kritisierte. Kein Wort darüber, dass sie *Schir ha'schalom* (Lied des Friedens) sang, das zu einer Art Hymne der zionistischen Linken Israels und zum Gegenstand des Abscheus der israelischen Rechten geronnen war. Kein Wort über ihre Solidarität mit den Palästinensern, die vom Schock darüber und dem Ekel davor, dass die Opfer der Vergangenheit zu Tätern mutiert waren, herrührte. Kann das aber wirklich verwundern? Eine solche Esther Bejarano konnten die Barone des heutigen Diskurses in Deutschland nicht gebrauchen: Shoah-Überlebende? – Ja, auf jeden Fall. Eine Shoah-Überlebende, die in Deutschland lebt und mit Deutschen »zurechtkommt«? – Erst recht. Eine nichtzionistische Jüdin, die nicht von ungefähr aus Israel emigrierte? – Das ist schon ein Problem. Eine antizionistische Jüdin, die Israels verbrecherische Politik kritisiert? – Um Himmels willen, nur das nicht! Sie betrauerten Esther Bejarano, wie es im Deutschland dieser Tage möglich ist: mit Respekt und Anerkennung, aber unter dezidierter Übergehung eines der zentralen Momente dessen, was ihre Menschlichkeit ausgemacht hatte.

»Jüdisches Leben« in Deutschland nach der Shoah

Jerusalem, 19. Juli 2021
Zimmermann an Zuckermann

Du hast ein Thema angeschnitten, das sich oft in Floskeln niederschlägt wie »Wir betrachten die Anwesenheit von Juden auf deutschem Boden heute als Geschenk« oder »Danke, dass ihr hier seid«. Meist wird dieser Floskel der Halbsatz vorangestellt »Nach dem Mord an Millionen Juden, den Deutschland verübt hat« bzw. »der im Namen Deutschlands verübt wurde«. Dieser Allgemeinplatz wiederholt sich immer wieder in Ansprachen und Reden von Politikern. Angela Merkel etwa sagte im September 2020: »Man vergisst leicht, welch ein Geschenk und Vertrauensbeweis dieses jüdische Leben ist für die deutsche Gesellschaft.«[11] Das Jahr 2021 bietet Politikern besonders viel Gelegenheit, diese Plattitüde zu verwenden. Man feiert schließlich 1700 Jahre jüdisches Leben in Deutschland.

Lass uns auf Gershom Scholem, Fritz Kortner, Esther Bejarano zurückkommen. Drei Beispiele für das »Geschenk«, das nach Deutschland zurückkehrende Juden den nichtjüdischen Deutschen bescheren. Gershom Scholem, wie auch Martin Buber oder Shalom Ben-Chorin – jüdische Intellektuelle, die bereit waren, das Gespräch mit den sogenannten Biodeutschen nach der Shoah fortzusetzen –, waren sie nicht ideale Prototypen, die Versöhnung und Vergebung erwirken sollten? Die vielen Preise, die sie gewonnen haben, und Ehrungen, die ihnen zuteilwurden, kamen nicht von ungefähr: Deren großer Vorteil lag eben in ihrer Absicht, sich *nicht* in Deutschland niederzulassen. Schau Dir nur die Beziehung zwischen Helmut Schmidt und Nahum Goldmann an.

Ganz anders der Fall Fritz Kortner – er war bereit, zu remigrieren und dazu auch mit »Biodeutschen« um einen Posten zu konkurrieren. Er spürte aber, dass in Nachkriegsdeutschland die Frage im Raum stand: Haben wir die Juden seit 1933 entfernt, um sie am Ende wieder als Konkurrenten vorzufinden? In seinem Film *Der Ruf* stellt Kortner diese erste Phase dar, in der die deutsche Gesellschaft ihre Ablehnung gegenüber Remigranten artikuliert hat (Im Roman *Landgericht* kehrte Ursula Krechel vor einigen Jahren zu diesem Thema zurück). Du erinnerst Dich natürlich an die nächste Phase: Der Remigrant hat es geschafft, seinen Platz in der deutschen Gesellschaft wieder einzunehmen, und als solcher durfte er zum Modell der Versöhnung nach der Shoah avancieren. Vielleicht erinnerst Du Dich, mit welcher Begeisterung der Historiker Hans Rosenberg, Mitbegründer der deutschen Sozialgeschichte, in Freiburg empfangen wurde, als er dreißig Jahre nach Kriegsende aus Amerika zurückkehrte. Anders als der Professor in Kortners Film war Rosenberg bereits emeritiert.

Für die deutsche Gesellschaft verkörpert eine Person wie Esther Bejarano eigentlich das Nonplusultra – nicht einfach eine Remigrantin, sondern gar eine Remigrantin mit Auschwitz-Hintergrund! Aus der Sicht der deutschen »Volksgemeinschaft« befindet man sich hier so nah, wie es nur geht, an der Versöhnung mit den ermordeten Juden selbst, die ja nicht aus der Asche auferstehen können. Du hast recht, man strebt eher die Versöhnung zwischen dem deutschen Bürgertum und den Juden an, Juden, die für die Werte des Bürgertums stehen, ohne freilich Kritik an der israelischen Politik zu üben oder gar eine postkolonialistische Gesinnung zu vertreten. In diesem Sinne weicht Esther Bejarano vom Idealtyp ab, weshalb auch die Nachrufe entsprechend formuliert wurden. Gerade der Fall Bejarano zeigte mir, wie »Kämpfer um Versöhnung« ein Problem mit Überlebenden bekommen können: Esther Bejarano hat sich klar und deutlich gegen den Wiederaufbau der großen Synagoge am Bornplatz in ihrer Stadt Hamburg positioniert, dort, wo heute ein Mosaik an die Zerstörung der Synagoge durch die Nazis erinnert. Sie hat sich dadurch von der Führung der jüdischen Gemeinde distanziert; diese hatte es geschafft, mit der Idee des Wiederaufbaus viele Millionen Euro aus der Staatskasse zu erwirtschaften. Esther Bejarano hat sehr wohl verstanden, dass die Errichtung einer Kopie des Originals am historischen Tatort dem Verwischen der Spuren des NS-Verbrechens gleichkommt. Um dann Bejarano »reinzuwaschen«, wurde sie in einem Nachruf in einer *Hamburger Zeitung* fälschlicherweise als Befürworterin der Verwandlung der wiederaufzubauenden Synagoge in eine Begegnungsstätte für Juden und Nichtjuden dargestellt. So wurde den Lesern ihre prinzipielle Haltung gegen den Wiederaufbau verschwiegen, die sie mit dem Verdacht begründete, der Antisemitismus bekäme so gerade Rückenwind und nicht umgekehrt. Ja, man erwartet von den Juden, mit denen man Versöhnung »betreiben« will, dass sie sich dem Klischee anpassen – eine Überlebende wie Esther Bejarano widersetzte sich diesem Klischee, weshalb das Bild von ihr posthum »angepasst« wurde.

Ich erlaube mir in diesem Zusammenhang eine ironische Bemerkung. Mit der Zeit haben sich die »Biodeutschen« an die jüdischen Rückkehrer als Versöhnungs- oder Dialogpartner gewöhnt. Mehr noch, es müssen nicht einmal Rückkehrer im wahren Sinne des Wortes sein; es reicht aus, wenn man ausländischer Jude ist, der sich für das Leben in Deutschland entschieden hat: Etwa Aussiedler aus der ehemaligen Sowjetunion oder Israelis. Geht es um ehemalige Israelis, sind den Deutschen bärtige Chabad-Rabbiner lieber als säkulare, linksorientierte Tel Aviver. Je mehr der Vorzeigejude der antisemitischen Karikatur ähnelt, desto willkommener ist er. So kann man bedenkenlos das alte Stereotyp benutzen und zugleich nachweisen, dass der Prozess der Versöhnung im Gang ist. Es ist unübersehbar: Die bevorzugten jüdischen Objekte der Sympathie deutscher sogenannter Gutmenschen sind eher der von einem (meist muslimischen) Antisemiten attackierte orthodoxe Rabbi oder der Kippa tragende Mensch, nicht der uns bekannte, »normale« säkulare Jude.

Das bringt mich zurück auf ein Beispiel, das mir sehr naheliegt – Ephraim Kishon. Seine Humoresken kenne ich auswendig (vor sechzig Jahren erreichte ich die Endrunde eines Radiowettbewerbs, der die Kenntnis von Kishons Schriften prüfte) – er war ein hervorragender Humorist aus der mitteleuropäischen, ungarischen Schule. Sein Erfolg in der deutschsprachigen Welt beruhte auf zwei Grundpfeilern. Erstens (und das störte mich mit der Zeit immer mehr), er war mehr als nur ein Shoah-Überlebender, er war ein israelischer Nationalist. Und zweitens, die Übersetzung seiner Schriften ins Deutsche. Übersetzer war der österreichische Schriftsteller Friedrich Torberg, und der deutsche Text korrespondiert viel mehr als das hebräische Original – jedenfalls musste das Lesern auffallen, die die NS-Zeit miterlebt haben – mit klischierenden Judenbildern. Reich-Ranicki hat deshalb Kishon vorgeworfen, bei der Verbreitung von antisemitischen Stereotypen behilflich gewesen zu sein. Kishon hat derartige Vorwürfe vehement zurückgewiesen. Ich habe aber den Verdacht, dass der hochtalentierte Torberg geahnt hat, dass der von ihm bearbeitete Text bei den deutschen Lesern besser ankommen wird als die genaue Übersetzung des hebräischen Urtextes. Ich vermute, dass Torberg, der 1961 Salcia Landmann vorwarf, ihr Buch *Der jüdische Witz* verbreite antisemitische Stereotype, es nicht beabsichtigte, in dieselbe Falle zu geraten – und doch.

Wir sollten also das Thema Versöhnung aus israelischem Blickwinkel später noch vertiefen. Aber um eines bereits vorwegzunehmen: So sehr wir auch die deutsche Erinnerungskultur respektieren, ist Vorsicht im Umgang mit der Motivation hinter der deutschen »Umarmung« des »Geschenks« geboten. Das »Geschenk«, die in Deutschland lebenden Juden, wird oft als Alibi instrumentalisiert. All das, noch bevor wir uns mit Juden befassen, die sich der AfD angeschlossen haben.

Tel Aviv, 21. Juli 2021
Zuckermann an Zimmermann

Ich möchte mich, mit Deiner Erlaubnis, noch kurz bei der Person Esther Bejaranos aufhalten. Hier eine Twitter-Nachricht, die unlängst in Deutschland erschien, als Esther noch am Leben war (wenngleich sie diesen Text zum Glück nicht zu Gesicht bekam):

Antifagruppe Weiden Neustadt
@antifagruppe
#EstherBejarano will den antisemitischen Vernichtungsaspekt der Hamas&Irans nicht erkennen. Im Gegenteil, sie unterstützt diesen Vernichtungskrieg
#EstherBejarano unterstützt den antisemitischen Vernichtungskampf der Hamas wie #JudithButler https://de.wikipedia.org/wiki/Judith_Butler… / #EstherBejarano und #JudithButler sind fanatische Antisemiten, die man stoppen muss. #SupportIsrael #SupportJews

Antifagruppe Weiden Neustadt
@antifagruppe
Die Antifagruppe Weiden Neustadt ist eine links|radikal|analytische Antideutsche Initiative, mit einem bewegungsfernen, herrschaftsfreien und kritischen Ansatz.

Der (israelische) Leser mag sich wundern: Eine linksradikale, antifaschistische Gruppe definiert eine jüdische linksradikale und sogar kommunistische Auschwitz-Überlebende als »fanatische Antisemitin«, die Israel vernichten will? Wie ist das möglich? Um dies zu erklären, muss man verstehen, wer die »Antideutschen« sind und was es mit ihrer krankhaften Solidarität mit Israel auf sich hat.

»Die Antideutschen« sind eine deutsche Bewegung, die die öffentliche Bühne Deutschlands um 1990 infolge des Zusammenbruchs der Sowjetunion und der Vereinigung beider deutschen Staaten betreten hat. In ihren Anfängen nannten sich ihre Mitglieder »antideutsche Kommunisten«, die als solche die Konsequenz aus der deutschen Katastrophengeschichte im 20. Jahrhundert zu ziehen trachteten und sich von der Parole »Nie wieder Deutschland« befeuern ließen. Diese Parole enthielt einen prononcierten antinational(istisch)en Aspekt, der sich zumindest nachvollziehen ließ und mit dem man sich als Linker vielleicht auch identifizieren konnte. Aber nach dem Zusammenbruch der Sowjetunion verloren die Antideutschen den realen historischen Anker ihrer Identität als Kommunisten, und in der Tat verblasste dieses Element ihres Selbstverständnisses recht schnell. Sie bedurften eines Ersatzes für diesen Verlust und fanden ihn in dem, was den anderen Teil ihrer Selbstdefinition (Antideutsche) bedienen mochte, das heißt in dem, womit sie sich identifizieren konnten als Ausdruck ihrer antideutschen Identität: Weil Deutschland an den Juden im 20. Jahrhundert Schlimmstes verbrochen hatte, mutierten »die Juden« zum Objekt der ideologischen Identifizierung der Antideutschen. Und weil sich die Juden im Staat Israel national konstituierten, wurden sie zu fanatischen Anhängern Israels und des Zionismus. Da sich Israel in einem blutigen Konflikt mit den Palästinensern befindet, gerieten die Palästinenser zum ultimativen Hassobjekt der Antideutschen und mit ihnen gleich der gesamte Islam. Und da die USA seit September 2001 den Islam als Feind bekämpfen, verwandelten sich die Antideutschen zu Anhängern der USA, dies umso mehr, als die USA traditionell Israel unterstützen. Und weil die USA bedeutendster Träger des Kapitalismus sind, sahen sich die Antideutschen nunmehr als ihre dezidierten Anhänger und spürten fortan bei ihren Gegnern Antisemitismus auf, wie und wo immer es nur ging. Und so vollzog sich die wundersame Metamorphose der »antideutschen Kommunisten«, die sich in USA-Fans und Parteigänger des Kapitalismus verwandelten, mithin auch in jubelnde Bewunderer Israels, des Zionismus, der Israelischen Verteidigungsstreitkräfte und der Okkupation. Und da Judentum, Zionismus und Israel für sie gleichgestellt sind, leiteten sie davon auch die Gleichwertigkeit von Antisemitismus, Antizionismus und Israelkritik ab. Jeder, der Israel, seine Verbrechen in den besetzten Gebieten oder den Zionismus als kolonialistische Bewegung kritisiert, wird von ihnen in Verruf gebracht, perfide beschmutzt und als Antisemit, den man bis zum Äußersten bekämpfen müsse, verfolgt. Jegliche Solidarität mit der Leiderfahrung der Palästinenser gilt ihnen als Antisemitismus.

Auch jede Kritik an den USA (etwa an Trump) oder am Kapitalismus – alles Antisemitismus.

Vor diesem Hintergrund erklärt es sich, wieso selbst die Auschwitz-Überlebende Esther Bejarano von der Antifagruppe Weiden Neustadt als »fanatische Antisemitin« bezeichnet werden konnte – sie erlaubte sich, nichtzionistisch zu sein, Israel für seine barbarischen Verbrechen zu kritisieren und Solidarität mit den Palästinensern zu bekunden. Es versteht sich von selbst, dass die heutige Bewegung der Antideutschen trotz ihres ursprünglichen Selbstverständnisses als antideutsche Kommunisten absolut nichts mehr mit linker Gesinnung zu schaffen hat. Ideologisch kann sie jedes Statement der israelischen Rechten, einschließlich der Siedler-Rechten (welche die Antideutschen immer mit offenen Armen empfangen) unterschreiben. Interessant ist dabei nicht nur, dass diese »Antifaschisten« nichts mit der Bekämpfung von Faschisten zu tun haben (im Gegenteil, sie gehen mit ihnen zuweilen Bündnisse ein), sondern auch, dass sie sich in ihrer »antideutschen« Ideologie als Deutsche reinsten Wassers erweisen, die sich vergeblich bemühen, sich ihres Deutschseins zu entledigen – und gerade darin eines der bemerkenswertesten Muster der deutschen Auseinandersetzung mit der Vergangenheit verkörpern.

Warum unterstützt die populistische Rechte Israel?

Jerusalem, 22. Juli 2021
Zimmermann an Zuckermann

Wir kennen ja den deutschen Begriff »verkehrte Welt«, der uns veranschaulicht, wie man jedes Wort gegen jede Logik biegen und missbrauchen kann, ganz im Sinne des »Neusprech« in George Orwells dystopischem Roman *1984*. Wenn man dem israelischen Leser erklären möchte, wer die deutschen »Antifas« sind, so trifft man unter den wenigen Israelis, die diesem Begriff schon begegnet sind, auf eine überraschte Reaktion. Denn sie haben diesen Begriff im amerikanischen Kontext (vor allem unter den Trump-Anhängern) kennengelernt und wundern sich darüber, dass Leute mit Antifa-Gesinnung in Deutschland in dem Lager gelandet sind, das die rechtsnationale israelische Politik unterstützt.

So ist es stets, wenn man im Sinne von *1984* agiert: Man übernimmt die Begrifflichkeit des Gegners und stellt sie auf den Kopf. Schlag deinen Kontrahenten mithilfe seines eigenen Wörterbuchs. Die Kräfte, die sowohl in Deutschland als auch in Israel die demokratische Ordnung am meisten bedrohen, präsentieren sich als Beschützer der Demokratie und der Freiheit. Schauen wir mal, wohin die AfD die Begriffe Demokratie und Freiheit führt: Nicht nur maßt sich die AfD an, im Namen des Volkes zu sprechen, zu dem alle »Altparteien« angeblich den Kontakt verloren haben, oder die einzige Partei zu sein, die im Sinne der Verfassung und der in ihr enthaltenen Freiheiten agiert (etwa im Umgang mit Covid-19), sondern auch, die Tradition des Widerstands, das Erbe von Stauffenberg und seiner Gruppe vom 20. Juli fortzusetzen, was sich im gegenwärtigen Widerstand gegen eine (Merkel'sche oder andere) Diktatur verkörpere.

In dieser verkehrten Welt nimmt es kein Wunder, dass es ausgerechnet diese AfD ist, eine Partei, die die Tradition der nationalistischen und antisemitischen Parteien seit dem Kaiserreich fortsetzt, die sich auf die Seite der israelischen Politik stellt. Dass sich in ihr mehr Menschen mit antisemitischen Vorurteilen als in anderen Parteien angesammelt haben, zeigen uns die Meinungsumfragen des letzten Jahrzehnts. Es ist aber der Hass auf Einwanderer aus den muslimischen Ländern, der an erster Stelle auf der Prioritätenliste dieser Partei steht, der die Affinität zur araber- und muslimfeindlichen Politik Israels herstellt. So verwundert es am Ende nicht, dass es eine AfD-Initiative war (Antrag vom 9.4.2019), die den Anti-BDS-Beschluss des Bundestags ins Rollen gebracht hat. Die anderen Parteien gerieten sofort in Zugzwang. In dem von der AfD formulierten Antrag waren klare Spuren eines Berichts des israelischen Ministeriums für strategische Angelegenheiten zu entdecken, der erst einige Monate später auf Deutsch veröffentlicht wurde. Mit anderen Worten: Die für den Antrag zuständigen AfD-Funktionäre erhielten diese Informationen vom israelischen Ministerium oder von den unter seiner Obhut agierenden NGOs, noch bevor die deutsche Fassung des Berichts gedruckt vorlag. Der Antrag lautete: »Der Deutsche Bundestag fordert die Bundesregierung auf […] zur Kenntnis zu nehmen, dass die BDS-Bewegung ihren Ursprung in antisemitischen und antizionistischen Initiativen arabischer Gruppen hat, die lange vor der Gründung des Staates Israel bereits aktiv waren und die zwischen 1933 und 1945 in engem und freundschaftlichem Kontakt mit der nationalsozialistischen Regierung Deutschlands standen.« Entsprechend verlangten die Antragsteller von der deutschen Regierung, »sich zur Verantwortung für das Unrecht zu bekennen, das jüdischen Siedlern in Palästina durch arabische Boykottaufrufe in Zusammenarbeit und Zusammenhang mit der Herrschaft des Nationalsozialismus angetan wurde«. Auf diese Art die Verantwortung für die NS-Vergangenheit zu übernehmen, passt sowohl zur AfD wie zu Netanjahu – so werden die Araber als für die Shoah (mit)schuldig erklärt (darauf komme ich später ausführlicher zu sprechen).

Weil der Antrag von der AfD gestellt wurde, einer Partei, mit der – mithin mit Rechtspopulisten – keine andere Partei in der Bundesrepublik (ganz anders als in Israel) zu kooperieren bereit ist, kam

Heimat. Er hält die AfD für die einzige echt demokratische Partei Deutschlands und argumentierte entsprechend: »Sie (Merkel) ist für das Aufkommen des Wunsches nach einer konservativen Alternative verantwortlich. Es sind konservative Personen, die für bürgerliche und christliche Werte stehen, die danach streben, die Werte der Familie hochzuhalten.« Beck (der auch ein Buch in hebräischer Sprache über die AfD im Duktus eines AfD-Verstehers veröffentlicht hat) zitierte aus Nolls interview auch das, was als Fazit gelten soll: »Merkel hat alles an einem einzigen Tag zerstört, als sie hunderttausende der schlimmsten Judenfeinde nach Deutschland kommen ließ […] Juden sind Opfer physischer und verbaler Attacken […] Das Wort ›Jude‹ wurde dank der arabischen und türkischen Jugendlichen, die unbemerkt einen Prozess der Radikalisierung durchliefen, zum meistverbreiteten Schimpfwort.« Gemäß dieser Auffassung beging Merkel einen Dolchstoß gegen die Juden und hat zugleich Israel verraten.[14]

In einer solchen verkehrten Welt wundert es nicht, dass »Antideutsche« aus dem Antifa-Lager eine aufrichtig glaubende Jüdin wie Esther Bejarano verunglimpfen. Orwell'scher »Neusprech« übelster Art.

Tel Aviv, 23. Juli 2021
Zuckermann an Zimmermann

Deine Darstellung der Dinge spricht für sich selbst, und man kann sie noch mit unzähligen Beispielen anreichern. Du hast Jair Netanjahu erwähnt. Im Jahr 2018 stach eine »Die Nahrungskette« betitelte Karikatur hervor, die er verbreitete. Es ist auf ihr der ungarisch-jüdische Milliardär George Soros hinter einer echsenartigen Gestalt, vor der eine andere Figur eines (jüdischen?) Strippenziehers postiert ist, zu sehen; vor dieser Gruppe ist eine Reihe von Waggons gestellt, in denen Ehud Barak, der ehemalige israelische Premierminister, Eldad

Yaniv, eine zentrale Person innerhalb der Protestbewegung gegen Netanjahu, und Meni Naftali, Zeuge in einem der Korruptionsverfahren gegen das Ehepaar Netanjahu, sitzen. Jeder von ihnen hält in der Hand eine Angelrute, an deren Fadenende das spezifische Symbol eines materiell-korrupten Lockmittels vor der Nase der Person vor ihm hängt. Es handelt sich um eine eindeutig antisemitische, von einer Konspirationstheorie beseelte Karikatur, die nicht von ungefähr Anerkennung und Lob von David Duke erhielt, dem bekanntesten Neonazi der USA, der in der Vergangenheit der Führungsschicht des Ku-Klux-Klans angehörte, einem Ideologen der White Supremacy, Holocaust-Leugner und Antisemiten. Er ergötzte sich an den »antisemitischen Botschaften« der Karikatur, besonders an der Gestalt George Soros', der als Beherrscher der Welt dargestellt ist. Die Assoziation zu den *Protokollen der Weisen von Zion* stellt sich wie von selbst ein. Es war, wie gesagt, Jair Netanjahu, der diese dezidiert antisemitische Karikatur verbreitete.

Aber über diese Phänomenologie der Wechselbeziehungen zwischen Neonazis und der israelischen Rechten (und zwar nicht nur der Siedler-Rechten), die Du darlegst, hinaus interessiert mich eine andere Tiefendimension dieser Erscheinung. Eine Sache sind Juden in Deutschland und Israelis wie Jair Netanjahu und Rafi Eitan, ehemaliger Mossad-Funktionär, die die AfD als »Beschützerin der Juden« (so stellt sie sich selbst dar) und Bekämpferin der Muslime, besonders der in Deutschland eingewanderten Muslime, unterstützen. Das ist eine zwar primitive, aber der »Eigenlogik« durchaus treue Realpolitik. Eine andere Sache ist hingegen die Tatsache, dass eine politisch-soziale Wirklichkeit entstanden ist, die das schiere Bestehen einer jüdisch-israelischen Gesinnung mit einer solchen Eigenlogik erst eigentlich ermöglicht. Denn die Matrix der jüdischen Leiderfahrung im 20. Jahrhundert kann doch nicht in Zweifel gezogen werden: Es war ein deutscher Faschismus/Nazismus, der die Katastrophe des europäischen Judentums verursacht hat. Man muss kein großer Historiker sein, um das zu wissen. Das heißt, das

Schlimmste ist Juden von Rechten und nicht von Linken widerfahren. Mag es auch ein gewisses Ausmaß an linkem Antisemitismus (einen sowjetischen etwa) gegeben haben oder einen muslimischen Judenhass (heute vor allem infolge des Nahostkonflikts), so kann er nicht mit dem verglichen werden, was der rechte Antisemitismus verbrochen hat. Jahrzehntelang schien es, als handle es sich hierbei um eine unhinterfragbare Einsicht. Denn nicht nur ist es die *wirkliche* historische Wahrheit, sondern es sollte auch eine historische Wahrheit bleiben, die man nicht leichtfertig auswechseln kann. Du bietest das Orwell'schen Neusprech als Erklärung für die dennoch stattgefundene Metamorphose an; das überzeugt, aber eher als Beschreibung denn als Erklärung. Denn wenn die Raison d'être Israels im Wesentlichen auf der Shoah basiert, auf der Erinnerung an sie und der ideologisch ausgerichteten Instrumentalisierung dieser Erinnerung, dann ist ein nicht wegzudenkender Bestandteil dieser Raison die Einsicht, dass die (faschistische) Rechte, die Urheberin der Shoah, im Zusammenhang mit dem Shoah-Gedenken als Feind zu gelten hat; aber es stellt sich heraus, dass dem nicht unbedingt so ist und dass die Rechte, die dem infolge der Shoah gegründeten Staat quasi seine Raison d'être verliehen hat, sogar als »Freund« angesehen werden mag. Dabei erweist sich, dass selbst diese Raison austauschbar ist. Israel hat ja den Antisemitismus noch nie bekämpft, hingegen etablierte es im Rahmen des Kalten Krieges eine Feindseligkeit gerade gegenüber der Sowjetunion, die die Juden (und die Welt) vom Grauen des Nazismus befreit hat. Wechselweise entfaltete es auch Hassformen gegen die muslimische Welt, einen »nachvollziehbaren« Hass angesichts der Konfliktdynamik mit der muslimischen Welt, seitdem der Zionismus die Geopolitik des Nahen Ostens entscheidend mitprägt. Was aber im hier erörterten Zusammenhang als besonders relevant erachtet werden muss, ist, dass wenn das aktuelle israelisch-zionistische Interesse es erfordert bzw. suggeriert, der Rang der Shoah als faschistisch-rechtes Erzeugnis gegenüber dem in Israel grassierenden Linken- und Araberhass verblasst. Nur so lässt es sich erklären, wie es überhaupt möglich ist, dass faschistische Rassisten und populistische Antidemokraten wie Viktor Orbán, Jair Bolsonaro und Rodrigo Duterte von Israel eingeladen wurden, einen Kranz in Yad Vashem niederzulegen – und keiner aus dem politischen Establishment Israels (auch nicht aus dem »Shoah«-Establishment) hat seine entsetzte Stimme gegen diese realpolitische Shoah-Leugnung erhoben.

Das tangiert auch das Phänomen der deutschen (sowie »antideutschen«) »Solidarität« mit Israel. Denn wenn Solidarität nicht mehr ist als eine selbstzufriedene Positionierung im Rahmen einer ideologisch verzerrten, binär vereinfachten und unreflektierten Matrix, die sich im Hinblick auf die soziale, politische und militärische Analyse der realen Machtverhältnisse und Gewalt im israelisch-palästinensischen Konflikt als höchst erbärmlich erweist, dann bedient eine solche Solidarität (im Gegensatz zu ihrer erklärten Absicht) schon nicht mehr ihren Gegenstand, sondern einzig ihre sich selbst feiernden Träger. Je schwerer und komplexer es dann wird, die Entstehungszusammenhänge dieses Bedürfnisses nach solidarischer Identifizierung zu durchdringen, nimmt sich die verantwortungslose Vereinfachung des vielschichtigen Kontexts, welcher besagte Ideologisierung der »Solidarität« speist, als besonders abstoßend aus. Dies überschreitet den israelisch-palästinensischen Konflikt, denn gerade weil Israel in einem historischen Zusammenhang gegründet wurde, der eine Ideologie der *Verschmelzung* notwendig machte und die Träger der Ideologie zwang, die fundamentalen Widersprüche und zentralen Konfliktachsen des nationalen Verschmelzungsaktes durch die Aufrechterhaltung der Einheitsideologie zu überbrücken, stellt sich jedem von außen Kommenden (und nicht nur ihm) die Schlüsselfrage, mit was für einem Israel er sich identifiziert, wenn er nicht in die Falle der heteronomen Abstrahierung Israels tappen möchte.

Aber das ist es eben, was sich in diesem widerwärtigen Phänomen der Solidaritätsdoktrin mit Israel – über die geopolitische Verblendung und die peinliche Ignoranz, was die realen Verhältnisse innerhalb Israels anbelangt, hinaus – manifestiert: Letztendlich interessiert sich diese solidarische Identifizierung mit Israel einzig für die *Abstraktion* – die Abstraktion der »Juden«, die Abstraktion »Israels« und des »Zionismus«, für etwas also, das nur wenig zu tun hat mit dem in Israel real pulsierenden Leben mit all seinen sozialen Gegensätzen und ethnischen Spannungen, die in ihm historisch wuchsen und sich verfestigten; mit der Tragik des internationalen Konflikts, das es durchlebt; mit den realen inneren Bedrohungen, denen es ausgesetzt ist; mit seinen strukturellen kulturellen Widersprüchen, die sich nicht einfach überwinden lassen. Eine solche Abstraktion ist stets kontraproduktiv, wenn es um die Lösung realer Probleme geht. Sie erweckt ein besonders unangenehmes Gefühl, wenn sie auf »Juden« angewendet wird. Sie wirkt nachgerade abscheulich – mögen ihre Absichten noch so positiv sein –, wenn sie aus Deutschland kommt. Solche Abstraktionen haben in der Vergangenheit entsetzliche Resultate gezeitigt. In dieser Hinsicht haben die Philosemiten den Antisemiten nichts Wesentliches voraus, wie denn die um jeden Preis solidaritätsgierigen Freunde Israels mitnichten den in ihrer Meinung gefestigten Feinden Israels vorzuziehen sind. Es stimmt bedenklich, dass dies wenige noch nicht begriffen worden ist.

Noch immer präsent: der Mufti von Jerusalem

Jerusalem, 27. Juli 2021
Zimmermann an Zuckermann

Ich fürchte, dass Du die Hauptsache übersehen hast: Die Shoah haben die Araber angerichtet, nicht die Nazis. Wenn ich aus der Rede des früheren israelischen Ministerpräsidenten, Vater von Jair Netanjahu[15], im Oktober 2015 vor dem 37. Zionistischen Kongress gehalten, zitieren darf (von mir aus dem Englischen übersetzt): »Hitler wollte damals [zur Zeit des Besuchs des Muftis bei ihm] nicht, die Juden vernichten, er wollte sie vertreiben. Und Haj Amin al-Husseini ging zu Hitler und sagte: Wenn Du sie vertreibst, kommen sie alle hierher [nach Palästina]. Also, was soll ich mit ihnen tun?, fragte er [Hitler]. Er [Husseini] antwortete: ›Verbrenne sie!‹«[16]

Als ich vor Kurzem von einem Gericht in Be'er Scheva als Fachmann in einem Prozess vorgeladen wurde, den marokkanische Juden gegen das Finanzamt wegen unterlassener Entschädigung für das Leid im Zweiten Weltkrieg geführt haben, zitierte ich einen Satz aus *Hitlers Tischgesprächen* Die Staatsanwältin fand das besonders witzig und fragte, ob ich bei Hitler zu Tisch war. In der Literatur kannte sich die Staatsanwältin genauso wenig aus wie die meisten Israelis, die sich auf die Shoah-Erinnerung berufen. Wenn aber der israelische Ministerpräsident über ein Gespräch berichtet, als wäre er dabei gewesen (das Treffen zwischen dem Mufti und Hitler fand acht Jahre vor Netanjahus Geburt statt), geht er davon aus, dass man ihm glaubt. Zwar steht das Protokoll dieses Treffens jedem zur Verfügung, der daran interessiert ist: »Der Mufti erwähnte sodann das Schreiben, das er von Deutschland erhalten habe, in dem ausgeführt sei, dass Deutschland keine arabischen Länder besetzt halte und die Unabhängigkeits- und Freiheitsbestrebungen der Araber verstünde und anerkenne, ebenso wie es für die Beseitigung der national-jüdischen Heimat eintrete.« Das Protokoll zitiert auch Hitlers Antwort: »Deutschland trete für einen kompromisslosen Kampf gegen die Juden ein. Dazu gehöre selbstverständlich auch der Kampf gegen die jüdische Heimstätte in Palästina, die nichts anderes sei als ein staatlicher Mittelpunkt für den destruktiven Einfluss der jüdischen Interessen.« Nachdem die deutschen Armeen den »Südausgang Kaukasiens erreicht« haben werden, »würde der Führer von sich aus der arabischen Welt die Versicherung abgeben, dass die Stunde der Befreiung für sie gekommen sei. Das deutsche Ziel würde dann lediglich die Vernichtung des im arabischen Raum unter der Protektion der britischen Macht lebenden Judentums sein.«[17] Hitler brauchte keine Ratschläge des Muftis; er wahrte seine taktische Zurückhaltung, solange der Krieg gegen die UdSSR noch nicht entschieden war. Jedenfalls befand sich am 28. November 1941 das Vernichtungslager Chelmno (Kulmhof) bereits im Entstehen, und der Beginn der Massenvergasung zehn Tage später resultierte keineswegs aus einem Ratschlag des Muftis. Mehr noch: Die Berliner Juden, die am 17. November nach Riga deportiert wurden, waren bereits am 21. November im Neunten Fort in Kaunas ermordet, gefolgt von weiteren Transporten, die mit der Vernichtung endeten – alles noch vor der Unterredung zwischen Hitler und dem Mufti. Man hätte Netanjahu auch daran erinnern können: Die Massenerschießung in Babyn Jar fand bereits zwei Monate früher, Ende September, statt.

Aber wer kümmert sich schon um solche Kleinigkeiten? Da der Feind der zionistischen Bewegung in Palästina »die Araber« sind und sie allein für den Konfliktzustand verantwortlich gemacht werden, keineswegs aber der Anspruch, den Zionisten auf einen Judenstaat mit einer jüdischen Mehrheit und einem jüdischen Charakter (wie auch immer definiert) auf Kosten der autochthonen Bevölkerung erheben, entstand ein Narrativ, das sich nicht damit begnügt, »den Arabern« bzw. »den Palästinensern« die Schuld zu geben, sondern »die Palästinenser« retroaktiv und pauschal zu ebenbürtigen Partnern Nazideutschlands stilisiert. Diese »Partnerschaft« gilt auch nach 1945 als nicht abgeschlossen. Netanjahus Vorwurf ging eben einen Schritt weiter: Die Palästinenser waren die Initiatoren der

Shoah und sind die potenziellen Verursacher der nächsten Shoah geblieben.

Da das heutige Deutschland eine intensive »Vergangenheitsbewältigung« betreibt und dabei mit Kritik an Israels Besatzungspolitik äußerst behutsam umgeht, ist Deutschland als Feindbild für Israelis praktisch verschwunden, was »die Araber« oder »die Moslems« (und selbstverständlich den Iran) zu Vorreitern des Antisemitismus und potenziellen Verursachern der nächsten Shoah werden lässt, weswegen sie auch im historischen Rückblick als »Seniorpartner« dargestellt werden dürfen. Die israelische Rechte befasst sich obsessiv mit der Person Haj Amin al-Husseinis und greift sogar die für die Shoah-Erinnerung in Israel zuständige Institution Yad Vashem (von der Du mit Recht behauptest, sie sei der Regierung gegenüber zu gehorsam) an, weil sie den angeblichen Beitrag des Muftis zur Shoah nicht ausreichend herausgearbeitet hat. Sie tun so, als sei Yad Vashem eine linksorientierte Institution, die die Wahrheit über die tatsächlichen Verursacher der Shoah unterdrücken will.

Es ist unbestreitbar: Haj Amin war ein enger Partner Nazideutschlands, dazu auch Befürworter der »Endlösung«, und es gab tatsächlich eine enge Zusammenarbeit zwischen dem Dritten Reich, besonders der SS, und der arabischen bzw. muslimischen Gesellschaft vor dem Hintergrund des Hasses auf Großbritannien, nicht nur im Nahen Osten. Doch die pauschale Schlussfolgerung, wonach es eine Allianz zwischen der arabischen Welt (und selbstverständlich den Palästinensern) und dem Nationalsozialismus gegeben habe, ist mehr als gewagt. Umso mehr, wenn die Pauschalisierung sich nicht konkret auf die relevante Epoche konzentriert (1918–1945), sondern auf angeblich überzeitliche Merkmale, die bis heute wirksam geblieben seien.

Hinzu kommt eine weitere Komponente. Ein Grund dafür, dass der sekundäre Antisemitismus, die Shoah-Leugnung, sich in der arabischen bzw. der muslimischen Welt verbreiten konnte, lag (abgesehen von purer Ignoranz) darin, dass er als Antwort auf den

Gebrauch, den Israel von der Shoah-Erinnerung macht, gilt. Und das nicht nur, um die Existenz des Judenstaates im Nahen Osten zu rechtfertigen, sondern auch, um seine eigenen illegitimen Handlungen weißzuwaschen. Je mehr Israel und seine zynischen Politiker die Erinnerung an die Shoah verzerrend instrumentalisieren, desto größer die Versuchung (nicht nur in der muslimischen Welt), dies mithilfe der Leugnung der Shoah im Zweiten Weltkrieg aufzuwiegen.

Kein normativ denkender Mensch könnte die abscheuliche Handlungsweise des Muftis während des Weltkriegs auch nur annährend rechtfertigen, auch nicht Aussagen in der arabischen bzw. muslimischen Welt tolerieren, die sekundären oder auch primären Antisemitismus zum Ausdruck bringen. Wir Historiker befassen uns aber mit der Kausalität wie auch der Komplexität von historischen Prozessen. Historiker, die die muslimische Geschichte erforschen, sind sich der großen Vielfalt in der arabischen Welt bewusst (nicht alle gehen das Thema wie Robert S. Wistrich an). Historiker wissen etwa von der »Transfer-Abmachung« *(Ha'avara)* (1933), mithin von der Zusammenarbeit zwischen Nazideutschland und der zionistischen Organisation, werden sich aber hüten, Mahmud Abbas' Schlussfolgerung zu teilen, zu der er noch in seiner in der UdSSR und unter dem Einfluss ihrer historischen Auslegung geschriebenen Doktorarbeit gelangt ist, der zufolge die Zionisten die Verbündeten der Nazis waren. Uns ist im Nachhinein bekannt, was die Nazis vorhatten und welche Zwänge für ihre jüdischen Opfer dadurch entstanden. Wir sind aufmerksam, wenn es um die Zusammenarbeit zwischen Zionisten und Faschisten geht, zugleich aber vorsichtig, wenn es um daraus gezogene Schlussfolgerungen geht. Rückblickend wissen wir den Unterschied zwischen dem Versuch des (dem nationalistischen Lager im Zionismus angehörenden) Revisionisten Avraham Stern, der mitten im Weltkrieg mit dem Ziel, England zu bekämpfen, mit dem Dritten Reich kooperieren wollte, einerseits und der »Transfer-Abmachung« anderseits, die vom Repräsentanten des Jischuws (der jüdischen Bevölkerung im prästaatlichen Palästina) Chaim (Viktor)

Arlosoroff unterzeichnet wurde, um einen Teil des Eigentums der aus Nazideutschland fliehenden Juden nach Palästina überführen zu können. Wir sind ebenso in der Lage, zwischen dem Wunsch von Revisionisten, sich Mussolinis faschistische Lehre zum Vorbild zu nehmen, und den Versuchen der zionistischen Organisation im Rahmen der mediterranen Politik der 1930er Jahre zu unterscheiden.

Doch wenn das Ziel von Anbeginn an von der nationalistisch-rechtsorientierten Weltanschauung bestimmt wird, wonach die ewige Bekämpfung des ewigen Feindes unumgänglich sei, sind Historiker, die komplexe Interpretationen anbieten, wenig relevant. In dieser Situation wird Geschichte so konstruiert, dass sie sich dem Ziel anpasst. So gesehen wird Deutschland zum bequemen Aufhänger einer alternativen Geschichtsinterpretation.

Tel Aviv, 27. Juli 2021
Zuckermann an Zimmermann

Die schiere Tatsache, dass es notwendig ist, das, was Du hier aufzeigst, zu erklären (und Du hast gut daran getan, Deine Darlegung sarkastisch zu beginnen), indiziert, wie sehr die zentralen Koordinaten des Diskurses über dieses Thema in Israel derangiert worden sind und wie wenig man darüber rational reden kann. Du siehst Dich dem differenzierenden Erörterungsvermögen des Historikers und Intellektuellen verpflichtet, aber schon seit Jahren hat sich meine Überzeugung empirisch verfestigt, dass wir den Mond anbellen, und zwar genau aus dem Grund, den Du anführst: Wir sind irrelevant, »wenn das Ziel von vornherein im Sinne einer rechts-nationalistischen Weltanschauung gesteckt wird«; und ich fürchte, dass ich hinzufügen muss: nicht nur im Sinne der rechts-nationalistischen, sondern auch der linksliberalen-zionistischen. Denn es geht eben nicht um die Erörterung der historischen Wahrheit, sondern um die Rechtfertigung der Ideologie, die die Raison d'être des Staates, in dem wir leben, begründet. Und wenn Netanjahu und seine Anhänger die »Palästinenser« als historische Quelle und Grund für das Ereignis der Shoah nutzen, so rührt dies primär daher, dass die Shoah – als reales historisches Ereignis und als die das historische Bewusstsein in der »Welt nach Auschwitz« bestimmende Matrix – die israelische Politik und letztlich auch die breite israelische Öffentlichkeit nie wirklich interessiert hat, sondern lediglich als Fundament für deren fortwährende heteronome Instrumentalisierung dient. Es handelt sich dabei nicht um eine Auswirkung der letzten Zeit, die Instrumentalisierung ist schon so alt wie der Staat Israel. Die »Shoah« fungierte als notwendiges Argument für die Errichtung des Staates (»Von der Shoah zur Wiederauferstehung«), aber wir wissen auch, welcher Empfang den in Israel angekommenen Überlebenden beschieden war. Ähnlich wie Hegel, der (Jürgen Habermas zufolge) Anhänger der Französischen Revolution war, aber möglichst ohne Revolutionäre, hat auch der Zionismus nach der Staatsgründung die »Shoah« zwar – als Mittel der »Rechtfertigung des begangenen Weges« wie auch als Möglichkeit zur fremdbestimmten Ausbeutung ihrer Erinnerung – zum Gegenstand des nationalen Gedenkens erhoben, möglichst aber ohne die Überlebenden, die dem Ideal des von ihm ideologisch zelebrierten »neuen Juden« nicht gerade entsprachen. Das »Diasporische« am Überlebenden stieß die Zionisten ab, ängstigte sie vermutlich auch. Nicht von ungefähr hat sich der Staat Israel vor einigen Jahren bei den Überlebenden entschuldigt, tat aber auch dies eher als Lippenbekenntnis. Die Instrumentalisierung der Shoah-Erinnerung zahlte sich auf diversen Ebenen aus: Sie lohnte sich wirtschaftlich (Wiedergutmachungsabkommen), sie lohnte sich politisch (Solidarität mit Israel als »Zufluchtsstätte für die Überlebenden«), sie lohnte sich propagandistisch (Immunität vor Israelkritik – der Antisemitismus-Diskurs ist ganz und gar im »Shoah«-Paradigma eingebettet), sie lohnte sich auch im Hinblick auf die gängige israelische Selbstviktimisierung: Je mehr sich Israel zum verbrecherischen Land entwickelte, als desto effektiver erwies sich die Stilisierung seiner Opferrolle zur Neutralisierung seines Verbrecher-Status.

In diesem Zusammenhang ist der ideologische Austausch der »Nazis« durch »Araber«, die Du ansprichst, in der Tat von besonderer Bedeutung. Denn zwar bildete der Hass auf Deutschland und Deutsche in den ersten Jahren nach der Staatsgründung einen Schlüsselfaktor der israelisch-jüdischen Konsolidierung gegenüber der »Welt«, sie verblasste aber im Laufe der Zeit, nachdem »wir uns mit den Deutschen versöhnt haben«, wie sich ein Schüler bei einer der schulischen Polenfahrten in den 1990er Jahren gegenüber einem Journalisten äußerte. Und »da wir jemanden hassen müssen«, suchte er Hakenkreuze auf den Häuserwänden Warschaus als Zeugnis für die Schuld der »Polen«, fand aber augenscheinlich die konkretere Lösung für seine kognitive Dissonanz in den »Arabern«. Du hast vollkommen recht mit einer Deiner früheren Bemerkungen, wonach Haj Amin al-Husseini zur konstitutiven Geschichte des israelischen Nationalnarrativs mutierte, der zufolge man in den Palästinensern den nahöstlichen Ersatz für die Nazis in Europa zu sehen habe. In der Tat war Netanjahus Behauptung von 2015, dass es der Mufti war, der Hitler zur »Endlösung« angetrieben habe, kein rhetorischer Ausrutscher, sondern eine konsequente Schlussfolgerung aus dem israelisch-jüdischen Viktimisierungsnarrativ, das in Israel genährt und gepflegt wird.

Die »Shoah« verkam auch zur gefragten Ware im innerisraelischen Diskurs. Ich erinnere mich noch an die festliche Stimmung, die das Event umgab, das zur Übergabe des Untersuchungsberichts an den damaligen israelischen Staatspräsidenten veranstaltet wurde, welcher die Shoah an den nordafrikanischen Juden zum Inhalt hatte. Ich muss zugeben, dass mich dieser »Korrekturakt« ziemlich irritierte – er nahm sich aus wie eine Art »Sieg« für die orientalischen Juden Israels. Ich erinnere mich auch an das Entsetzen, das mich seinerzeit (irgendwann zu Beginn der Nullerjahre) erfasste, als eine im israelisch-orientalischen Identitätsdiskurs aktive Doktorandin, einen Aspekt des Diskriminierungsgefühls artikulierend, mir den unfassbaren Satz entgegenschleuderte: »Ihr habt wenigstens die Shoah gehabt.« Die Shoah galt ihr als eine Art Kapital. Paradoxerweise enthielt diese Äußerung einen Wahrheitskern im realen Leben. Eine persönliche Anekdote sei hier erwähnt: Als Mitte der 1950er Jahre die Wiedergutmachungszahlungen kamen, zogen meine Eltern von Schchunat Hatikwa nach Yad Eliyahu, einen ökonomisch besser gestellten Stadtteil als es jener benachbarte Slum gewesen war, in dem wir bis dahin gewohnt hatten. Die Verbindung meiner Eltern zu den jemenitischen und bulgarischen Nachbarn im Elendsviertel hielt noch eine ganze Weile, aber infolge der sich meinen Eltern öffnenden Möglichkeit, den Slum zu verlassen, entstand auch eine objektive soziale Kluft zwischen unseren Familien. Als ich zwanzig Jahre später neugierig nach Schchunat Hatikwa zu Besuch kam, das inzwischen zum Inbegriff eines Elendsviertels geworden war, bestand schon kein Zweifel mehr über die ethnische Zugehörigkeit seiner Bewohner und deren sozialökomischen Status. Aschkenasische Juden waren dort kaum noch zu sehen. Später wurde dies mit der repressiven Praxis der kulturellen aschkenasischen Hegemonie in Verbindung gebracht. Eine recht problematische Behauptung: Sie stimmt im Allgemeinen, insofern von den ökonomischen Dimensionen der sozialen Kluft die Rede ist; es besteht in Israel (oder bestand zumindest in der Vergangenheit) eine deutliche Überlappung zwischen Klasse und Ethnie. Insofern sich also die kulturelle Herrschaft von der Klassenherrschaft ableitet, mag es scheinen, als herrsche in Israel eine aschkenasische Kulturhegemonie. Es erhebt sich dann allerdings die Frage, was diese aschkenasische Kultur sei. Die jiddische Kultur? Jiddisch ist doch in Israel so verfolgt worden wie kaum irgendwo auf der Welt. Die Welt der religiös-orthodoxen Juden? Gerade in Israel fristen die orthodoxen Juden (*Charedim*) seit Jahrzehnten ein ausgeprägtes, wenn auch selbst gewähltes Ghettoleben. Dort, wo eine Loslösung stattfinden konnte, war dies allerdings gerade dem Werk orientalischer orthodoxer Juden, nicht dem von aschkenasischen Glaubensgenossen, zu verdanken. Es handelt sich um ein fatales Missverständnis. Denn gemeint ist hier eigentlich die westliche Kultur, die auch den Zionismus und dessen politische wie soziale Auswirkungen in Israel formte und bestimmte.

Das Paradoxe am Beneiden der »Shoah der aschkenasischen Juden« sticht noch mehr ins Auge, wenn man bedenkt, dass die Kinder der europäischen Überlebenden sich oft für ihre Eltern, das verpönte Diasporische und ihre verhasste jiddische Sprache schämten. Die Indoktrination der zionistischen Ideologie erwies sich als erschütternd effektiv; sie war ein weiterer Aspekt der Instrumentalisierung der Shoah-Erinnerung, welche, wie gesagt, nicht nur nach außen aktiviert wurde, sondern auch den innerisraelischen Shoah-Diskurs prägte – und bis zum heutigen Tag prägt.

Die Shoah als »Besitzwert«

Somit sind wir bei der absurden Kernfrage angelangt: Ist die Shoah ein »Besitzwert«, und wenn ja, für wen?

Die »Ursünde« liegt meines Erachtens in der Annahme, dass der Staat Israel seine Entstehung der Shoah zu verdanken habe. Diese Annahme ist für einen professionellen Historiker inakzeptabel: Der Zionismus entstand ja lange *vor* der Shoah und somit auch die zionistisch motivierte Auswanderung nach Palästina. Die Vollstrecker der »Endlösung« – das hat bereits Ben-Gurion so gesehen – waren im Begriff, der zionistischen Vision ein Ende zu bereiten, indem sie das potenzielle Reservoir für die Schaffung einer jüdischen Mehrheit in Palästina zu vernichten drohten. Selbst, wenn diese Annahme nicht falsch wäre, hätte ich als Zionist von ihr keinen Gebrauch machen wollen, denn sie käme einem Dank an Hitler gleich, dem wir für die Gründung Israels Anerkennung zollen sollen. Ich möchte Hitler in keiner Weise dankbar sein.

In einer autobiografischen Notiz in einem anderen Buch[18] habe ich bereits erklärt, dass ich nicht zur Welt gekommen wäre, wenn es Hitler nicht gegeben hätte: Wäre er nicht zum Reichskanzler ernannt worden, wäre die Ehe zwischen meiner Mutter, aus einer alteingesessenen, wohlhabenden Familie in Hamburg stammend, und meinem Vater, Sohn von Eltern, die aus der K.-u.-k.-Monarchie vor dem Ersten Weltkrieg nach Hamburg emigrierten, also sogenannte Ostjuden, unwahrscheinlich gewesen. Die beiden haben sich als Gymnasiasten in der Talmud-Tora-Schule kennengelernt, nachdem meine Mutter, wie andere jüdische Schülerinnen, bereits 1933 von der nichtjüdischen Mädchenschule geworfen worden war und deshalb diese jüdische Schule, die bis dahin keine Mädchen aufgenommen hatte, besuchen durfte. In meinem sehr privaten Fall könnte man sagen, dass erst die Entstehung des Dritten Reichs den Weg für meine Existenz bereitet hat. Im Falle Israels hingegen trug die

Shoah zwar indirekt zur Gründung des Staates bei, aber potenziell weit mehr zum Gegenteil. Im privaten wie im allgemeinen Fall ist auf jeden Fall davor zu warnen, die Nazis für das Endergebnis wie auch immer zu loben.

Doch der Slogan »Von der Shoah zur Wiederauferstehung« (*Mi Shoah le Tekuma*), von der in Israel ständig Gebrauch gemacht wird, deutet nicht nur auf *post eo*, sondern auf *propter eo* hin. Dieser vermeintlich kausale Zusammenhang verschafft die ultimative Rechtfertigung sowohl für die Gründung des Staates als auch für das Verhalten seiner Politiker. Ich kenne kein effektiveres Argument als »Das hat die Shoah verursacht, daher…«, vor allem, wenn es sich um den Umgang Israels mit Deutschland handelt. Um sich politische Vorteile zu verschaffen, reichte für Israel in der Regel die unschlagbare Formel »wegen der Shoah« aus, um die Bundesrepublik (vor wie nach 1990) auf Israels Interessen einzulenken; sie besagt so viel wie: »Ihr habt gesündigt, übernehmt also die Verantwortung!« Ein etwa dreißig Jahre alter, bekannter Sketch der israelischen Satiregruppe Das Kammerquintett veranschaulicht diese Gepflogenheit ausdrucksvoll. Während der Leichtathletik-Europameisterschaft (sie fand tatsächlich 1986 in Stuttgart statt) versuchen zwei israelische Sportfunktionäre den Mann, der den Startschuss zum Hundertmeterlauf abgeben soll, davon zu überzeugen, dass der israelische Läufer seine Startlöcher um einige Meter nach vorne verlegen darf, mit der Begründung: »Hat das jüdische Volk nicht genug gelitten?« Diese erpresserische Taktik hat sich als nützlich erwiesen – sei es, als Mossad-Leute in Deutschland bei einer rechtswidrigen Tat erwischt wurden, sei es bei dubiosen Waffengeschäften oder beim Umgang mit Vergehen, die im Zusammenhang mit den besetzten Gebieten verübt wurden. Die Formel »Von der Shoah zur Wiederauferstehung« garantiert den Erfolg. Und seitdem Angela Merkel Deutschland die Verpflichtung auferlegt hatte, Israels Sicherheit als Teil der deutschen Staatsräson zu betrachten, hat sich diese noch fester ins kollektive Bewusstsein der Deutschen eingeprägt.

Die Parole erwies sich nicht nur im Rahmen der deutsch-israelischen Beziehungen, sondern auch gegenüber der westlichen Welt insgesamt als Erfolgsrezept. Da der Begriff der Sühne in der christlichen Kultur eine zentrale Rolle spielt, wurde er zum Aufhänger für den Sonderstatus Israels als Vertreter der jüdischen Shoah-Opfer. Vermutlich ist es die leicht arrogante und distanzierte Haltung des israelischen Erziehungssystems gegenüber dem Christentum, die die zynische Instrumentalisierung dieser »Schwäche« ermöglicht. Während die nichtjüdische Gesellschaft ihre »andere Wange hinhält«, wird das Nützliche dieser Überzeugung gern angenommen.

Doch die Verbindung von Shoah und Staatsgründung führte auch zu einer ganz anderen Schlussfolgerung, die nicht im Sinne des offiziellen Israel sein kann: Wäre der Staat Israel tatsächlich wegen der Shoah gegründet worden, dann müsste das Schicksal der Palästinenser unweigerlich als »Kollateralschaden« dieses kausalen Zusammenhangs gewertet werden. Oder, wie sowohl Palästinenser als auch Deutsche, die die Last der Schuld loswerden wollen, es formulieren: Die Palästinenser sind die Opfer der Opfer. So avancierten auch die Palästinenser zu einem Kollektiv, dem die Deutschen historisch und moralisch verpflichtet sind. Mehr noch: So werden Tür und Tor für die Gleichsetzung der Verbrechen der Nazis und der Israelis geöffnet. Um diese Schlussfolgerung widerlegen zu können, müsste Israel die Behauptung eines kausalen Zusammenhangs von Shoah und Staatsgründung – oder zumindest doch das Postulat, dass Israel eine Antwort auf die Shoah sei – aufgeben. Dies wäre aber ungünstig für Israels Sicherheit und Politik, die ja auf dieser Begründungslogik aufbauen. Im Dialog mit Palästinensern wirkt die Auslegung der Existenz Israels als »Antwort« auf die Shoah sowieso eher destruktiv, denn Palästinenser argumentieren völlig zu Recht: »Wieso sollen wir darunter leiden, dass euch die Europäer verfolgt haben?« In der arabischen, meist muslimischen Gesellschaft verschafft auch die Beschäftigung mit dem Topos der Sühne keinen Vorteil. Das ist unter anderem ein Grund dafür, dass die Vertreter des israelischen Nationalismus es vorziehen, »die Araber« bzw. »die Palästinenser« direkt für die Shoah verantwortlich zu machen, ja sogar den radikaleren Schritt unternehmen, nicht nur von einer gemeinsamen nazistisch-arabischen Zusammenarbeit, sondern von einer palästinensischen Initiative zur Umsetzung der »Endlösung« zu sprechen (wie es Netanjahu getan hat).

Israel hat eine raffinierte Taktik übernommen, um die Shoah zum »Besitzwert«, mithin in einen »Vorteil« zu verwandeln (und dabei die sich aus dem Diktum »Opfer der Opfer« ergebende Falle zu meiden): Es griff zum langen Hebel der IHRA (International Holocaust Remembrance Alliance). Was als Gedenk-Instrument der schwedischen Regierung begann, verwandelte sich vor etwa zwanzig Jahren in eine gewaltige Institution, die über die Definition von Antisemitismus und Shoah global entscheidet und eine entsprechende Erinnerungspolitik empfiehlt. Die israelischen Historiker Yehuda Bauer und Dina Porat sind Schlüsselfiguren dieser Institution geworden. Die IHRA ist für eine Definition von Antisemitismus verantwortlich, die viele Regierungen und Organisationen weltweit übernommen haben; sie definiert ihn auf eine Weise, die letztlich Israelkritik mit Antisemitismus gleichsetzt. Bingo! Ich hege nicht den Verdacht, dass Yehuda Bauer oder Dina Porat so weit gehen wollten, aber so versteht die Welt den Kommentar zu dieser eher kargen IHRA-Definition, die in Form von Beispielen niedergelegt wurde. Wer diese Auslegung der Antisemitismus-Definition nicht voll und ganz akzeptiert, wird am Ende des Tages als Shoah-Leugner gebrandmarkt.

So hat die israelische Politik tatsächlich aus der Shoah einen »Besitzwert« ohnegleichen kreiert. Kritik aus dem arabischen Lager (auch ohne BDS-Zugehörigkeit) wird sowieso automatisch abgelehnt. Stimmen in der westlichen Welt, die Kritik an Israels Politik artikulieren, werden als antisemitisch abgewehrt. Ja, diese Kritik wird sogar als Shoah-Leugnung angeprangert. Seitdem die wissenschaftliche Literatur neben dem »klassischen« auch von einem sekundären Antisemitismus ausgeht (etwa Shoah-Leugnung oder -Relativierung), entstand für die politischen Entscheidungsträger in Israel der ultimative Schutz vor jeder Kritik. Denn Kritik bedeutet Antisemitismus bzw. Shoah-Leugnung, und überall auf der Welt, vor allem aber in Deutschland, herrscht eine große Angst vor diesem Vorwurf. Dabei sind jüdische Kritiker, selbst jene, die in Sachen Antisemitismus und Shoah als Experten gelten, marginalisiert, ja, als antisemitische Selbsthasser gegeißelt.

Das kennst Du doch, oder?

Tel Aviv, 5. August 2021
Zuckermann an Zimmermann

Und wie ich das kenne! Seit Jahrzehnten schon thematisieren wir doch die Instrumentalisierung der Shoah-Erinnerung für Zwecke, die rein gar nichts mit dem Andenken an die Shoah und der Bekämpfung des Antisemitismus zu tun haben. Relativ neu ist freilich der gepanzerte Selbstschutz vor der Israel- und Zionismuskritik durch deren Stigmatisierung als antisemitisch bzw., wenn diese Kritik von Juden stammt, deren Stigmatisierung als sich selbst hassende Juden. Man möchte manchmal meinen, dass die Produzenten der israelischen Ideologie zu gestandenen Anhängern Theodor Lessings mutiert sind, die sich vor allem an Gestalten wie Otto Weininger ergötzen. Aber wie ich später noch darlegen werde, ist auch dies nicht ganz neu – es hat im Zionismus »Tradition«.

Es dürfte klar sein, warum die Deutschen so freudig dem Antisemitismusparadigma der IHRA anhängen. Ihre historische Schuld ist in der Tat so gewaltig, dass sich von vornherein die Frage stellt, wie sie sich praktisch aufweichen lasse. Die erste Lösung hierfür fand sich nicht nur in der Sühne, die Du als Erklärung anführst, sondern – besser noch! – durch die *Materialisierung* der Sühne, wie sie sich in den Wiedergutmachungsabkommen von 1952 niederschlug. Diese, im Verbund mit der geopolitischen Integration Westdeutschlands in den westlich-kapitalistischen Block im Rahmen des Kalten Krieges (die den Deutschen unter anderem eine umfassende Entnazifizierung durch die Amerikaner einbrachte), begründete das Paradigma einer unverbrüchlichen Verantwortung Deutschlands für Israel. Dieses Paradigma hätte nicht längerfristig bestehen können, wenn es nur die Doktrin deutscher Regierungen geblieben wäre. Es bedurfte weiterer institutioneller Anker für ihre Perpetuierung. Als erster und bedeutendster erwies sich da das Medienimperium Axel Springers. Er war es, der seinen Zeitungen schon in den frühen 1960er Jahren eine Reihe formaler Vorgaben machte, deren entscheidendste die uneingeschränkte Solidarität mit Israel war. Der Einfluss, den dieses Imperium auf die öffentliche Meinung in Deutschland – besonders durch die *Bild*-Zeitung – ausübt(e), lässt sich kaum überschätzen. Ein weiterer Anker fand sich in breiten Teilen der deutschen Bevölkerung, die sich der Aufarbeitung der Nazi-Vergangenheit verschrieben. Neben beachtenswerten, nicht zu unterschätzenden Erfolgen in diesem Bereich mutierte das Postulat der Aufarbeitung zu einer Art Fetisch – der Begriff »Jude« gerann zum Code der großen historischen Schuld. Er vermag es, den Durchschnittsdeutschen beim Hören nachgerade erblassen zu lassen, sodass der schiere Gedanke, einem »Juden«, wenn auch unbewusst, Unrecht zuzufügen (etwa durch eine Kritik an den Verbrechen Israels), zum Tabu avancierte; kaum jemand im heutigen Deutschland wird das Risiko eingehen, als Antisemit apostrophiert zu werden. Ein weiterer, relativ neuer institutioneller Anker findet sich in der eifrigen Beteiligung der jüdischen Gemeinden Deutschlands an der Gestaltung der legitimen Tagesordnung im Verhältnis zu »Juden« und »Israel«. Es ist davon auszugehen, dass die Gemeinden in diesem Zusammenhang mit der israelischen Botschaft in Deutschland kooperieren. Den Beitrag der »Antideutschen« zur endgültigen ideologischen Verzerrung des Umgangs mit dem Antisemitismus-Vorwurf habe ich bereits in einem früheren Kontext erörtert. Was es aber zu begreifen gilt, ist, dass Angela Merkels Diktum, Israels Sicherheit sei Teil der deutschen Staatsräson, nicht einem spontanen Gedanken von ihr entstammte und auch nicht bloß als Doktrin der hohen politischen Sphäre Deutschlands fungiert, sondern eine ohnehin seit Jahrzehnten in der deutschen Bevölkerung verbreitete Einstellung widerspiegelt. Warum ist das gefährlich? Weil diese Einstellung im neurotischen Moment einer tiefen Ambivalenz gegenüber »Juden« und »Israel« wurzelt. Ich ziehe es vor, nicht darüber nachzudenken, wie viel Aggression in dieser »Solidarität« mit »den Juden« steckt. Sie ist zumeist ressentimentgeladenen Charakters.

Du hast prägnant dargelegt, wie Israel vom gepanzerten Selbstschutz profitiert hat, den es sich anlegte, um die Kritik an Israel (und am Zionismus) abzuwehren und das Problem der Triade von *Deutschland* (dem historischen Täterland), *Israel* (dem Land der Zufluchtsstätte der Opfer) und den *Palästinensern* (den Opfern der Opfer) zu neutralisieren. In der Tat ist es die Instrumentalisierung der Shoah-Erinnerung für fremdbestimmte Zwecke, die die unglaubliche Frage hat aufkommen lassen, ob die Shoah einen »Besitzwert« habe. Ich möchte im Hinblick darauf behaupten, dass die Erinnerung an die Shoah-Ermordeten nirgends auf der Welt so banalisierend kontaminiert ist, wie es in Israel gang und gäbe ist – und dies gerade, weil Israel (zumindest eine Zeit lang) das Monopol der Shoah-Erinnerung beansprucht und dieses ideologisiert hat, wie sich bei den schändlichen Nomenklaturkämpfen gegen die Anerkennung der nationalen Katastrophe der Armenier immer wieder erwiesen hat.

Aber ich möchte mich hier auf den Anfang Deiner Darlegung beziehen. Ob sich die Gründung des Staates Israel der Shoah verdanke, ist keine angemessen formulierte Frage. Es gab zweifellos weitere Beweggründe für die Staatsgründung außer der offenbar notwendigen Reaktion auf die monströse Katastrophe des europäischen Judentums. Aber man darf auch andersherum behaupten, dass die Shoah dem Zionismus eine günstige historische Gelegenheit bot, seine Bestrebungen zu verwirklichen – die Errichtung eines zionistischen Staates. So besehen ist es nicht sonderlich wichtig, ob es den Zionismus schon vor der Shoah gegeben hat, sondern ob es einen ebenso »ausschlaggebenden« Faktor wie die Shoah gab, der die Heraufkunft des politischen Zionismus beschleunigt hat. Die eindeutig positive Antwort darauf lautet: ja, den Antisemitismus. Dies muss im Hinblick auf seine bemerkenswerte fundamental-strukturelle Bedeutung begriffen werden: Die Raison d'être des Zionismus, wie auch die des Staates Israel, hat sich fast durchgehend *ex negativo* generiert. Warum Zionismus? Weil der Antisemitismus tobt; weil es für die Juden in der »Diaspora« keine Sicherheit gibt; weil jüdisches Dasein in der »Diaspora« degeneriert. Warum Israel? Weil sich die Shoah ereignet hat; weil das sogenannte Sicherheitsproblem permanent droht; weil es in der Welt Antisemiten gibt. Weil darüber hinaus die Frage »Wer ist Jude?« bis zum heutigen Tag nicht befriedigend beantwortet worden ist, auch nicht die Frage, ob die Juden eine Religion, ein Volk oder eine Nation seien, war es auch nicht möglich, eine positive Antwort auf die Frage zu geben: Wozu eigentlich einen Staat für die Juden errichten? Welche Wesensbestimmung des Judentums hätte hierauf eine positive Antwort anbieten können, wenn man bedenkt, dass die Juden in aller Welt verstreut waren, verschiedenen Kulturen angehörten und divergente historische Erfahrungen mit sich trugen? Der einzige *positive* gemeinsame Nenner war die Religion. Nun, wir wissen ja, was für ein Verhältnis der säkulare Zionismus zur Religion unterhielt und wie er es dennoch schaffte, sie durch die Hintertür in seine Ideologie einzuschleusen, ganz zu schweigen von dem, was diese widersinnige (oder etwa nicht gar so widersinnige?) Symbiose später in Israel, das sich seiner liberalen Modernität und aufgeklärten Demokratie rühmt, gezeitigt hat. So besehen ist das Festhalten am Antisemitismus als Instrument des Selbstschutzes und der ideologischen Fundierung des Existenzrechts Israels tief in einer alten Gesinnungstradition eingebettet, die so alt ist wie der Zionismus selbst.

Was soll man sagen? Im dialektischen Sinn des hier erörterten Problems sind wir Hitler in der Tat »zu Dank verpflichtet« (wie ich auch der Roten Armee zu Dank verpflichtet bin, die meinen Vater aus Auschwitz befreit hat). Aber die schiere Tatsache, dass wir überhaupt in solchen Kategorien reden, resultiert fatalerweise aus dem ideologischen Modus, in dem sich Israel sein Existenzrecht zurechtformuliert und die Rechtfertigungsargumente für den »begangenen Weg« propagiert hat.

Was erwartet Israel von den Juden Deutschlands?

Jerusalem, 29. August 2021
Zimmermann an Zuckermann

»Dank der Shoah« – eine (hebräische) Redewendung, die ich selbstverständlich kritisch betrachte, ja unakzeptabel finde. Es ist ein absolutes Oxymoron. So auch »Dank des Antisemitismus« – Theodor Herzls Erbsünde – und entsprechend Israels Nutzung dieser Phrasen als Lösung des Antisemitismus-Problems. Wir haben dieses Thema bereits ausführlich besprochen.

Während wir unseren Dialog führen, findet die große Debatte um die Definition von Antisemitismus statt – Außenminister Jair Lapid gegen unseren Kollegen Yehuda Bauer (oder auch gegen andere, die dieser Gruppe zuzuzählen sind).[19] Es geht um Wahrnehmungen: Gibt es tatsächlich eine vollständige Überschneidung von Israel und Israels rechtsorientierter Politik? Und decken sich die Begriffe »Israel« und »Juden«? Hier steckt die Ursache des von uns beklagten Zustands: Jeder, der Israel oder die israelische Politik kritisiert – so die hegemoniale Einstellung –, wird automatisch zum Judenfeind, also zum Antisemiten, erklärt.

Zugleich tendiert man bei uns aber dazu, die entscheidenden Begriffe exklusiv, nicht generisch, auszulegen: Antisemitismus wird nicht als Unterkategorie von Rassismus oder von Vorurteil eingeordnet, die Shoah nicht als Sonderfall von Genozid und Zionismus nicht als Sonderfall von Nationalismus. Alles, was mit »uns« zu tun hat, ist definitionsgemäß *sui generis*. Das ist, *in nuce*, die von Israel gepredigte Philosophie, die das offizielle Israel auch den Deutschen aufzwingen will. Diese Philosophie kommt bei jenen Deutschen am besten an, die wir, Du und ich, weniger schätzen, nämlich denen des rechten politischen Flügels, der bis in die »Mitte der Gesellschaft« reicht. So gesehen können AfD-Politiker, wie wir bereits feststellen konnten, im selben Atemzug behaupten, dass sie für Israel und gegen den Antisemitismus, zugleich aber gegen die »falsche Asylpolitik«, mithin gegen die angebliche »Überfremdung« seien. So konnte die

Bild-Zeitung, die sich ja nach rechts ausrichtet, jeden Vorfall, an dem ein Kippa tragender Mensch beteiligt war, in ein Sprungbrett für eine gegen die Merkel'sche Politik der offenen Grenzen gerichtete Kritik verwandeln. So können Rassisten im undemokratischen wie auch im demokratischen Staat sich auf die Seite Israels schlagen, ohne die Rückendeckung ihrer natürlichen Anhänger zu verlieren.

Ich möchte es wiederholen: Die unkritische Behauptung, die IHRA-Definition habe dem Kampf gegen den Antisemitismus nicht eine neue Richtung mit Fokus auf Israel gegeben, ist falsch. Genauso falsch ist die Behauptung, dass jede Sanktion gegen israelische Firmen in den besetzten Gebieten uns an den Judenboykott am 1. April 1933 erinnern muss. Diese Behauptung ist ebenso irreführend wie die Behauptung, dass jeder, der Sanktionen gegen Israel befürwortet, aber gegen China, das Tibet okkupiert, nicht boykottiert, Doppelmoral betreibe, ja nachgerade Antisemit sei. Hier ist der Knackpunkt: Wenn es, wie oben erwähnt, so ist, dass alles, was »uns« angeht in der Tat *sui generis* ist, dann ist der Vergleich mit anderen Objekten fehl am Platz, wie auch der Vorwurf einer »Doppelmoral«, wenn auf Israels Verhalten reagiert wird. Denn es ist ja Israel, das bei jeder Gelegenheit die Besonderheit des Judentums hervorhebt, seine Auserwähltheit, seine moralische Überlegenheit, seine einzigartige universale Berufung. Nimmt man diese vermeintliche Besonderheit des Judentums ernst, kann die Kritik an besagter Besonderheit grundsätzlich nicht mit der Kritik an prinzipiell Unvergleichbarem verglichen werden. Es ist nun einmal die Grundannahme der israelischen Politik – der Glaube an das *Sui generis* –, die dazu führen muss, dass die israelische Besatzung der Westbank und die Besatzung Tibets durch China a priori unvergleichbar sind. Erst wenn der Anspruch auf Auserwähltheit und auf das *Sui-generis*-Selbstverständnis aufgegeben wird, sind Analogien angemessen. Geschieht das, befinden wir uns freilich auf einem ganz anderen Spielfeld.

Ich möchte auf eine weitere Besonderheit hinweisen. Der Zentralrat der Juden in Deutschland spielt in der deutschen Öffentlichkeit keine herausragende Rolle. Die jüdische Gemeinde in Deutschland ist eine relativ kleine, heterogene Gruppe (auch nach der Wiedervereinigung und der seither stattgefundenen Spätaussiedlung osteuropäischer Juden), die erst dann in der deutschen Politik in Erscheinung tritt, als sie für sich die Rolle der Vertreterin der Opfer der »Endlösung« oder des Staates Israel in Anspruch nimmt. Sehnsüchtig erinnere ich mich an Ignatz Bubis, der seinen Sonderstatus als prominenter Jude in Deutschland dazu benutzt hat, mit den ihm zur Verfügung stehenden Mitteln aus dem Arsenal der deutschen Demokratie nicht nur gegen Antisemitismus, sondern allgemein gegen Rassismus in den Kampf zu ziehen. Es war ihm wichtig, klarzustellen, dass er ein deutscher Staatsbürger ist (in Israel wollte er die ewige Ruhe finden, weil er vor der Schändung seines Grabes durch deutsche Rechtsradikale Angst hatte). Bubis' Nachfolger, vor allem die, die in den Medien präsent sind (nicht nur in der *Bild*-Zeitung, sondern auch in den sozialen Medien), wissen, dass sie in Israel eine unbekannte Größe sind, geben sich aber in der Regel als Vertreter des offiziellen Israel oder des Judentums aus, was ihnen hilft, die Kritiker an Israels Politik in Deutschland einzuschüchtern. Sie haben auch Zugang zu den mit dem israelischen Ministerium für strategische Angelegenheiten kooperierenden NGOs, die bemüht sind, diese Kritiker zum Schweigen zu bringen; als Begründung führen sie stets Antisemitismus an.

Im Vergleich zum amerikanischen Judentum sind die in Deutschland lebenden Juden ein Leichtgewicht. Mit einer Ausnahme: Im medialen Auftritt präsentiert sich die Gemeindeführung nicht nur oft als Sprachrohr der israelischen Politik, sondern auch als Vertreterin des Judentums weltweit. Die politische Klasse in Deutschland lauscht sehr aufmerksam auf derartige Signale, die zusätzlich Rückendeckung von diversen »Antisemitismusbeauftragten« erhalten. Hier lauert freilich eine andere Gefahr: Trotz aller Versuche kann Kritik an Israel in der Bundesrepublik nicht gänzlich zum Schweigen gebracht werden; und wenn diese Kritik im heute populären Kontext der postkolonialen Argumentation zum Ausdruck kommt, bewirkt sie nicht nur die Überwindung des Axioms hinsichtlich der Singularität der Shoah und des Antisemitismus, sondern trägt auch zur Ablenkung von der Beschäftigung mit dem Schicksal der Juden bei, indem sie die Kolonialgeschichte in den Mittelpunkt rückt.

Die postkoloniale Debatte hat in Großbritannien ihr wichtigstes Wirkungsziel – war doch Großbritannien das größte Imperium des 19. und 20. Jahrhunderts. Für Deutschland hingegen spielt die koloniale Vergangenheit eine eher marginale Rolle: Spät, 1885, ist Deutschland zu den Kolonialreichen hinzugestoßen, und früh, 1918, hat es das Kolonialreich verloren. Die Debatte erfüllt daher in Deutschland eine ganz andere Funktion – sie soll von der »klassischen« Debatte um die Shoah ablenken. Bis die Feuilleton-Leser erfahren, wohin die Diskussion sie führt, wird es bereits zu spät sein. Was auf den erfolgreichen Kampf (an dem wir beide beteiligt waren) gegen die Ernennung Ephraim (Effi) Eitams – eines Nationalisten, Siedlers und Rassisten – zum Vorsitzenden von Yad Vashem folgte, war die widerstandslose Ernennung des Siedlerführers Dani Dayan, weil der Widerstand im vorherrschenden politischen Klima Israels nun aussichtslos zu sein schien.[20] Es wird nicht lange dauern, bis A. Dirk Moses oder auch andere Israelkritiker diesen Widerspruch entdecken und zum Gegenangriff übergehen werden. Der Aufschrei im Jahr 2021 gegen den Kolonialismuskritiker Achille Mbembe wegen seines vermeintlichen Antisemitismus wird letztlich dazu führen, dass der Spieß umgedreht werden wird. Selbstverständlich ist eine historische und moralische Auseinandersetzung mit dem in Afrika (auch von Deutschen) begangenen Kulturraub oder mit dem von Deutschen 1904 verübten Genozid sehr zu begrüßen. Doch wenn diese Art Vergangenheitsbewältigung den Schwerpunkt der Auseinandersetzung verlagert, wird eine Relativierung der Naziverbrechen nicht mehr auszuschließen sein. Mehr noch: Die an sich nicht unfundierten postkolonialen Argumente, wenn gegen Israel gerichtet, werden die Festung der Shoah-Erinnerung zum Fallen bringen, und zwar nicht nur in der breiten Öffentlichkeit, sondern auch in der deutschen (und globalen) Politik. Die in der »Solidarität« der Deutschen für die Juden sich verbergende Aggression, wie Du das nennst, wird dann in einer Vehemenz zum Ausdruck kommen, wie sie sich die Gestalter der israelischen Propaganda nicht vorstellen konnten. »Ergreifst du viel, so hast du nichts ergriffen« (Sukka bl. 5, 1).

Tel Aviv, 30. August 2021
Zuckermann an Zimmermann

Ein besonders wichtiger Punkt in Deiner Darlegung betrifft den Stellenwert des deutschen Judentums, und zwar die Diskrepanz zwischen seinem realen Gewicht (in Bezug auf die Ausrichtung der israelischen Politik) und dem vorgetäuschten, das tut, als übe es einen Einfluss auf diese Politik aus oder vertrete das gesamte Judentum. Mich fasziniert in diesem Zusammenhang die Metamorphose, die dieses Judentum in den letzten Jahrzehnten erfahren hat. Ich glaube, wir haben das bereits erwähnt, aber es ist wichtig, die Veränderung genau zu beleuchten, die das deutsche Judentum seit der Mitte der 1980er Jahre in seinem Selbstverständnis und in den Augen des deutschen Establishments durchgemacht hat. In den ersten Jahrzehnten der Nachkriegszeit – in denen die in Deutschland lebenden Juden behaupteten, »auf gepackten Koffern zu sitzen«, ihr Aufenthalt in dem verruchten Land also bloß temporär sei – basierte die allgemeine Tendenz innerhalb der dortigen Generation der Überlebenden auf dem Postulat der Nichtbeteiligung der Juden am öffentlichen Leben (West-)Deutschlands und der Wahrung eines »unauffälligen Profils«: Das traditionelle Muster einer Vermeidung der Erregung von Aufsehen und der Verhinderung überflüssiger »Wellenschläge«, das sich beim ehemaligen osteuropäischen Judentum gebildet hatte, gerann ihnen gleichsam zur Alltagsdoktrin. Die Wende in dieser Einstellung trat ein, als Ignatz Bubis in den 1980er Jahren mit der

Proklamation hervortrat, dass es an der Zeit sei, das jüdische Gemeindeleben in Deutschland wieder erblühen zu lassen. Das war nicht weniger als revolutionär und wurde in der Tat mit einigem Erstaunen und Hohn seiner Generationsgenossen, die sich in Deutschland niedergelassen hatten, quittiert. Einerseits hatte Bubis die Realität begriffen und verstand, dass man schon lange nicht mehr »auf gepackten Koffern saß«, somit das Leben der dort lebenden Juden institutionalisiert werden müsse. Dies umso mehr, als die Generation der Söhne und Töchter der Überlebenden ihre schulische Erziehung und Bildung in deutschen Bildungsanstalten erhielt, sich in die deutsche Gesellschaft und Kultur einlebte, wirtschaftlich etablierte und selbst Familien zu gründen begann, und zwar gerade in Deutschland – entgegen der Konvention der Elterngeneration, der zufolge die Juden in diesem Land nichts mehr zu suchen hätten. Im Nachhinein erwies sich diese Konvention als die ausgeprägte Lebenslüge dieser Generation. Andererseits entfaltete Bubis, über seine realistisch-pragmatische Einstellung hinaus, tatsächlich eine wertgeleitete Gesinnung und förderte die Idee einer erneuten Integration der Juden in der deutschen Gesellschaft, wobei er einem Humanismus, mithin dem Kampf gegen Rassismus, Fremdenhass und Antisemitismus mit Verve das Wort redete, wie Du hervorhebst. Er errang große Popularität in breiten Kreisen der deutschen Bevölkerung, und es waren gar Stimmen zu hören, die ihn als Kandidaten für das Amt des deutschen Bundespräsidenten vorschlugen.

In Israel war Bubis weitgehend unbekannt, und die wenigen, die ihn kannten, reagierten auf seine Worte mit Abscheu: Wie konnte er sich nur einfallen lassen, nach der Shoah ein Wiederaufleben des jüdischen Gemeindelebens in Deutschland rechtfertigen zu wollen? Von allen »diasporischen Gemeinschaften«, wie man sie im Zionismus zu nennen pflegte, galt die jüdische Gemeinde in Deutschland wegen ihrer selbst gewählten Existenz im Land der Täter als die verabscheuungswürdigste. Man erinnere sich an die Reaktion von Ezer Weizmann, als er in den 1990er Jahren jüdische Jugendliche in

Deutschland traf und von ihnen hörte, dass sie sich entschieden hätten, in diesem Land zu leben: »Ich kann nicht begreifen, wie Juden hier leben können«, warf ihnen der Präsident vor. Nicht nur übte das deutsche Judentum also keinen Einfluss auf die israelische Politik aus, die Führungselite Israels sah seine schiere Existenz als ein in Deutschland lebendes Judentum als nicht legitim an. Und siehe da, nach nicht allzu langer Zeit stellte sich heraus, dass sich das Verhältnis der meisten Israelis zu Deutschland zwar nicht verändert hat (zumeist wird Deutschland noch immer als »Land der Nazis« kodiert), sich aber innerhalb einer jungen Generation von Israelis allmählich eine nicht zu übersehende Affinität zu Deutschland – vor allem zu Berlin – zu entfalten begann. Es ergab sich eine interessante Konstellation: Die hochrangigen Politiker Israels unterhielten weitreichende Beziehungen zum deutschen Staat, namentlich interessengeleitete Beziehungen innerhalb der Bereiche der Wirtschaft, des Handels und der Sicherheit, wobei sie sich der Grundannahme sicher sein konnten, dass Deutschland nie von seiner »Verantwortung für Israel und seine Sicherheit« abweichen würde. Demgegenüber entwickelten sich in den realen Lebenswelten vielgestaltige Interaktionen zwischen jungen Israelis und Deutschen, die das israelische Deutschland-Tabu brachen. Sowohl die Nachfrage nach deutschen Pässen als auch die Realität einer »israelischen Kolonie in Berlin« waren vielen Israelis schier unbegreiflich. Einen langen Weg hat die israelische Ideologie seit Rabins Beschimpfung der aus Israel auswandernden Juden als »Abfallprodukte der israelischen Gesellschaft« in den 1970er Jahren durchmessen.

Aber der drastischste Wandel vollzog sich gerade in Deutschland – der Wandel des Status der jüdischen Gemeinden, vor allem aber derjenige, den der Zentralrat der Juden in Deutschland durchmachte. Du hast vollkommen recht mit Deiner Feststellung der widersinnigen Vortäuschung des deutschen Judentums, es übe einen Einfluss auf die israelische Politik aus und vertrete das Judentum insgesamt. Das Problem besteht indes nicht im Realitätsmaß dieser chimärenartigen Anmaßung, sondern in der Art und Weise, wie diese von Deutschen im Allgemeinen und von der politischen Klasse Deutschlands im Besonderen rezipiert wird. Es ist in der Tat kaum zu fassen, zu welch hoher Stellung der Zentralrat in der deutschen Politik gelangt ist, gemessen an der realen Erbärmlichkeit im Hinblick auf seine Einflussnahme auf die israelische Politik und seiner Anmaßung, der authentische Vertreter des Judentums zu sein. Der Grund für diese Farce ist ganz und gar bei den Deutschen zu suchen, die – wie erwähnt – beim bloßen Hören des Wortes »Jude« erblassen. Und weil »Juden« und »Israelis« als austauschbare Codewörter für gepeinigte deutsche Befindlichkeiten fungieren, werden Deutsche nicht nur hellhörig, sobald irgendein jüdischer Vertreter irgendetwas von sich gibt, sondern sind auch fähig – gleichsam aus demselben Geist geboren –, von Israels Sicherheit als Teil der deutschen Staatsräson zu reden. Besonders abstoßend ist dabei der Auftritt der jüdischen Repräsentanz in Deutschland als eine moralische Instanz – es reicht hin, dass es ein Jude ist, der spricht, um Irritation beim deutschen Establishment auszulösen (auch diese abstrakte Auffassung des »Juden« ist nichts weniger als Antisemitismus). Dabei reproduziert sich nicht nur die Unverfrorenheit der jüdischen Vertretung, sie wird auch von der israelischen Botschaft in Deutschland ausgenutzt, um »den Antisemitismus zu bekämpfen« und somit das ideologische politische Kapital zu fördern, dessen Israel bedarf, um die Aufmerksamkeit vom verbrecherischen Verhalten Israels gegenüber den Palästinensern abzulenken. Es handelt sich hierbei um eine weitere Form der Instrumentalisierung der Shoah-Erinnerung zu fremdbestimmten Zwecken und Zielen. So besehen, übt das deutsche Judentum keinen Einfluss auf Israels Politik aus, sondern dient lediglich als ihr nützlicher Idiot. Seine Bereitschaft, diese Rolle zu übernehmen, entstammt dem Gefühl der Minderwertigkeit Israel gegenüber, wohl wissend, wie irrelevant es für alles, was sich im »Judenstaat« zuträgt, ist, obwohl es relevant sein möchte. Es bezieht seine Bedeutung (für sich selbst) durch die Anerkennung und die

»Ehre«, die ihm seitens derer, vor denen es als moralische Instanz auftritt, zuteilwird – während es vom israelischen Establishment politisch kaum wahrgenommen wird.

Jerusalem, 7. September 2021
Zimmermann an Zuckermann

Ich möchte mich hier etwas ausführlicher zur Bedeutung des deutschen Judentums für die Beziehungen zwischen Deutschland und Israel äußern. Dabei geht es mir um mehr als nur um Israels Gaukelspiel, bei dem deutsche Juden zynisch zur Bekämpfung jeglicher »Israelkritik« instrumentalisiert werden.

Symbolwert hat die Zahl 1 700 Jahre in der jüdischen Tradition meines Erachtens nicht. Mir scheint, dass das Urheberrecht auf die Idee, in diesem Jahr (Covid-Jahr 2021) 1 700 Jahre jüdisches Leben in Deutschland zu zelebrieren, eigentlich dem Erzbistum Köln zuzuschreiben ist, das im Jahr 2013 sein 1 700-jähriges Bestehen feierte. Die früheste Urkunde, die die Existenz von Juden auf deutschem Boden belegt, ist aus dem Jahr 321, ein Dekret des Kaisers Konstantin an den Stadtrat von Köln. Wenn den Katholiken in Köln ein Jahr lang die 1 700-Jahre-Feier gestattet ist, dachte man, warum eigentlich nicht der jüdischen Gemeinde Deutschlands acht Jahre später? Früher gebrauchten die deutschen Juden die Erinnerung an das Jahr 321 als Hinweis dafür, dass sie praktisch ein deutscher Stamm seien, der mit den später, im Zuge der Völkerwanderung kommenden germanischen Stämmen gemeinsam eine deutsche Gesellschaft und dann – zwischen Maas und Memel, Etsch und Belt – einen deutschen Staat geschaffen haben.

Der prinzipielle Unterschied zwischen dem Gedenken an das Jahr 321 in Deutschland vor 1933 und heute, ist der folgende: Damals sollte es beweisen, dass Juden Teil der deutschen Nation sind. Heute, wo die Führung der Juden sich »Zentralrat der Juden in Deutschland«, nicht »der deutschen Juden« nennt (eine von NS-Deutschland erzwungene Bezeichnung, die aber der Zentralrat nach 1945 weiterhin bewusst verwendet), steht das Jahr 321 für »jüdische Sichtbarkeit« in Deutschland. Hinter der Fassade des Rufes nach Toleranz lässt sich eine trotzige Haltung erkennen: »Ihr habt uns loswerden wollen, aber wir sind wieder da«, eine an sich verständliche Reaktion. Die Symbole dieser Sichtbarkeit sind jedoch rein religiöser Natur – die Synagoge, die Kippa – oder israelbezogen – vor allem der blaue Davidstern. Das, was das Judentum in der Vergangenheit manifestierte, seine geistigen Werte, tritt hingegen nicht mehr in Erscheinung. Diese neue »Sichtbarkeit« hebt ein überraschendes Konstrukt hervor: die sogenannte jüdisch-christliche Tradition, die sich von der muslimischen Kultur abzugrenzen trachtet. Vergessen ist der christliche Antisemitismus, instrumentalisiert wird nun das jüdische Erbe im Dienste der Abschottung der christlichen Gesellschaft Europas gegenüber Muslimen und Arabern. In diesem Zusammenhang wurde der christlichen Umwelt gegenüber ein »Argument« entdeckt, ohne eine klare Trennlinie zur muslimischen Bevölkerung zu markieren: Juden wohnen bereits seit 321 n. Chr. in Deutschland. Der muslimische Angriff auf das Heilige Römische Reich deutscher Nation, mithin auf Europa, wurde im Jahr 1683 vor den Toren Wiens zwar abgewehrt, doch entfaltete sich im 21. Jahrhundert ein neuer muslimischer Angriff auf Europa (einschließlich seiner Juden) und auf Israel – so lautet die zeitgenössische historische Interpretation. Ich möchte den Juden in Deutschland, die eine Brüderschaft der sich im Lande befindenden Minderheiten anstreben und gemeinsam mit Muslimen oder Arabern um Bürgerrechte kämpfen (darauf komme ich später zu reden) nicht unrecht tun, aber im Kern handelt es sich um die oben skizzierte Botschaft. Sonst wäre auch die begeisterte Unterstützung der AfD für alles, was mit Israel oder Juden zu tun hat, nicht zu verstehen.

Das deutsche Judentum von heute ist eben nicht die Fortsetzung des deutschen Judentums der Zeit vor 1941 (Beginn der Deportationen). Eines sei festgestellt: Verantwortlich dafür ist die nichtjüdische deutsche Gesellschaft, die die Nazis an die Macht gebracht und die deutschen Juden zuerst ausgegrenzt, dann vertrieben und ermordet hat. Darüber hinaus aber wendet sich das deutsche Judentum nach dem Krieg, mithin nach Gründung des Staates Israel, in den letzten Jahren zunehmend vom eigentlichen Erbe des von den Nazis vernichteten deutschen Judentums ab. Während das deutsche Judentum vor 1945 auf seinen Beitrag zur jüdischen Aufklärung und zur Reform der jüdischen Religion stolz war, sind heute die deutschen Juden fest im Griff der jüdischen Orthodoxie und des jüdischen Nationalismus (wie übrigens jüdische Gemeinden europaweit). Reform und Liberalismus sind heute verachtet, die Anbindung an Israel, das das Reformjudentum verabscheut und einer fundamentalistischen Version der jüdischen Orthodoxie zum Erfolg verhalf, hingegen gefestigt und stark.

Dem Anschein nach gibt es für die alte Tradition doch noch kleine Nischen. An der Universität Potsdam wurde das nach dem Erzvater der *Haskala* (Aufklärung) benannte Moses-Mendelssohn-Zentrum gegründet, und eine Buber-Rosenzweig-Medaille wird Jahr für Jahr von der christlich-jüdischen Gesellschaft verliehen. Es ist erfreulich, dass jemand wie unser Kollege Micha Brumlik oder auch Eintracht Frankfurts Präsident Peter Fischer, der sich der AfD widersetzte, Gewinner dieser Medaille sind. Doch dürfen wir uns von dieser dünnen Patina nicht täuschen lassen, die als Deckmantel dient, um den hartnäckigen Kampf gegen die eigentliche Tradition des deutschen Judentums vor 1933 zu verdecken. Du hast bereits Deine eigene Erfahrung ins Gespräch gebracht, die das bestätigt. Auch ich habe meine Erfahrungen: Ich wurde angefragt, ob ich den Süßkind-Oppenheimer-Forschungspreis des Landes Baden-Württemberg annehme – woraufhin die lokale Vertreterin des Zentralrats der Juden in Deutschland ihr Veto einlegte, vermutlich wegen meiner kritischen Haltung gegenüber der israelischen Politik. Der Ausschuss, der über die Preisverleihung zu entscheiden hatte, machte daraufhin einen Rückzieher. Wer will schon das Risiko eingehen, mit dem Antisemitismus-Vorwurf konfrontiert zu sein.

Dieser Einzelfall kennzeichnet die Regel. Es handelt sich um ein strukturelles Problem. In der Tradition der deutschen Juden war die Botschaft des Propheten Jeremias wegweisend: »Suchet das Wohl der Stadt, in die ich euch weggeführt habe, und betet für sie zum HERRN; denn in ihrem Wohl liegt euer Wohl!« (Jeremias 29, 7). Es war ein Plädoyer für die Integration, begleitet vom Wunsch nach Auffrischung der jüdischen Religion. Die israelische Auslegung des Schicksals dieser jüdischen Gemeinschaft lautet jedoch: Die wahre Lösung der Judenfrage ist der Zionismus bzw. die *Alija* (Einwanderung) nach (Groß-)Israel, während das deutsche Judentum den ultimativen Beweis für das unvermeidbare Scheitern der Assimilation (Integration) in der Diaspora bzw. für das, was der Historiker Salo Baron »larmoyante Konzeption der Geschichte« der Juden nannte, darstellt.

Selbstverständlich erfordert ein systematischer Umgang mit dieser Geschichtsinterpretation auch das Nachdenken über das andere Beispiel des assimilierten/integrierten Judentums, nämlich das amerikanische. Zwar wird immer wieder auf die Gefährdung dieser so wichtigen Diaspora durch Assimilation (also »Mischehen«) hingewiesen, aber das Urteil über das deutsche Judentum fällt viel schärfer aus. Kein Wunder, denn die Angst vor der Reaktion von Millionen lebenden und einflussreichen Juden ist viel größer als die Angst vor einer halben Million bereits vertriebener und ermordeter Juden. Es scheint mir zuweilen im alltäglichen Diskurs die Meinung zu grassieren, dass die deutschen Juden für ihre assimilatorische Haltung zu Recht bestraft worden seien. Das deutsche Judentum von heute wird sich hüten, diese Rolle, die dem historischen deutschen Judentum in der virtuellen israelischen Geschichtsstunde zugeschrieben wurde, zu kritisieren, und verlagert stattdessen den Schwerpunkt seiner Ausrichtung auf all das, was im gegenwärtigen Judentum orthodox oder zionistisch ist. Hier noch ein Beispiel aus der Stadt meiner Eltern, Hamburg: Um Judentum »sichtbar« zu machen, verlangt die jüdische Gemeinde den originalgetreuen Wiederaufbau der von den Nazis zerstörten Bornplatzsynagoge (in der mein Großvater und meine Mutter, die in der Bornstraße wohnten, zum Gottesdienst gingen). Da dieses Verständnis von jüdischer Sichtbarkeit Nichtjuden eine willkommene Taktik bietet, um Spuren der NS-Vergangenheit zu beseitigen (als wäre nichts gewesen), sind sowohl das Land Hamburg als auch der Bund bereit, dieses Unternehmen mit Millionen Euro zu finanzieren. Entsprechend werden alternative Versuche, die jüdische Tradition Hamburgs zu veranschaulichen, vernachlässigt, etwa der Wiederaufbau der ersten Reformsynagoge Hamburgs oder eine Institution, die sich mit dem geistigen Erbe des Emanzipationskämpfers Gabriel Riesser (1806–1863) befassen könnte.

Die Ereignisse um den Neuaufbau von Synagogen in Deutschland lassen befürchten, dass auch die feierliche Absichtserklärung, die während der Einweihung der jüdischen Akademie verlesen wurde (selbstverständlich anlässlich der 1700-Jahrs-Feier) und der zufolge hier die Tradition des Jüdischen Lehrhauses[21] der 1920er Jahre fortgesetzt wird, bloße Fassade bleibt. Am Ende wird die finanzielle Unterstützung seitens der deutschen Regierung immer geringer ausfallen und der Charakter dieser Institution dem Geist der gegenwärtigen Jüdischen Gemeinde angepasst werden, wie er in der *Jüdischen Allgemeinen* oder in der rechtsorientierten, dreist *Jüdische Rundschau* genannten Zeitung zum Ausdruck kommt. Der Kollege Doron Kiesel, Gründungsdirektor dieser Akademie, hat in seiner programmatischen Rede betont: »Nicht zuletzt wird es darum gehen, auch relevanten Personen aus Politik, Kultur, Ökonomie und Religion die Gelegenheit zu geben, sich aus erster Hand – durch Vorträge von Experten und Treffen mit jüdischen Verantwortungsträgern – über Belange des zeitgenössischen Judentums zu informieren.«[22] Glaubst Du, dass man auch Dich dorthin einladen wird? Im Programm wird auch die Absicht erklärt, »bestehende Beziehungen mit israelischen Organisationen und Institutionen sowohl voranzutreiben als auch zu vertiefen«. Wird dort eine NGO wie Breaking the Silence einen Beitrag zur »jüdischen Vielfalt« anbieten dürfen? Glaubst Du, dass die nachgeschobene Absicht, dort einen »kritischen Dialog zwischen Juden und Muslimen« zu führen, ernst zu nehmen ist?

Tel Aviv, 8. September 2021
Zuckermann an Zimmermann

Ein Moment der Selbstironie: Zuweilen kommt mir unser Dialog wie das Gespräch von Statler und Waldorf vor, jenen mürrisch-quengeligen Alten auf dem Balkon in der *Muppet Show*, die alles, was sich auf der Bühne vor ihnen abspielt, mit beißendem Spott sarkastisch kommentieren. Ich sage dies im Hinblick auf einen bestimmten Aspekt unserer Debatte über die Stellung des deutschen Judentums in den unterschiedlichen Sphären Deutschlands und Israels – ich bin dabei besonders eingenommen von der von Dir vorgenommenen Unterscheidung zwischen den »deutschen Juden« und »Juden in Deutschland«. Was ist daran ironisch? Nun, wie Du weiß auch ich mich – sowohl biografisch als auch in Bezug auf die Bereiche der Geschichte, des Denkens und der Kultur meiner geistigen Welt – jener Kultur verbunden, welche die der deutschen Juden gewesen ist. Aber insofern vom heutigen Deutschland die Rede ist, bin ich der Auffassung, dass diese Kultur weitgehend vergangen ist – sie gehört der »Welt von gestern« an, und mit ihr auch wir beide. Mag sein, dass es sich um eine unseren Diskursrahmen überschreitende Erscheinung handelt, um einen globalen »Verfall des Geistes«, der sich bereits dem Humboldt'schen Erziehungs- und Bildungsideal entzogen hat. Man darf gleichwohl mit Bestimmtheit behaupten, dass insofern von den in Deutschland lebenden Juden die Rede ist, diese Kultur unmittelbar nach der Machtübernahme der Nazis ausradiert worden ist und auch für die Juden in (West-) Deutschland nach dem Zweiten Weltkrieg und der Shoah fast vollkommen verloren blieb. Gewisse Grundzüge dieses Daseins habe ich in meinen Ausführungen beim letzten Mal zu skizzieren versucht. Diesmal möchte ich direkten Bezug darauf nehmen, was sich von der Unterscheidung zwischen »deutschen Juden« und »Juden in Deutschland« ableitet.

Wie wir bereits erwähnt haben, waren die Juden, die nach 1945 in der alten BRD gelebt haben, Familien osteuropäischer Shoah-Überlebender (überwiegend polnischer Provenienz). Die Anzahl der deutschen Juden aus der Vorkriegszeit (die sogenannten Jeckes) war minimal. Aber auch als die Menge der in Deutschland lebenden Juden infolge der Ankunft von Emigranten aus der ehemaligen Sowjetunion in den 1990er Jahren anstieg, änderte dieses demografische Moment nichts am kulturellen Paradigma der Juden in Deutschland; sie waren ja, auch die Gebildeten unter ihnen, kulturell in Russland sozialisiert. Die jüdischen Shoah-Überlebenden aus Osteuropa konnten nicht die Nachfolge der aus Deutschland verschwundenen deutschen Judenheit bilden; nicht wegen ihrer Affinität zur deutschen Kultur ließen sie sich in Deutschland nieder, sondern im Versuch, sich wirtschaftlich zu etablieren. Die meisten von ihnen besaßen eine spärliche Bildung (sie waren ja ihrer Jugendzeit beraubt worden), große Erfolge konnten sie im Bereich des Handels erzielen. Zugleich zeichneten sie sich durch die Ambition aus, ihren Kindern zu geben, was sie selbst in ihrer Jugend hatten entbehren müssen – die Möglichkeit, eine ordentliche Bildung in den damaligen deutschen Bildungsstätten zu erlangen. In der Tat darf behauptet werden, dass, wenn es eine Kontinuität der kulturell verlorenen deutschen Judenheit gegeben hat, sie sich in der »zweiten Generation« der in Deutschland lebenden osteuropäischen Shoah-Überlebenden manifestierte, die das Gymnasium besuchten und sich Wissen, Bildung und intellektuelle Kompetenzen aneigneten.

Ich möchte mich hier bei zwei zentralen Gestalten aus jener Nachfolgegeneration aufhalten: Micha Brumlik, den Du erwähnt hast, und Dan Diner, den wir beide kennen. In gewissem Sinne sind sie beide »paradigmatisch«: Zum einen ragten sie unter den jüdischen Intellektuellen in der alten Bundesrepublik heraus; zum anderen waren sie in einer Art latenten Dauerkonkurrenz gefangen, die Ego-Ambitionen und Hunger nach Ansehen noch überwog, und wie mir einer von ihnen einmal sagte, wies diese Konkurrenz auch eine »ethnische« Dimension auf: Micha Brumlik war deutsch-jüdischer, Dan Diner polnisch-jüdischer Abstammung. Worin bestand der Unterschied? Man kann ihn auf semimetaphorische Weise veranschaulichen: Im Jahr 1996 veröffentlichte Brumlik sein Buch *Kein Weg als Deutscher und Jude*. Er bezog sich dabei auf den Buchtitel des deutsch-jüdischen Schriftstellers Jakob Wassermann *Mein Weg als Deutscher und Jude*. Von selbst versteht sich, dass Brumlik am Ende des 20. Jahrhunderts nicht mehr in den Kategorien denken konnte, in denen Wassermann 1921 noch sprach. Aber nicht minder wichtig (vielleicht sogar wichtiger): Diner hätte sich gar nicht einfallen lassen, ein solches Buch zu veröffentlichen, das unter anderem eine Art Bilanz über sein »Judentum« und »Deutschtum« enthält. Brumlik sah zwar die Möglichkeit einer allzu simplen Synthese zwischen beiden Kategorien kritisch, gleichwohl nahm er prononcierten Bezug auf die *deutsche* Dimension seiner Identität. Diner nicht.

Vor diesem Hintergrund ist auch die biografische Beziehung der beiden zu Israel interessant. In den 1960er Jahren war Brumlik Mitglied der »Zionistischen Jugend in Deutschland« (ZJD) und bekleidete in ihr sogar die Funktion des »Madrich« (Gruppenführer) – unter anderem von mir. Diner (in Israel geboren; seine Eltern emigrierten in den 1950er Jahren nach Deutschland) war nicht nur kein Mitglied der ZJD, sondern bewegte sich in der zweiten Hälfte der 1960er Jahre in Kreisen der Neuen Linken Deutschlands, unterhielt zudem Verbindungen zur antizionistischen Matzpen-Bewegung. Ende jenes Jahrzehnts verwirklichte Brumlik das zentrale Ziel der ZJD und wanderte nach Israel aus, aber diese Entscheidung hielt nicht lange vor – nach zwei oder drei Jahren (ich kann mich nicht genau erinnern, wie viele es waren) kehrte er nach Deutschland zurück und begann dort seine akademische Karriere. Diner wiederum (obwohl auch er eine beeindruckende akademische Karriere in Deutschland machte) fand seinen Weg Mitte der 1980er Jahre zurück nach Israel und lehrte dort an den Universitäten von Tel Aviv und Jerusalem. Er ließ freilich seine Verbindung zu Deutschland nie abreißen, seine Schriften publiziert er fast allesamt dort. Von seiner alten (linken) politischen Affinität ist nicht mehr viel übrig geblieben. Brumlik hingegen, der, soweit ich weiß, in Israel völlig unbekannt ist, unterhielt einige Jahre eine Verbindung zur Partei Die Grünen; eine Zeit lang war er zudem in Versuche involviert, eine jüdische Identität auf der Grundlage des Reformjudentums neu zu beleben.

Brumlik und Diner sind, wie wir beide, schon über siebzig Jahre alt, sind bedeutende Vertreter der kulturell-intellektuellen Folgegeneration der *Juden in Deutschland* nach der Shoah. Aber weder der eine noch der andere kann (und es ist zweifelhaft, ob sie es überhaupt wollen) sich selbst als Vertreter der Nachfolgegeneration dessen, was einst das *deutsche Judentum* gewesen ist, sehen. Es handelt sich um eine besondere jüdische Spezies, die kaum noch existiert und kulturell, wie gesagt, bereits der »Welt von gestern« angehört. Mitte der 1990er Jahre hat die israelische Publizistin Irit Linur versucht, Dich und mich als Nachkommen von Jekkes zu charakterisieren, die um die deutsch-jüdische Kultur trauern, welche uns verloren gegangen sei (sie wusste nicht, dass ich polnischer Herkunft bin). Sie tat es mit der ihr eigenen polemischen Giftigkeit – sie verzieh uns nicht, dass wir die Instrumentalisierung der Shoah-Erinnerung in Israels politischer Kultur kritisierten. Sie erwies sich schon damals als eine national-chauvinistische Rechte. Aber ohne es zu wissen, erkannte sie dennoch etwas Richtiges: Beide betrauern wir in der Tat das unausweichliche Verschwinden des historischen deutschen Judentums.

Jekkes und Ostjuden

Jerusalem, 13. September 2021
Zimmermann an Zuckermann

Wir sind nun zu unseren Biografien zurückgekehrt, um den Begriff »Jekke« oder auch die Jeremiade über das Schicksal des historischen »deutschen Judentums« bzw. der »deutschen Juden« auf die Probe zu stellen. In den letzten Jahren treffe ich immer mehr Biografien dieser Art an, nicht zuletzt, weil ich in der israelischen Organisation der mitteleuropäischen Juden aktiv geworden bin, einer Organisation, die sich unter anderem mit dem Kulturerbe dieser von den Nazis vernichteten Gemeinschaft intensiv beschäftigt. Dieses Kulturerbe stellt eine echte Herausforderung für die israelische Gesellschaft dar, die sich die Jekkes als eine Gruppe von Quadratschädeln vorstellt, die sich einzig durch Pünktlichkeit und Humorlosigkeit auszeichnen. Kein Wunder, dass die Verfechter der Jekkes-Tradition dazu neigen, andere Landsmannschaften nachzuahmen, indem sie die kulinarischen Aspekte oder die Bräuche ihrer eigenen Kultur betonen (etwa die Erfindung der »Schlafstunde«[23] zwischen 14 und 16 Uhr), gleichsam als Gegengewicht zum *Mimuna-Fest* der marokkanischen Einwanderer. Hitler hat das deutsche Judentum, von dem wir Historiker sprechen, vernichtet. Die tatsächliche oder vermeintliche deutsch-jüdische Symbiose kann nicht wiederauferstehen. Sollten die »Juden in Deutschland« auf die Idee kommen, sich in »deutsche Juden« zu verwandeln, würden sie andersartige deutsche Juden sein – nämlich Juden in einem Deutschland, das im Schatten des Shoah-Gedenkens lebt, Juden, die keine überzeugte Anhänger der Parole »am deutschen Wesen wird die Welt genesen« mehr sind. Und das ist gut so.

Was mich aber stört, ist die Bereitschaft der heutigen Juden in Deutschland, sich dem israelischen Geschichtsnarrativ (nicht dem der Jekkes) anzupassen, das den Beitrag der früheren deutschen Juden zur Modernisierung des Judentums ignoriert (Raschi oder die SchUM[24]-Gemeinden hingegen, die für das jüdische Mittelalter stehen, bewertet diese Geschichtsauffassung positiv) und einen pauschal negativen Eindruck von den Jekkes kreiert. Du spürst, dass wir das Verschwinden des deutschen Judentums beklagen. Wir betrauern vor allem die in der NS-Zeit ermordeten Juden, bedauern aber auch das gegenwärtig verbreitete Bild dieses Judentums. Das Bild ist nicht nur verzerrt, es bedient auch eine Geschichtsinterpretation, die die emanzipatorische Lösung der »Judenfrage« gänzlich ablehnt, eine Lösung, die in der Zukunft, wie schon einmal in der Vergangenheit dazu prädestiniert sei (so die Interpretation), eine weitere Shoah herbeizuführen. Diese emanzipatorische Lösung stehe in absolutem Gegensatz zur nationalen, zionistischen, einzig »richtigen« Lösung.

Lass uns auf einen Aspekt eingehen, den Du öfter erwähnst – Deine ostjüdische Herkunft. Zwar sind meine Eltern beide gebürtige Hamburger, doch meine Großeltern väterlicherseits sind vor dem Ersten Weltkrieg aus Galizien, der Provinz der K.-u.-k.-Monarchie, in das Deutsche Kaiserreich eingewandert. Wenn Du die Familiengeschichten der deutschen Juden im 18.–20. Jahrhundert verfolgst, erfährst Du, wie viele von ihnen entweder aus den östlichen Provinzen Preußens oder aus den früheren polnischen Gebieten der Habsburgermonarchie stammten. Das deutsche Judentum war also weitgehend »ostjüdisch«. Gemessen daran, dass auch ein Teil der nichtjüdischen Bevölkerung, sogar im Rheinland, osteuropäischer Herkunft war, ist die Behauptung, dass Deutschsein *ipso facto* die Zugehörigkeit zum Westen bedeutet, einfach falsch. Was die Ostjuden, die *nach* 1945 nach Deutschland kamen, charakterisierte, war nicht der Unterschied zu den »gebürtigen« deutschen Juden, sondern die traurige Tatsache, dass von den gebürtigen deutschen Juden von früher nur wenige auf deutschem Boden geblieben waren; mit anderen Worten: dass es kein deutsches Judentum mehr gab, dem sich die »Neuen« hätten anschließen können, und deshalb auch keine Möglichkeit mehr, einen Anschluss an die deutsch-jüdische Vergangenheit vor 1945 zu finden. Das ist es, worum wir israelischen Historiker wie auch die, die (anders als ich) als zweite Generation in Nachkriegsdeutschland aufgewachsen sind und sich mit der Geschichte Deutschlands und ihrer Juden befassen, trauern.

Diese Trauer sitzt mit der Zeit immer tiefer. Die Juden, die aus den Konzentrationslagern befreit worden waren und in der Folge in DP-Lagern eine schwere Zeit verbringen mussten, machten sich im Umgang mit der deutschen Umgebung nichts vor. So gesehen hatten sie ein Recht darauf, sich nur »Juden in Deutschland« statt »deutsche Juden« zu nennen, wie vor der NS-Zeit. Die heutigen Juden jedoch nennen sich noch immer »Juden in Deutschland«, sprechen aber dabei im Namen des deutschen Judentums. Ich habe bereits die Feierlichkeiten anlässlich des 1 700-jährigen Bestehens des deutschen Judentums erwähnt. Was wird hier gefeiert? Es ist ein Versuch, die Vergangenheit als Fundament für eine Gegenwart, die in Wahrheit kaum eine Beziehung zu dieser Vergangenheit hat, zurückzugewinnen. Wie schon erwähnt, handelt es sich dabei um einen Versuch, Sichtbarkeit herzustellen – anders formuliert, um einen Versuch, aus dem schlechten Gewissen der deutschen Gesellschaft eine Tugend zu machen.

Die Kollegen, die Du erwähnt hast – die Professoren Dan Diner und Micha Brumlik – präsentieren sich keinesfalls als Hermann-Cohen- oder Franz-Rosenzweig-Ersatz, sind sich aber dieser Tradition sehr wohl bewusst. Was sie schreiben und tun, ist nicht zuletzt von diesem Bewusstsein und dieser Erinnerung geprägt. Beide sind aber Personen der Post-Shoah-Ära, und zwar nicht nur im rein chronologischen Sinne. Beide sind in der hebräischen Sprache zu Hause, wirken im Spannungsfeld zwischen Israel und Diaspora. Man kann auch andere bekannte Personen nennen, die aber zum anderen ideologischen Lager gehören: Den Historiker Michael Wolffsohn, der den deutschen Konservativen angehört, Rafael Seligmann, der den Deutschen die Geheimnisse der jüdischen Mamme verraten hat, oder den Zyniker, der sich auch vor Unterstützung der AfD nicht scheut, Henryk M. Broder.[25] Diese wie weitere Vertreter jüdischen Geistes in der Bundesrepublik machen den Unterschied zur Zeit vor 1945 deutlich. Das Fußvolk der jüdischen Gemeinde, seit 1990 mehrheitlich Einwanderer aus den GUS-Ländern, hat nicht nur zur deutsch-jüdischen Tradition, sondern überhaupt zur jüdischen Kultur keine enge Beziehung. Ihre Zugehörigkeit zur jüdischen Gemeinde hat eher mit Wirtschaftsvorteilen zu tun, die sie als Aussiedler gewinnen. Die Gemeinderabbiner stammen meist aus dem streng-orthodoxen Reservoir Israels, haben also auch wenig mit der Vorkriegstradition gemein, wenn man vom 1700-Jahre-Festival oder dem Neubau von Synagogen absieht, für die der Staat zur Kasse gebeten wird.

Man kann selbstverständlich davon ausgehen, dass die jüdischen Museen – in Berlin, Frankfurt, München oder auch anderswo in Deutschland – die Aufgabe haben, eine Brücke zwischen Gegenwart und Vergangenheit herzustellen. Dem Anschein nach belassen es die jüdischen Museen nicht bei einer bloßen Bewertung der jüdischen Vergangenheit, sondern bemühen sich auch um die Vorstellung des heutigen Judentums. Nur hat das Bild des gegenwärtigen deutschen Judentums, das dort zum Vorschein kommt, nur wenig mit dem singulären Charakter des historischen deutschen Judentums zu tun: Der Besucher wird vornehmlich mit religiösen Symbolen wie Kippa, Torawimpel, Klezmer etc. konfrontiert, weniger mit anderen, vor allem modernen Aspekten des jüdischen Lebens. Die Ausstellung im Berliner Jüdischen Museum zum Thema Jerusalem hat bereits demonstriert, dass eine leichte Abweichung vom hegemonialen israelischen Narrativ ausreicht, um den Museumsdirektor zum Rücktritt zu bewegen und das Museum dann wieder auf Linie zu bringen. Auch die Forschungsinstitute, die sich mit Judaistik und jüdischer Geschichte befassen – in Heidelberg, Hamburg, Leipzig, Frankfurt etc. –, müssen äußerst vorsichtig sein, um ja Dissonanzen zu vermeiden.

Kehren wir zur neuen Jüdischen Akademie in Frankfurt zurück, die unter der Ägide des Zentralrats der Juden in Deutschland stehend und vom Staat finanziert jüngst eingeweiht wurde. Welche

Funktion wird diese Akademie erfüllen? Unser Kollege Doron Kiesel spricht von den Juden als Minderheit – so haben sich die deutschen Juden in der Vergangenheit nicht gesehen (darüber gab es sogar Streit, als die Jüdische Volkspartei in der Weimarer Zeit entstand).[26] Wie bereits angedeutet, bezweifle ich, ob Kiesel das Ziel, die Vielfalt des Judentums zu repräsentieren, erreichen können wird. Seiner Meinung nach unterscheidet sich diese jüdische Minderheit von anderen Minderheiten, weil sie sich mit Israel identifiziert, das einerseits existenziell gefährdet ist, anderseits aber einen Zufluchtsort vor Antisemitismus bietet. Diese Auffassung verspricht meines Erachtens keine Offenheit. Wie bereits betont, ist es eher unwahrscheinlich, dass unter der Pflege von Beziehungen zu israelischen Organisationen auch die Beziehungen zu Organisationen gemeint sind, die der Zentralrat der Juden in Deutschland nicht gutheißt.

Sich mit dem nationalistischen Trend in Israel zu identifizieren, ist keine Fortsetzung der Tradition der deutschen Juden vor der Shoah. Aber nicht einmal einen Hinweis auf die zionistischen Revisionisten im Deutschland der Vorkriegszeit, etwa auf Richard Lichtheim oder Georg Kareski, habe ich in der öffentlichen Diskussion der letzten Zeit finden können, einen Hinweis, der eine alternative Kontinuität zwischen damals und der jetzigen zionistischen Politik anzubieten vermocht hätte. Fest steht, dass man Israels Politik bedingungslos unterstützt, und dafür ist die Rückbeziehung auf ein, wenn auch marginales Element der deutsch-jüdischen Geschichte eben nicht erforderlich. Und doch hat auch die Identifizierung mit Israel ihre Grenzen, die Du aus Deiner Erfahrung auch kennst. Als wir, israelische Intellektuelle, gegen die Initiative der Hamburger jüdischen Gemeinde, die Bornplatzsynagoge neu aufzubauen und die an diesem Ort befindlichen Gedenkstätte zu beseitigen, protestierten, war die Reaktion der Gemeindeleitung eindeutig: Wir, nicht ihr, sind die wahren Erben der ermordeten oder vertriebenen Hamburger Juden. Ihr, die die Erinnerung an die deutschen Juden von damals in eurem Gedächtnis tragt, ihr, die in Israel wohnt, ihr seid bloß

Außenstehende. Für das deutsche Establishment wie für das deutsche Publikum ist das ein lohnendes Geschäft: Für das, was unsere Väter euch (?) angetan haben – so die unterschwellige Denkweise –, erhaltet ihr eine Wiedergutmachung. Es stimmt, Gebäude werden rekonstruiert, aber von den Inhalten, die Du und ich für erinnernswert halten, wird kaum etwas bleiben.

Tel Aviv, 13. September 2021
Zuckermann an Zimmermann

Wenigstens zwei Erörterungsebenen ergeben sich aus Deiner Antwort: Zum einen – und es ist unmöglich, dem zu widersprechen – die Feststellung, dass die Unterscheidung zwischen der deutschen und der osteuropäischen Judenheit im Wesentlichen künstlich sei: Ein leichtes »Ankratzen« der äußeren Patina fördert im Rückblick von zwei, drei Generationen die östliche Herkunft von nicht wenigen deutschen Juden zutage, und im Grunde, wie Du richtig bemerkst, auch von nicht wenigen nichtjüdischen Deutschen. Dies gilt vermutlich für die meisten Kollektive, die sich selbst als homogene Völker betrachten (die gibt es ja gar nicht), aber umso mehr für ein Kollektiv, dem die Bezeichnung des »wandernden« bzw. »ewigen« Juden anhaftet (es versteht sich von selbst, dass ich diesen Begriff hier ohne jegliche Verbindung zur Konnotation, welche diverse Antisemiten diesem Image beigegeben haben, anführe). Und dennoch lohnt es sich, bei der Unterscheidung zwischen »jeckischen« und osteuropäischen Juden (die übrigens in sich viel heterogener sind, als es scheinen mag) zu verweilen, und sei es, weil sich unter den Juden selbst ein oft positiver, zuweilen aber auch deutlich negativer Divergenzdiskurs entfaltet hat. Als Heinrich Heine im 19. Jahrhundert seiner Sympathie für das osteuropäische Judentum Ausdruck verlieh, weil dieses Judentum authentisch sei, artikulierte er im Grunde seine Reserviertheit gegenüber dem Typus des assimilierten Juden, wie er ihm im Deutschland seiner Zeit begegnete. Ich möchte hier nicht näher auf den Begriff des Authentischen eingehen, aber es ist klar, dass Heine ihn idealtypisch verwendete. Einen deutlich negativen Ausdruck fand diese ethnische Divergenz im Empfang, der den aus Osteuropa nach dem Kischinew-Pogrom (1903) in Berlin ankommenden Juden bereitet wurde. Sich im Scheunenviertel ansiedelnd, brachten sie gleichsam das osteuropäische Schtetl mit in die deutsche Hauptstadt. Das war kein Ruhmesblatt der vielbeschworenen »jüdischen Solidarität« (»Ganz Israel ist füreinander verantwortlich beim Tragen der Last des Exils«); das jüdische Bürgertum Berlins schreckte weitestgehend vor den von ihm alsbald abwertend als »Ostjuden« Bezeichneten zurück. Noch Jahrzehnte später, bereits nach der Shoah, beschrieb die den Eichmann-Prozess in Jerusalem kommentierend verfolgende Hannah Arendt in einem privaten Brief ihren Eindruck von den Protagonisten des Gerichtsverfahrens so: Den in Danzig geborenen Oberrichter Moshe Landau lobte sie – es war, als fühle sie sich mit ihm »zu Hause« –, wohingegen ihr der in Lemberg (Lwiw, Lwów) geborene Staatsanwalt Gideon Hausner unüberhörbar zuwider war. Sie distanzierte sich von seinem polemisch-ungestümen Naturell. (Es bleibe gleichwohl nicht unerwähnt, dass sie auch deutsche Juden wie etwa Adorno verabscheute, über den sie sagte: »Der kommt mir nicht ins Haus«; die Abneigung beruhte übrigens auf Gegenseitigkeit.) Ich erwähne dies, um klarzustellen, dass das Problem der ethnischen Unterscheidung nicht als eine ontologische Feststellung zu begreifen ist, sondern als Problem wechselseitiger stereotyper Wahrnehmungen. Gleichwohl birgt dieses Problem einen gewissen »Wahrheitskern« in sich: Wir wissen, dass nicht wenige jüdische Intellektuelle, Schriftsteller und Künstler osteuropäischer Provenienz sich in der Zwischenkriegszeit von Berlin, das damals als Kulturhauptstadt der Welt angesehen wurde, angezogen fühlten. Berichtige mich, wenn ich irre, aber ich glaube nicht, dass es eine vergleichbare Hingezogenheit deutscher Juden zu den Kulturzentren Osteuropas gegeben hat (und ich rede hier nicht von Gestalten wie dem deutschen Künstler Ernst Barlach, der nach Russland reiste, um der »Authentizität« des erdverbundenen russischen Landmenschen zu begegnen).

So besehen, beziehe ich mich auf etwas, das eher an Stefan Zweigs Melancholie gemahnt, als er, während seiner Flucht vor den Nazis, begann, die ihm verloren gegangene »Welt von gestern« zu betrauern. Zweig beging schließlich Selbstmord. Das erinnert mich an einen Satz von Dir, den Du vor Jahren am Anfang eines Vortrags geäußert hast (ich glaube, es ging um jüdische Sportler in Deutschland). Du sagtest, dass die Optionen, die ein deutscher Jude im Jahre 1937 erwägt, nicht Deutschland oder Palästina seien, sondern Deutschland oder Selbstmord. Auch wenn das eine allzu radikale Äußerung ist, können wir zumindest behaupten, dass ein osteuropäischer Jude in jener Zeit die letzte Möglichkeit – die Wahl zwischen seinem Heimatland und dem Selbstmord – typischerweise nicht in Betracht gezogen hätte.

Zum anderen ergibt sich auf Deine letzte Antwort hin ein weiteres erörterungswürdiges Thema. Ich meine jenes symbolische Kapital, das nicht wenige jüdische Autoren im heutigen Deutschland generiert haben, welches ihren Status als »einflussreiche« Meinungsvermittler fundiert: Es handelt sich um Figuren wie Michael Wolffsohn, Rafael Seligmann oder Henryk M. Broder. Ihre Karriere hat ebenfalls mittelbar mit der Instrumentalisierung der Shoah-Erinnerung zu tun, die nichts mit der Shoah-Erinnerung selbst zu tun hat, geschweige denn mit irgendeinem der Erinnerung zugrunde liegenden Ethos – etwa dem Paradigma der Erinnerung der Opfer als Opfer und der Täter als Täter und des grundsätzlichen Verhältnisses von Opfer und Täter als Matrix der Ausrichtung auf die reale Welt, etwa der Realität des israelischen Okkupationsregimes und der Beziehung von Israelis und Palästinensern. Was Broder zum Zyniker macht, ist nicht nur seine schiere Sympathie für die AfD, nicht minder schwer wiegt seine Äußerung, dass Israel sich heute in der Tat auf der Täterseite befinde, mit dem Zusatz: »Als Opfer steht man nicht nur dumm da, man riskiert auch sein Leben. Als Täter dagegen hat man nicht nur mehr Spaß, sondern auch eine bessere Lebenserwartung.« Ich bin überzeugt davon, dass, hätte ein nichtjüdischer deutscher Publizist diese Sätze geschrieben, er sofort aufgespießt worden wäre und sein Leben sich in eine Hölle verwandelt hätte. Broder benutzt die im heutigen Deutschland gängige Tabuisierung der »konsensuellen« Juden (also nicht Leute wie Du und ich), das heißt ihre Immunität gegen Kritik, die man mit dem Antisemitismus-Vorwurf zu neutralisieren pflegt, um seine Worte zu äußern, die nicht nur »Juden« im Allgemeinen, sondern hauptsächlich »Israel« und seinen Konflikt mit den Palästinensern tangieren. Interessant ist in diesem Zusammenhang Broders Biografie, der in den 1980er Jahren Deutschland, die »Tür hinter sich zuschlagend«, verließ und nach Israel emigrierte – um dann aber festzustellen, dass ihn dort weder jemand erwartet noch braucht. Woraufhin er dann mit eingezogenem Schwanz nach Deutschland zurückkehrte und eine neue Karriere als proisraelischer und antipalästinensischer Propagandist und langjähriger Hohepriester der »Antideutschen« startete. Unfassbar, dass mal behauptet wurde, dass dieser perfide Mann einer Tradition der kritischen jüdischen Intelligenz à la Kurt Tucholsky zuzurechnen sei. Der Fall Michael Wolffsohns spricht ebenfalls für sich selbst. Wir sprachen von Ignatz Bubis, und ich behauptete, dass er Mitte der 1980er Jahre mutig handelte, als er postulierte, dass das Dasein der jüdischen Gemeinden in Deutschland zu institutionalisieren sei, was mit einiger Irritation von den in Deutschland lebenden Juden seiner Generation registriert wurde. Aber Bubis, der sich politisiert hatte, trat der FDP bei (als ausgesprochener Kapitalist hätte er sich nicht einfallen lassen, der SPD beizutreten). Der erste Jude der Nachkriegszeit, der sich offiziell der CDU anschloss, war der Medienstar Michel Friedman, der wegen seiner aggressiven TV-Interviews große Popularität genoss. Als er aber den Deutschland besuchenden israelischen Premierminister Ariel Scharon interviewte, gebärdete er sich gegenüber dem »Helden Israels« servil-devot, wofür er viel Lob, vor allem seitens des jüdischen Establishments in Deutschland, erntete. Doron Kiesel war, wie bereits erwähnt, mein Freund in den 1960er Jahren, wir waren beide Mitglieder der Zionistischen Jugend in Deutschland (ZJD); Micha Brumlik war unser Gruppenführer. Auch er, in Israel geboren, emigrierte nach dem Abitur nach Israel und diente sogar in der israelischen Armee (Israel Defense Forces, IDF). Aber bald nach seinem Militärdienst kehrte er, wie Brumlik, nach Deutschland zurück und begann dort seine Laufbahn. Man kann ihm in der Tat viel Erfolg wünschen bei der Erfüllung seiner neuen Funktion, aber wie Du meine auch ich, dass seine Worte keine allzu große Aufgeschlossenheit versprechen. Warum sollten sie auch – die ersten, die ihn »abschlachten« werden, wenn er sich als allzu »aufgeschlossen« erweisen sollte, werden Broder und seinesgleichen sein. Der Code des Erlaubten und Verbotenen ist allen klar, seine Übertretung wird drakonisch mit Exklusion und Demütigung geahndet – der Rücktritt von Peter Schäfer vom Amt des Direktors des Jüdischen Museums in Berlin war, so besehen, paradigmatisch.

Jerusalem, 17. September 2021
Zimmermann an Zuckermann

Ich freue mich über die Gelegenheit, die Du mir bietest, erneut zum Thema der Spannung zwischen »Jekke« und »Ostjude« Stellung zu nehmen.

Das deutsche Judentum hat zweimal in der Neuzeit versucht, nach dem sogenannten »authentischen Juden« zu suchen, um sich selbst historisch neu zu orientieren. Zum ersten Mal passierte es in der Anfangsphase der Reformbewegung, am Anfang des 19. Jahrhunderts. Die Reformbewegten griffen bekanntlich zu den Maximen der Aufklärung und machten das langwährende diasporische Dasein für die Entartung des Judentums verantwortlich. Dieses vermeintlich degeneriert verkommene Judentum befand sich nach ihrer Interpretation vornehmlich in Osteuropa, wo die absolute Mehrheit der Juden seit Beginn der Neuzeit lebte. Ein Blick in die Erinnerungen des aus Polen nach Preußen ausgewanderte Philosophen Salomon Maimon etwa, der ein Freund Moses Mendelssohns wurde, reicht aus, um zu verstehen, dass die Freunde der Reform keinen Schimmer vom originalen, authentischen Judentum Osteuropas hatten.

Jene, die das Judentum »auffrischen« und erneuern wollten, mussten einen klassischen, bereits verschwundenen Idealtypus ausfindig machen, um ihrer Vorstellung vom Judentum eine Legitimation zu verschaffen, quasi eine Renaissance anstreben, oder aber einen Typus entdecken, der, anders als in Osteuropa, unkorrumpiert das authentische Judentum über die Zeit tatsächlich zu erhalten vermochte. So fand ich in jüdischen Zeitungen aus der ersten Hälfte des 19. Jahrhunderts, die das nordafrikanische Judentum als vorbildlich authentisch dargestellt hatten, ein Judentum, das weder von der osteuropäischen Tradition noch von der Moderne beeinflusst und folglich nicht »entartet« war. Das war eine interessante Entwicklung, denn sie zeigte, wie das deutsche Judentum sein Minderwertigkeitsgefühl gegenüber dem überlegenen osteuropäischen Rabbinat überwinden konnte, um dann den Weg für die Reform freizumachen. Interessant aber auch, weil sich somit ein Unterschied zwischen ost- und mitteleuropäischen Juden gegenüber den orientalischen Juden abzeichnete, der im Rahmen des zukünftigen zionistischen Experiments in Palästina relevant werden sollte. Du kennst ja die Debatte bei uns über Hegemonien, das sogenannte »zweite Israel« (das Israel der Einwanderer nichteuropäischer Provenienz) bzw. privilegierte vs. unprivilegierte Israelis. Gleichwohl kamen die Vorurteile und Überlegenheitsgefühle gegenüber den orientalischen Juden in Palästina ungleich stärker zum Vorschein als in der romantischen Vorstellung vom orientalischen als authentischen Juden.

Zum zweiten Mal thematisierten deutsche Juden den authentischen Juden gegen Ende des 19. Jahrhunderts. Eine neue Strömung im Judentum – das nationale Judentum bzw. der Zionismus – suchte nach einem alternativen Juden, der anders »tickt« als der moderne, assimilationsbestrebte Jude. Juden, die der Autoemanzipation das Wort redeten, also Nationaljuden, suchten – über die historischen Wurzeln, die bis in die antiken Zeiten des ersten und zweiten Tempels reichten – einen Juden, der die Emanzipation als Lösung ablehnt. Man fand ihn überraschenderweise in Osteuropa. Auch hier entfaltete sich ein romantischer Mythos, der des Ostjuden, der stolz auf seine jüdische Tradition und seine Zugehörigkeit zur jüdischen Volksgemeinschaft ist. Zur Verbreitung dieses Mythos haben der Philosoph Martin Buber und seine Gesinnungsgenossen entscheidend beigetragen. Im Ersten Weltkrieg gewann dieser Mythos an Glaubwürdigkeit, als es zur Begegnung zwischen als Reichswehrsoldaten dienenden deutschen Juden und den Ostjuden im besetzten polnischen Schtetl kam. Viele Zionisten berichteten voller Bewunderung über diese Begegnung. Für sie war der »Ostjude« kein kulturloser »Schnorrer« mehr, der alles Moderne am Judentum ablehnt, sondern ein Modell der Volkstümlichkeit und des völkischen Charakters des Judentums.

Welch eine Ironie: Für die Mehrheit der deutschen Juden war der Zionismus damals nicht mehr als ein Ablenkungsmittel, um die auswandernden Juden aus dem Osten Deutschlands fernzuhalten. Es gibt genügend Beweise dafür, dass die Unterstützung der jüdischen Nationalbewegung bzw. des Zionismus mitunter vom Wunsch motiviert war, die Masseneinwanderung der russischen Juden seit 1891 in eine andere Richtung umzulenken. Statt diese Welle durch Deutschland gen Westen strömen zu lassen, aber vor allem, um den Verbleib zumindest eines Teils von ihnen in Deutschland zu verhindern, sollten die Emigranten weiter nach Palästina umgeleitet werden. Hier findest Du eine Bestätigung für Deine These über jüdische Solidarität. Die Solidarität mit den Ostjuden, die die Juden des Kaiserreichs an den Tag legten, war sehr bedingt. Da Nichtjuden den Begriff Jude mit dem Ostjuden assoziierten und der deutsche Jude sich aus dieser »Klemme« zu befreien trachtete, zeigte er sich mit den Ostjuden unter der Bedingung solidarisch, dass sie nicht zum negativen Image der Juden beitrugen – im Klartext: dass sie Deutschland lieber verließen. Letztendlich ist diese Taktik der Antisemiten durchaus nachvollziehbar, verhalf sie doch im Zweiten wie im Dritten Reich dazu, mithilfe des Stereotyps des Ostjuden geschickt zu manipulieren, um die Diskriminierung und dann die Vertreibung der deutschen Juden zu rechtfertigen. Wer sich den Nazifilm *Der ewige Jude* (1940) anschaut, versteht, wovon ich rede. Diese Situation ist deswegen so tragisch, weil die Juden sich in einer Lage befanden, die einer Falle glich, einer Situation, die die antisemitische Propaganda effektiv auszunutzen wusste.

Ich rede hier nicht über die Validität der Vorstellung vom »authentischen Juden«, weder im ersten noch im zweiten Fall, sondern über die Bedeutung des zurückliegenden Strebens nach einem solchen für die Wirklichkeit, in der wir uns heute befinden, wie diejenige der gegenwärtigen Suche nach einem authentischen Judentum. Im Endeffekt kann jede Strömung im Judentum angebliche Wurzeln ausfindig machen. Aber wenn die Mehrheit der Juden am Ende glaubt, dass das authentische Judentum ignorant, fundamentalistisch, xenophob, eliminatorisch sei, dann möchte ich damit nichts mehr zu schaffen haben. Der Streit der Identitäten, sowohl innerhalb des jüdischen Kollektivs als auch im globalen Kontext (»wir« gegen »die Gojim«), befindet sich am Scheideweg – hier die Kinder der Aufklärungstradition, dort der auf einem orthodox-religiösen Fundament ruhende Ethnozentrismus.

Und zu einer anderen Bemerkung von Dir, die bei mir Assoziationen hervorruft. Du schriebst, dass es keine »vergleichbare Hingezogenheit deutscher Juden zu den Kulturzentren Osteuropas gegeben hat (und ich rede hier nicht von Gestalten wie dem deutschen Künstler Ernst Barlach, der nach Russland reiste, um der ›Authentizität‹ des erdverbundenen russischen Landmenschen zu begegnen)«. Hinter mir, in meinem Arbeitszimmer, hängt ein Foto von Barlachs Ehrenmal für die Gefallenen des Ersten Weltkriegs, das sich im Magdeburger Dom befindet, nachdem es in der NS-Zeit entfernt worden war. Komme ich nach Hamburg, der Geburtsstadt meiner Eltern, verpasse ich nie die Gelegenheit, das von Barlach geschaffene Ehrenmal unweit des Rathauses, auch das für die Gefallenen des Ersten Weltkriegs, zu besichtigen. Auf der einen Seite der Stele ist die trauernde Frau und ihr Waisenkind zu sehen und auf der Kehrseite die Inschrift »Vierzigtausend Söhne der Stadt ließen ihr Leben für Euch – 1914–1918«. Auch dieses Denkmal wurde von den Nazis nach 1933 entfernt. Wer der Botschaft von Barlach zustimmt, die in beiden Plastiken zum Ausdruck kommt, tut sich schwer damit, sich für die israelische Kriegsbereitschaft oder für Israels Gefallenenkult zu begeistern. Ich halte das für ein authentisches Element der Jekkes-Tradition.

Tel Aviv, 18. September 2021
Zuckermann an Zimmermann

Deine Behauptung, die deutschen Juden (man sollte vielleicht nicht verallgemeinern) hätten den Zionismus – ich werde jetzt provokativ – als Mittel angesehen, Deutschland »ostjudenrein« werden zu lassen, stößt auf mein besonderes Interesse. Ich muss gestehen, dass ich mir dieses möglichen Aspektes nicht bewusst war. Über die instrumentelle Dimension hinaus, die sich in ihr abzeichnet, löst diese Behauptung eine gewisse Irritation aus im Hinblick auf den Zionismus des deutschen Judentums. Es ist zwar bekannt, dass die Massenauswanderung der deutschen Juden nach Palästina infolge der Machtübernahme Hitlers und der Etablierung des Naziregimes das Ergebnis einer unmittelbaren Bedrohung war, mithin sich als »Emigration aus Not« generierte. Aber es gab doch auch ausgesprochen zionistische Strömungen im deutschen Judentum, unter anderem sehr aktive zionistische Jugendbewegungen. Sind auch die für Dich Teil der taktischen Ausrichtung, von der Du redest, etwa als dialektischer Katalysator zur Förderung des Zionismus unter den »Jekkes«? Darüber hinaus frage ich mich, inwieweit sich in der Ablehnung der »Ostjuden« durch die deutschen Juden eine reale Abscheu des »Grunewalds« vor dem »Scheunenviertel« (um es metaphorisch auszudrücken) niederschlug. Diese Aversion, die auch eine klassenmäßige Dimension in sich barg, war nicht nur dem Beziehungsgeflecht zwischen »Jekkes« und »Ostjuden« zu eigen. Aus Erzählungen meines Vaters erfuhr ich von der tragischen Begegnung zwischen den ungarischen Juden und den polnischen Juden aus dem Ghetto Lodz auf der Rampe von Auschwitz. Beide kamen als letzte Deportationen an – die ungarischen Juden waren die letzten in Europa und die polnischen kamen aus dem als letztes aufgelösten Ghetto: Jene gelangten direkt aus ihrem hochbürgerlichen Habitus in Budapest dorthin, diese erreichten das Lager nach langen Ghettojahren gepeinigt und zermartert. Und noch auf der Rampe, als es klar wurde, dass es nur noch eine Frage der Zeit war, bis alle der Vernichtung zum Opfer fallen würden, verhielten sich die ungarischen Juden den polnischen Ghettoüberlebenden gegenüber mit einer (in der Tat von Abscheu durchwirkten) Arroganz. Du hast recht, als die antisemitische Nazipropaganda mit dem Film *Der ewige Jude* einen ihrer entsetzlichsten Höhepunkte erreichte, wusste sie genau, welche Bilder von welcher Judenheit sie zu verwenden hatte.

Was das Problem der »Authentizität« anbelangt, sehe ich in ihm die Auswirkung einer die Sehnsucht der Juden nach einem »authentischen« Ursprung überschreitenden allgemeineren Tendenz. Das auf revolutionären Industrialisierungs- und Urbanisierungsprozessen basierende moderne Zeitalter wurde von Anfang an vom Pathos der Fortschrittsbegeisterung einerseits, andererseits aber vom Gefühl der Entfremdung, des Artifiziellen und des Verlusts einer natürlichen Authentizität begleitet. Von Jean-Jacques Rousseau über die deutsche Romantik bis hin zu Friedrich Nietzsche und seinen Nachfolgern fungierte das Sujet der »Natur«, vor allem aber der »unberührten Natur«, als eine Art Muster der Kritik an der bürgerlichen

Gesellschaft und ihren immanenten Mechanismen von Verfall und Verdinglichung. Rousseaus »Zurück zur Natur«, später in der Mystifizierung des »deutschen Waldes« und seiner Geheimnisse präsent, schlug sich in vielen Kunst- und Kulturwerken der deutschen Romantik nieder. Die binäre Unterscheidung zwischen dem Natürlich-Authentischen und dem Zivilisatorisch-Künstlichen findet sich sogar in der von Ferdinand Tönnies paradigmatisch vorgenommenen Unterscheidung zwischen Gemeinschaft und Gesellschaft. Diese bedeutende Schrift von 1887 bezeugt indirekt die Befürchtungen und das Unbehagen des Bürgertums am Ende des 19. Jahrhunderts, als erste Risse und Widersprüche innerhalb der bürgerlichen Gesellschaft zutage traten. Zwar war sie noch durchdrungen von einem tiefen Glauben an den (vom Bürgertum angeführten) Fortschritt, zugleich aber begann man zu verstehen bzw. zu ahnen, dass die Dialektik dieses Fortschritts das Potenzial einer grandiosen Katastrophe (die zu Beginn des 20. Jahrhunderts in der Tat eintreten sollte) in sich barg.

Es versteht sich von selbst, dass der Mythos des deutschen Waldes dabei bis zur Unkenntlichkeit entstellt wurde. Einer der bedauerlichsten Nebeneffekte der von der völkischen Ideologie im 20. Jahrhundert bewirkten Zerstörung zeigt sich an dem Schaden, den sie der romantischen Fähigkeit, sich dem Naturschönen hinzugeben, zugefügt hat. Die Blut-und-Boden-Doktrin der Nazis hat den Boden mit so viel Blut getränkt, dass die Natur zum Bestandteil einer verruchten Weltanschauung wurde, die es unmöglich machte, die Geheimnisse des deutschen Waldes als Ursehnsüchte nach etwas »Purem«, unkorrumpiert und »bezaubernd« in seiner Erscheinung, und eben nicht als eine schrecklich-schöne Komplementärvision zu Auschwitz zu erfahren. Nicht von ungefähr sprach Elias Canetti vom »marschierenden [deutschen] Wald«. Die Sehnsucht nach dem Authentischen war, so besehen, Ausdruck eines modernen Missbehagens, aber nicht minder auch eine ideologisch falsche Projektion auf etwas, das unwiederbringlich verloren gegangen ist. Ich glaube, dass sich etwas davon in der Beziehung des Zionismus zur Natur von Erez Israel und zum Bild des Bauern als Symbol des »neuen Juden« bewahrt hat. Die Romantisierung des nordafrikanischen Judentums als Vertreter des Authentischen, das weder von der osteuropäischen Tradition noch von der Moderne beeinflusst wurde, die Du in Schriften aus der ersten Hälfte des 19. Jahrhunderts gefunden hast, wie auch die Idealisierung der Gestalt des Arabers zu Beginn der Jischuw-Ära in Palästina (wie sie sich in den Fotos der HaSchomer-Organisation widerspiegelt), waren natürlich primär eine Ideologisierung des »Fremden« als Objekt der Sehnsucht nach dem Exotischen – freilich nur bis zum Moment der realen Begegnung mit ihm.

In diesem Zusammenhang möchte ich meinem tiefen Widerwillen gegenüber der regressiven Identitätspolitik, die sich in Israel immer mehr Anhänger erobert, dezidierten Ausdruck verleihen. Sie ist meines Erachtens ein großes Ärgernis. Wenn jüdische »Authentizität« sich im Bewusstsein der meisten Israelis durch das auszeichnet, was Du beschreibst (exkludierend, ignorant, fundamentalistisch, xenophob und der »cancel culture« verschwistert), und wenn dies nicht mehr gesagt werden kann, ohne dass man gleich als »hegemonial-aschkenasischer Privilegierter« abgeschmettert wird, dann ist die (für mich ohnehin anachronistische Authentizitätsfrage) zur Bewusstseinsfarce ersten Ranges verkommen, die den falschen emanzipatorischen Schein (der Erlösung der Unterprivilegierten von ihrem diskriminierten Dasein) bewahrt, während sie realiter das Ressentiment und zunehmend auch den tiefen Hass als Basis politischer Praxis verfestigt. Was dieser höchst problematische Diskurs in Israel entbehrt, ist eine tiefe historische Analyse der Entstehungsetappen des Zionismus, der Umstände der Gründung des Staates Israel, seiner Staatsideologie und der gesellschaftlichen Quellen der Lügen über die vorgebliche jüdische Einheit, Loyalität und Solidarität (wie wir gesehen haben, waren diese Tugenden auch nichts Rühmliches im Verhältnis zwischen den verschiedenen aschkenasischen Gemeinschaften). Wie Du weißt, gehöre ich der Frankfurter Schule an und meine, einiges über die Dialektik der Aufklärung zu wissen. Aber die schiere Tatsache, dass man nicht mehr »Aufklärung« sagen kann, ohne gleich der »Überheblichkeit« bezichtigt zu werden, bezeugt, dass wir noch Lichtjahre von der Aufklärung entfernt sind – wir haben sie in Israel noch gar nicht erreicht, jedenfalls nicht als konsensuelle Grundlage des zivilgesellschaftlichen Diskurses. Über die Dialektik der Aufklärung können wir in diesem Sinne gar nicht erst beginnen zu reden – wir haben ja noch nicht einmal angefangen, über die Aufklärung zu reden.

Ich meine, dass wir nun zur Beschäftigung mit Israel und der vertieften Erörterung dieser Fragen übergehen sollten.

Hier und dort – wie erinnern?

Jerusalem, 27. September 2021
Zimmermann an Zuckermann

Es ist an der Zeit, sich mit den israelischen Problemen zu befassen, auf die Du aufmerksam gemacht hast, und zwar aus »unserem« Blickwinkel – das Geschehen *hier* im Lande vor dem Hintergrund der historischen Erfahrung *dort*, in Europa, zu erörtern.

Zuerst eine weitere Erläuterung zum zionistischen Unternehmen in Deutschland, zu dem ich bereits einiges gesagt habe: der Versuch einer Umleitung der jüdischen Auswanderung aus Osteuropa. Statt sich in Deutschland niederzulassen, falls sie nicht weiter nach Amerika würden auswandern dürfen, sollten die Emigranten nach Palästina umgeleitet werden. Die Anfänge des Zionismus, gegen Ende des 19. Jahrhunderts, gehören zu meinem Forschungsgebiet. Ob dieselbe Denkweise die deutschen Juden auch nach dem Ersten Weltkrieg charakterisierte – das müsste ich noch nachprüfen. Es ist eine bittere Ironie der Geschichte, dass die Besatzungsmächte (und die deutsche Bevölkerung selbst) nach dem Zweiten Weltkrieg auch an einem Transfer der DPs aus Europa nach Palästina, dann nach Israel interessiert waren und die Zionisten entsprechend unterstützten. (Die Briten brauchten hingegen noch einige Zeit, um den inhärenten Widerspruch in ihrer Politik zu überwinden.)

Die prinzipielle Frage der Umleitung von Einwanderungswellen bzw. einer Masse von Asylsuchenden ist heute aktuell, da nicht nur Deutschland, sondern ganz Europa die Angst vor Flüchtlingsmassen umtreibt. Deutsche wie auch andere Europäer versuchen, den Strom der Flüchtlinge (vor allem aus muslimischen Ländern) einzudämmen und so wenig wie möglich Asylanten aufzunehmen. Sie sind bereit, viel zu bezahlen, um die Flüchtlinge in Lagern in der Türkei oder in Libyen untergebracht zu wissen. Israel unternimmt bekanntlich vieles, um Flüchtlinge aus Afrika nicht aufnehmen zu müssen – hierzu wurde eine Mauer an der ägyptischen Grenze errichtet und Anträge auf Asyl, die jene stellen, die es noch vor der Errichtung der

Mauer nach Israel geschafft haben, werden zu 99 Prozent abgelehnt. So wurde der Weg, diese Flüchtlinge abzuschieben, freigeschafft. Die Hetze gegen Flüchtlinge, die im Süden Tel Avivs besonders rabiat tobt, zeigt, wie akut das Problem bei uns ist, und nicht zuletzt auch, wie wenig man aus der Geschichte lernen will, obwohl man das doch gerade als Jude können müsste. (Die Geschichtsstunde könnte mit der Vertreibung der polnischen und staatenlosen Juden aus Deutschland in der Weimarer Zeit beginnen und dann mit der von den Nazis organisierten Vertreibung im Oktober 1938 fortgesetzt werden.)

Wir betrachten den Zionismus als eine in Europa entstandene Nationalbewegung, die die Gründung eines europäischen Vorpostens im Nahen Osten anstrebte; sie war von Anbeginn durch Ethnozentrismus gekennzeichnet und ignorierte das Problem der Flucht und Auswanderung ihrer Opfer. Wir haben es also zweifelsfrei mit einem von uns weitergetragenen europäischen Erbe zu tun, an dem wir weiterhin festhalten, obwohl die Mehrheit der Juden in Israel nicht mehr europäischer Herkunft sind. Das erinnert an ein weiteres deutsch-europäisches Erbe – das für die Staatsbürgerschaft bestimmende Prinzip des *ius sanguinis*. Deutschland freundet sich allmählich mit seiner Rolle als Einwanderungsland an, Israel befindet sich aber noch dort, wo Deutschland früher stand: ein Staat, der für Einwanderer nicht offen ist, es sei denn, sie sind Juden und aufgrund des israelischen Rückkehrgesetzes vom Moment ihrer Geburt an berechtigt, Staatsbürger Israels zu sein.

Assoziativ führt dieses Prinzip zur Befürwortung des »Transfers« der Araber, der sich unter Israels Rechten großer Beliebtheit erfreut. Auch die Idee des Transfers ist ja ursprünglich europäisch: General Rehavam Zeevi, Gandhi genannt, ehemals Führer der israelischen Transfer-Partei Moledet, pochte auf das Beispiel des Abkommens zwischen Griechenland und der Türkei aus dem Jahr 1923. Doch auch ohne das relevante Vorbild beim Namen zu nennen, assoziiert sich diese Idee automatisch mit der deutschen Erfahrung, und zwar sowohl als Verursacher von Transfers (Deportationen) als auch als

Opfer von solchen (nach 1918 wie auch seit 1945). Mehr noch: Wir befinden uns mitten in einem globalen Streit um den Kolonialismus und seine Folgen, und es erhebt sich die unvermeidliche Frage, ob das, was Israel bewirkt hat, nicht von Beginn an nach dem Muster des europäischen Kolonialismus zugeschnitten gewesen ist. Gibt es einen prinzipiellen Unterschied zwischen den Einwanderern, die sich in Nordamerika Land aneigneten und es kolonisierten, und denen, die es in Palästina taten, wobei sie die einheimische Bevölkerung in diskriminierender Weise so behandelten, als wäre *sie* der Eindringling – und das alles auch in ihrer Verfassung verankerten?

Die Juden Mitteleuropas, die seit 1933 in das Land strömten (vorher gab es nicht mehr als circa 2000 von ihnen in Palästina), waren nicht die ersten, die als Flüchtlinge ankamen. Aber die allermeisten von ihnen kamen »wegen Hitler«, das heißt als Flüchtlinge, weshalb sie eher bemüht waren, einen Modus Vivendi mit der arabischen Bevölkerung im Lande zu erreichen, statt den Konflikt vorzuziehen und die Überlegenheit der Einwanderergesellschaft gegenüber der einheimischen Bevölkerung zu erzwingen. Es waren selbstverständlich nicht alle, wir dürfen auch hier nicht pauschalisierend urteilen und einzig die mitteleuropäischen Juden für Befürworter des Modus Vivendi nach der Vorstellung von Brit Shalom (Friedensbund)[27] halten. Da kommt mir ein Artikel vom 12.10.1984 in den Sinn, den Herzl Rosenblum, damals Chefredakteur der populären Zeitung *Jediot Achronot,* schrieb, in welchem er – ein Sprachrohr des rechtsorientierten Rassismus in Israel – zu bedenken gab, dass man bei Jekkes, die zum rechten Flügel der israelischen Politik gehören, genau hinschauen muss, denn »bis heute gilt ein ungeschriebenes Gesetz: Wo du einen Jekken antriffst, triffst du einen Defaitisten an […] das liegt im Blut der Jekkes. Ich kenne persönlich nur zwei Jekkes, die keine Defaitisten sind, Rabbiner Lewinger und Elyakim Haetzni aus Hebron.[28] Aber ich sage euch die Wahrheit – auch bei denen bin ich mir nicht ganz sicher. Möglicherweise ist sogar ihre deutsche Herkunft suspekt.«

Das können wir als Hebel benutzen, um Deine Kritik am Charakter der bei uns geführten Debatte über den »privilegierten Weißen« aus eigenem Blickwinkel zu erörtern. Auch ohne Herzl Rosenblum ist es möglich, das Bild von der »Einheitsfront« der »Weißen« zu dekonstruieren. Du hast von Deinem Vater erzählt, der die Begegnung zwischen den Lodzer und den Budapester Juden auf der Rampe in Auschwitz-Birkenau beschrieb. Ich habe mich seinerzeit unter anderem mit der Geschichte der Deportation der deutschen Juden befasst, die im Oktober 1941 begann und am Anfang in die Ghettos im Osten führte (nach Lodz, Minsk, Warschau, Kaunas etc.); auch dort gab es eine gegenseitige Feindschaft unter den verschiedenen jüdischen Gruppen, die ja auf einer gemeinsamen Todesliste standen. Einen ähnlichen Konflikt gab es auch in Theresienstadt zwischen Juden aus Böhmen und denen aus dem »Altreich«. Wer bei uns über »*die* Aschkenasen« oder »*die* Weißen« spricht, ist Opfer einer stereotypen Pauschalisierung von der Art »Alle Chinesen sehen gleich aus«. Sephardische Juden in Europa (also ursprünglich spanischer Herkunft) hielten es für eine Beleidigung, wenn man sie zu den Aschkenasen zählte. Es gab sogar sephardische Juden, die offiziell beim Dritten Reich Beschwerde einlegten, weil sie (als Nichtarier) angeblich zu Unrecht von der Rassegesetzen und deren Folgen betroffen waren.

Das Gerede von »Weißen« und »Aschkenasen« ist ja nichts als ein Konstrukt. Zudem zeigt der Vergleich zwischen »Weißen« und »Schwarzen« (also europäischen und nichteuropäischen Juden) zur Zeit der großen Einwanderungswellen um 1948, dass man die ersten nicht pauschal und von Beginn an als »Privilegierte« bezeichnen kann. Übrigens führen die Debatte und ihre Begrifflichkeit, die Dich verärgern, letztlich dorthin, wo ihre Teilnehmer nicht ankommen wollen: Einerseits wird man feststellen müssen, dass die Scheidelinie zwischen Privilegierten und Diskriminierten primär zwischen Juden und Palästinensern verläuft, nicht durch die Mitte der jüdischen Gemeinschaft. Andererseits – was noch gravierender, aber aus unserer Sicht nicht unwillkommen ist – wird diese Debatte die Grundpfeiler des Zionismus in Israel erschüttern. Denn es erhebt sich die legitime Frage, weshalb die zionistische Bewegung von Anfang an europäisch geprägt war. (Beim ersten Zionistenkongress 1897 war nur ein Delegierter aus Algerien zugegen, weil Algerien eine französische Kolonie war.) Oder: Weshalb spielten die Juden aus den arabischen Ländern bis zum Ende des Zweiten Weltkriegs eine nur unwesentliche Rolle in der zionistischen Bewegung? Eins von beiden ist also zwingend: Entweder geben die Israelis zu, dass der Zionismus ein europäisches Erzeugnis ist, während die Juden in den islamischen Ländern zu einer anderen Einstellung gegenüber dem jüdischen Nationalismus erzogen worden sind (was man als Vorteil oder auch als Nachteil bewerten mag); oder man geht einen Schritt weiter und stellt fest, dass der Zionismus »weiß«, privilegiert, aschkenasisch ist und den Sehnsüchten der Juden aus den Ländern des Islams keine befriedigende Perspektive anbieten kann (was Vertreter der Kanaaniter-Bewegung oder orientalische linke Gruppierungen in der Vergangenheit bereits behauptet haben). In diesem Fall bleibt entweder die Möglichkeit, zuzugeben, dass der Zionismus und der Staat Israel ein aussichtsloses Unternehmen seien, oder man überwindet den internen jüdischen Zwist, indem man sich unverblümt ein gemeinsames Ziel setzt: den ewigen Kampf gegen Palästinenser, Araber, Muslime. So wird der »Burgfrieden« in der jüdischen Gemeinschaft Israels hergestellt werden können.[29] Ich weiß nicht, wer dann die Rolle des Kaisers übernimmt, um die passende Paraphrase für »Ich kenne keine Parteien mehr, ich kenne nur noch Deutsche« zu formulieren. Ich bin mir nur dessen bewusst, welches Schicksal die Deutschen am Ende des Krieges 1914–18 erlitten haben.

Über Romantik, Wald, Authentizität und Zionismus – beim nächsten Mal.

Tel Aviv, 28. September 2021
Zuckermann an Zimmermann

Es ist wahr, wir erörtern das Geschehen »hier« (in Israel) in erheblichem Maß aufgrund der historischen Erfahrung »dort« (in Mitteleuropa). Ich möchte kurz die Bedeutung dieses Zugangs klären. Rührt er von der biografischen Doppelverbindung zu Israel und zu Deutschland her, die uns beide kennzeichnet, jeden mit den jeweils spezifischen Eigenheiten? Ich vermute, dass dem so ist. Zumindest was mich anbelangt, kann ich den tiefen intellektuell-kulturellen Einfluss nicht leugnen, den der Aufenthalt in Deutschland während meines zweiten Lebensjahrzehnts, meiner Pubertät, auf mich ausgeübt hat. Gleichwohl weist »Deutschland« in unserem Leben auch eine kollektive Dimension auf, die nicht ignoriert werden kann: Selbst dann, wenn man die Shoah (à la Husserl) in Klammern setzen will, gelingt das nicht wirklich – der Elefant befindet sich stets im Raum (schon allein durch die Tatsache, dass man ihn weghaben will und sich vormacht, dass er nicht da sei; das Bewusstsein weigert sich schlicht, mit der Methode zu kooperieren). Ich glaube, Dan Diner hat einmal behauptet, dass bei Verhandlungen mit den Palästinensern über die Lösung des Konflikts die Shoah aus dem Diskurs fernzuhalten sei. Aber das ist nicht wirklich möglich, und zwar nicht nur, weil die israelische Seite die »Shoah-Erinnerung« instrumentell als Argument zu verwenden pflegt, um den vom Zionismus begangenen Weg ideologisch zu rechtfertigen. Der Elefant ist einfach im Raum. Daher irrte meines Erachtens Yehuda Elkana mit seinem berühmten Artikel von März 1988 »Plädoyer für das Vergessen«, den er angesichts der israelischen Brutalitäten zu Beginn der ersten Intifada veröffentlichte. Seine Absicht war gut. Er wollte die Ursprünge der Brutalität ergründen und meinte, dass sie im Shoah-Komplex der israelischen Bevölkerung zu suchen sei. Das waren seine Worte:

»Ich sehe keine größere Gefahr für die Zukunft des Staates Israel als die Tatsache, dass die Shoah in das Bewusstsein der gesamten israelischen Bevölkerung, auch in das jenes Teils, der die Shoah nicht erlebt hat, sowie in das der bereits hier geborenen und aufgewachsenen Generation, systematisch und intensiv eingeflößt worden ist. Zum ersten Mal begreife ich, wie folgenschwer unser Handeln war, als wir jahrzehntelang jedes Kind in Israel immer wieder nach Yad Vashem schickten. Was wollten wir, dass junge Kinder mit diesem Erlebnis machen sollten? Geist- und herzlos deklamierten wir, ohne es auszudeuten, ›Zechor!‹ – Erinnere! Wozu? Was soll ein Kind mit solchen Erinnerungen machen? Von sehr vielen könnten die Bilder des Grauens als Aufruf zum Hass ausgelegt werden. ›Zechor!‹ kann als Aufruf zu permanentem blindem Hass gedeutet werden. Mag sein, dass es wichtig ist, dass die weite Welt erinnert, auch davon bin ich nicht überzeugt, aber es ist jedenfalls nicht unsere Sorge. Jedes einzelne Volk, die Deutschen eingeschlossen, wird auf dem ihm eigenen Weg und nach eigenem Ermessen entscheiden, ob es erinnern will. Wir hingegen müssen vergessen. Ich sehe heute keine wichtigere politische und erzieherische Aufgabe für die Führer dieser Nation, als sich auf die Seite des Lebens zu stellen, sich der Gestaltung unserer Zukunft hinzugeben und sich nicht immerfort mit Symbolen, Zeremonien und den Lehren aus der Shoah zu beschäftigen.«[30]

Ich zitiere Elkana so ausführlich, weil seine Aussagen relevant sind für die Klärung, die ich hier vornehme. Selbst, wenn die staatliche Ideologie den Vorschlag Elkanas akzeptiert und entsprechende erzieherische Sozialisationsmechanismen für eine »Nicht-Erinnerung« entwickelt hätte, würde das keinen entscheidenden Einfluss auf die partikularen Praxen der Erinnerung in den realen Lebenswelten Israels ausgeübt haben. Schon gar nicht angesichts der kulturell-ideologischen Heterogenität, die die israelische Gesellschaft insgesamt kennzeichnet. Wie Elkana war auch ich besorgt, dass das »dort« einen reaktionären Einfluss auf das »hier« ausübt. Aber die Schlussfolgerung, die ich daraus zog, stand der Elkanas (in nicht geringem Maß auf dem Denken Adornos und Benjamins fußend) diametral entgegen.

Gleichwohl ergab (und ergibt) sich aus dem Festhalten am »Zechor«-Paradigma eine neue Art der Schwierigkeit – ich glaube, in Israel hast Du an ihr besonders gelitten. Ich meine die Frage: Wenn man vom Einfluss des »dort« auf das »hier« ausgeht, darf man das »dort« als Maßstab für den Vergleich mit dem »hier« verwenden? Mit anderen Worten, darf man sozialpolitische Prozesse und etablierte Muster in der israelischen Gesellschaft der letzten Jahrzehnte mit historischen Prozessen und ideologischen Auswirkungen am Ende der Weimarer Republik und dem Aufkommen des Nazismus vergleichen? Es versteht sich von selbst, dass sich in Israel-Palästina kein Völkermord à la Auschwitz ereignet; in Israel herrscht auch keine totalitäre Diktatur, wie es beim Hitler'schen Nazismus samt seiner immanenten Auswirkungen und Bedeutungen der Fall war. Nicht dieses Wesen des »dort« meint ein möglicher Vergleich, also nicht das Identische im Grauenvollsten, sondern Tendenzen, deren strukturelle, mentale und ideologische Ähnlichkeit an das gemahnt, wogegen man sich so früh wie möglich wehren muss, etwas, das man von Anfang an identifizieren muss, um es zu verhindern – »Wehret den Anfängen«, heißt es im Deutschen. In Israel gilt ein solcher Vergleich als ein unverzeihliches Vergehen: Ein Jude kann kein Nazi sein (Faschist schon, aber auf keinen Fall Nazi). Ich kann mich an den Eklat erinnern, der seinerzeit ausbrach, als Du die Jugendbewegungen der Siedler im Westjordanland mit denen der Hitlerjugend verglichen hast. Ihre Bezeichnung als »faschistisch« wäre wohl durchgegangen, aber Hitlerjugend – völlig ausgeschlossen! Dies umso mehr, als die Schwierigkeit des Vergleichs auch eine staatsideologische Dimension in sich birgt: Wenn man die Singularität der Shoah postuliert, bietet sich das Vergleichsverbot gleichsam von selbst an. Die zynische Verwendung des Singularitätspostulats fand seinen perfiden Ausdruck jedes Mal, wenn in der israelischen Öffentlichkeit die Debatte um den Völkermord an den Armeniern und seine Anerkennung durch Israel aufkam. Der Disput darüber (in den Rängen der offiziellen Staatsinstanzen) vollzog sich immer unter dem Gesichtspunkt der israelischen Interessen gegenüber der Türkei (solange die Beziehungen zu ihr noch intakt waren). Aber selbst, wenn man die Auffassung einer Singularität der Shoah ohne ideologische Kontaminierung akzeptieren möchte, lassen sich zwei Möglichkeiten für ihre Befürwortung denken: Man kann behaupten, dass die Shoah tatsächlich einzigartig sei und sich daher dem Vergleich mit jeder anderen Kollektivkatastrophe in der Geschichte entziehe. Die Begründungen hierfür dürften begrifflich bzw. historisch-strukturell ausfallen, und in jedem Fall würden sie einer Tabuisierung des Vergleichs das Wort reden. Hingegen kann man das Postulat der Singularität selbst zum Maßstab dessen erheben, was die Menschheit an Verbrechen anzurichten vermag, mithin die Shoah als Idealtyp (im Weber'schen Sinne) auffassen, an dem sich bemessen lässt, inwieweit sich historische Prozesse und Tendenzen dem Katastrophalen nähern. In diesem Fall ist der Vergleich nicht nur schwerlich zu umgehen, er ist nachgerade eine Notwendigkeit. Was mich anbelangt, habe ich mir den vergleichenden Zugang als Mittel der Ergründung relevanter historischer Fälle angeeignet. Und ich muss zugeben, dass das, was mich dazu im Verhältnis zu Israel bewegt, in nicht geringem Maße die alte normativ-moralische Frage ist: Wie ist es möglich, dass ein Kollektiv, das wie das jüdische Kollektiv die Shoah erlebt hat, sich in ein gewalttätig-repressives historisches Kollektivsubjekt verwandelt; wie ist es möglich, dass, wer das Grauenvollste im deutschen Faschismus durchgemacht hat, selbst faschistisch geworden ist – wie wurde das Opfer zum Täter? Diese wesentliche Frage beeinflusste überlang auch mein Verhältnis zum Zionismus, wie er sich in Israel verwirklicht hat. Darüber möchte ich nächstes Mal sprechen.

Jerusalem, 9. Oktober 2021
Zimmermann an Zuckermann

Ich schaute ins Buch von Yosef Hayim Yerushalmi *Sachor: Erinnere Dich!*, um dort nach einer Antwort auf die Frage nach einer adäquaten Shoah-Erinnerung zu finden, die vielleicht Yehuda Elkanas »Plädoyer für das Vergessen« abschwächen könnte. Die einzige Referenz zur Shoah (mit Ausnahme eines impliziten Vergleichs zur traumatischen Kollektiverinnerung an die Vertreibung der Juden aus Spanien 1492) ist seine Feststellung, dass dieses Gedächtnis eher von Schriftstellern als von Historikern geschaffen wird und dass Historiker die jüdische Kollektiverinnerung sowieso nicht zu rekonstruieren vermögen. Da wir bereits zugegeben haben, dass das Shoah-Gedächtnis eher von Politikern, weniger von Historikern gestaltet wird – schlimmer noch: dass Historiker zu Dienern von Politikern verkommen sind –, führt uns Yerushalmi bei unserer Beschäftigung mit den »Lehren der Shoah« leider nicht weiter. Eine andere wichtige jüdische Geistesgröße in Israel, Jeschajahu Leibowitz, hat sich eine andere destruktive Bemerkung erlaubt: Es gebe überhaupt keine Lehren aus der Shoah. In seinen Augen gilt weder die Formel, die das öffentliche Israel, einschließlich Yad Vashem, anbietet, noch die, um die wir uns bemühen. Ich sehe es selbstverständlich anders: gerade deswegen, weil das offizielle Israel – nationalistisch und ethnozentristisch – den Inhalt der kollektiven Erinnerung bestimmt und mithilfe dieser Erinnerung eine ganz bestimmte Lehre aufzwingt, um die (künftigen) Staatsbürger, wie Du sagst, in Faschisten zu verwandeln, die unterdrückend andere zu Opfern machen. Es ist unsere Aufgabe als Historiker, das System herauszufordern.

Meines Erachtens hat Elkanas »Plädoyer für das Vergessen« das Ziel auch aus einem anderen Grund verfehlt. Setzt man sich mit der literarischen Gestalt Funes von Jorge Luis Borges aus *Das unerbittliche Gedächtnis* auseinander, für die Yerushalmi viel Sympathie aufbringt, so wird einem klar, dass das Allermeiste von dem, was passiert, zum Vergessen verdammt ist, egal ob es um die Shoah oder um andere Ereignisse geht. Problematisch sind die Kräfte, die Entscheidungen darüber treffen können, was in die kollektive Erinnerung aufzunehmen sei. Sowohl das offizielle Israel als auch Leute wie wir behalten die Shoah in Erinnerung. Nur sieht »unsere« Shoah-

Erinnerung anders aus, zuerst einmal, was den Kern der Geschichte angeht. Anders als Funes können weder sie noch wir uns an alles erinnern. Außerdem blicken wir auf die Geschichte der Shoah anders, als von den israelischen Sozialisationsagenturen erwartet wird. Hinzu kommt, dass der Unterschied auch in dem liegt, was man als Schlussfolgerung aus dieser Geschichte ziehen will. Für uns Historiker, die sich mit Deutschland befassen, ist die Shoah nicht nur die extreme Fortsetzung der langen Geschichte des Antisemitismus; sie beginnt für uns auch nicht mit dem Schnellbrief von Reinhard Heydrich vom 21. September 1939 (wie es in den Schulbüchern in der Regel dargestellt wird), sondern bereits mit dem Aufstieg des Nationalsozialismus vor der »Machtergreifung« am 30. Januar 1933, und möglicherweise sogar früher. In unserem Geschichtsbild machen auch Auschwitz und Babyn Jar nicht exklusiv die Shoah aus, und die Shoah ist, wie gesagt, nicht nur das extreme Resultat des »ewigen Antisemitismus«. Die Geschichte ist viel komplexer und vielschichtiger: Rassismus, Kolonialismus, Aufklärungsfeindschaft, antidemokratische Ideologien, reaktionärer Modernismus (Jeffrey Herf) etc. sind alle mit im Spiel. Dieses höchst komplexe Gewebe führt uns zu anderen »Lehren« als denen vom israelischen Erziehungssystem aufgezwungenen. Ich nehme an, dass Du mir zustimmen wirst, dass »Nie wieder darf der Jude Opfer sein« nicht die einzige Lehre aus dieser Geschichte sein kann, ja nicht einmal die bedeutendste. Und weil eben die Geschichte, die wir erzählen, und die Schlussfolgerungen, zu denen wir gelangen (wenn man von Lehren und Schlussfolgerungen überhaupt sprechen sollte), so anders sind, haben wir mit immensem Gegenwind zu kämpfen.

Das ist quasi die Gretchenfrage: Für Historiker ist der Vergleich eine Methode, mithin ein unverzichtbares Instrument, um einen analytischen Zugriff auf vergangenes Geschehen zu erhalten. Ohne Vergleiche können wir nicht (selbst, wenn wir es wollten) feststellen, ob wir es mit einem singulären Ereignis bzw. Prozess zu tun haben; auch keine allgemeinen, zusammenfassenden Urteile fällen. Wer die axiomatische Behauptung aufstellt, dass die Shoah einmalig war, impliziert damit automatisch, dass er sich irgendwann vorgenommen hat, diese Katastrophe mit anderen Katastrophen zu vergleichen, und so zum Ergebnis gekommen ist, dass die Shoah einzigartig sei. Hierzu hat unser Kollege Yehuda Bauer, der auf dem Weg des historischen Vergleichs das Fazit zog, dass die Shoah einzigartig war, sich vorsichtig geäußert: *bislang* einmalig, präzedenzlos. In der Zukunft, so Bauer, sei eine neue Shoah nicht auszuschließen. Als Historiker bemühen wir uns im Vergleichs-Diskurs hervorzuheben, dass der historische Vergleich mitnichten dazu prädestiniert sei, am Ende A gleich B zu postulieren.

Aus meiner Erfahrung habe ich gelernt, wie mühsam es ist, hierbei sachlich zu argumentieren. Es half mir noch nicht einmal, meine Kontrahenten darauf aufmerksam zu machen, dass der Vergleich auch eine talmudische Lernmethode sei (*Kal va'Chomer, Gzera Shava*); auch die Frage nicht, weshalb der Vergleich von Iranern oder Palästinensern mit NS-Deutschlands Nazis zulässig sei, nicht aber ein Vergleich mit den Nazis, wo Juden ein Vergleichsobjekt abgeben. Ausgenommen sind hier Personen wie wir. An mich adressierte Hetzbriefe setzen mich oft mit der SS gleich. Ein Parlamentsabgeordneter ging sogar so weit, mich im Radio als »Goebbels-Klon« zu bezeichnen. Ich stimme Dir zu – am schwersten ist es, mit dem Argument »Bei uns gibt es kein Auschwitz« umzugehen. Während der gegen mich geführten Gerichtsprozesse musste ich mich sehr anstrengen, die Warnung »Wehret den Anfängen« zu erklären und zu rechtfertigen.

Nicht jeder historische Ablauf, der vergleichbar ist, ist auch prädestiniert, zum gleichen bzw. extremen Endpunkt zu führen. Und doch, der Prozess, den wir beide dem Vergleich unterziehen, ist unerträglich und immens gefährlich, verlangt mithin eine prophylaktische Behandlung, auch wenn kein israelisches Auschwitz in Sicht ist. Das ist ja die dringende Aufgabe des Erziehungssystems, wie ich meine. Das T-Shirt eines Siedlers in Hebron mit der gedruckten Aufschrift »Ich kaufe nur bei Juden«, Rabbi Kahanes Gesetzentwurf gegen Geschlechtsbeziehungen zwischen Jüdinnen und Araber oder der Kampf (bis hin zur Brandstiftung) der Organisation Lehava »gegen Assimilation« (Klartext: totale Trennung zwischen Juden und Arabern) – all das schreit geradezu nach Vergleichen. Der erzieherische Effekt dieses Vergleichs dient wesentlich der Festigung aufklärerischer und liberaler Werte, die zur Grundüberzeugung aller israelischen Staatsbürger gehören sollten.

Genauso wie Du kann ich darüber nur staunen, wie jene bei uns, die eine Apartheidpolitik oder -praxis in den besetzten Gebieten betreiben, ihre Untat nicht einmal als solche wahrnehmen. Mehr noch: Sie greifen die an, die diese Untat beim Namen nennen. Wie kann man sich retroaktiv über die Schließung der Grenzen vor den aus Hitlers Europa fliehenden Juden empören – vor allem, wenn es um die Palästina-Politik der britischen Mandatsmacht geht –, dann aber so unbarmherzig mit den heutigen Flüchtlingen aus Afrika umgehen, die es nach Israel geschafft haben. Sind die Reisen von Jugendlichen oder Soldaten nach Polen, um sich aus der Nähe über das Schicksal der Juden unter der Naziherrschaft zu informieren, mit der von ihnen erwarteten Schlussfolgerung vereinbar, Juden dürften in ihrem (vermeintlichen) Abwehrkampf auch zu Maßnahmen greifen, unter denen Juden und Nichtjuden unter der Naziherrschaft gelitten haben? Mithilfe des heuchlerischen Postulats »unvergleichbar« und einzig auf Auschwitz fokussiert können die Schüler und Schülerinnen sowie andere Besucher aus Israel mit der Überzeugung zurückkehren, sie seien dort bessere Israelis geworden. Sie gehen dabei davon aus, dass die Hauptlehre aus dieser Geschichte die Parole sei: Wir werden nie wieder Opfer sein. So erhält man als Jude und Israeli freie Hand, Nichtjuden (oder Verrätern wie uns – wir wurden ja als »Judenrat« beschimpft) anzutun, was einem nur einfällt. Aber man darf ja nicht vergleichen.

Opfer und Selbstviktimisierer

Tel Aviv, 12. Oktober 2021
Zuckermann an Zimmermann

Ich möchte mich weiterhin beim Phänomen der Opfer und Selbstviktimisierer aufhalten. Wir wundern uns über die »Blindheit« der verbrecherischen Vollstrecker der Okkupationspraxis, die sich gegen ihre Kritiker immunisieren und deren Kritik gar verwerfen; über die Verblendung jener, die die Parallelen zu historischen Erscheinungen in der jüdischen Leidensgeschichte nicht sehen und auf das Postulat der Unzulässigkeit des Vergleichs insistieren; über die Stumpfheit jener Verbrecher, die resistent sind gegenüber der Einsicht, dass ihre schiere Selbstviktimisierung letztlich die Erinnerung an die historischen Opfer verrät. Aber unsere Verwunderung ist nur scheinbar arglos. Wir nehmen doch diese Phänomene nicht nur als Moralisten wahr, die sich naiv fragen: »Wie ist das möglich?« Wir wissen doch, dass das möglich ist, und verstehen auch, wie es dazu kommt, dass es möglich ist. Eine Erklärung dafür kann die des Nutzeffekts sein: Man kann von der »Blindheit« profitieren, und wenn man zwischen dem moralischen Preis und dem Profit vom unmoralischen Handeln abwägt, siegt der Profit. Ein prägnanter Ausdruck dieses Zugangs findet sich im bereits zitierten Diktum Henryk M. Broders aus dem Jahr 2003, das er zwei Jahre später in einer Variation dargeboten hat: »Es stimmt, Israel ist heute mehr Täter als Opfer. Das ist auch gut und richtig so, nachdem es die Juden fast 2000 Jahre lang mit der Rolle der ewigen Opfer versucht und dabei nur schlechte Erfahrungen gemacht haben. Täter haben meistens eine längere Lebenserwartung als Opfer und es macht mehr Spaß, Täter als Opfer zu sein.« Eine andere Erklärung liefert das Wirken der Ideologie, namentlich wenn diese völlig internalisiert wird und das Bewusstsein so sehr kolonisiert, dass sie zu einer gewollten Sinnestäuschung, einem »falschen Bewusstsein« gerinnt. Die Blindheit jener, die erzogen worden sind, blind zu sein, vor allem durch die von Louis Althusser so genannten »ideologischen

Staatsapparate«, hat sich ihnen fast schon zur zweiten Natur gebildet; und wie Du richtig bemerkst, »ist es schwer, eine sachliche Diskussion mit ihnen darüber zu führen«; ich würde dem hinzufügen: Allein schon der Versuch, eine sachliche Diskussion darüber zu führen, wird vom Träger des falschen Bewusstseins als Verletzung erlebt, als fundamentale Erschütterung seines Selbstverständnisses.

Ich möchte aber eine weitere Erklärung hinzufügen, die zwar den beiden vorangegangenen nicht widerspricht, aber es vermag, die Notwendigkeit der »Blindheit« und des Bedürfnisses, »die Dinge nicht so zu sehen, wie sie sind«, für die mit Verblendung Geschlagenen zu erläutern. Ich stütze mich dabei auf die psychoanalytische Grundannahme, dass der Versuch, Schuld zu bewältigen, oftmals zur Verdrängung der Schuldursache in die Bereiche des Un- oder Vorbewussten führt. In einem brillanten (die Freud'sche Verdrängungstheorie antizipierenden) Aphorismus formulierte es Nietzsche wie folgt: »›Das habe ich getan‹ sagt mein Gedächtnis. ›Das kann ich nicht getan haben‹ – sagt mein Stolz und bleibt unerbittlich. Endlich – gibt das Gedächtnis nach.«[31]

Ich meine, dass der Zionismus seit seinem Bestehen zwei elementare Schulderlebnisse zu bewältigen hat: zum einen den »Vatermord«, den er am »Vaterhaus« der jüdischen Lebenswelten vor dem Zionismus verübt hat. Die »Negation der Diaspora« war nicht nur ein ideologisches Zentralpostulat des politischen Zionismus, das darauf abzielte, die Lebensrealität des »verfolgten Juden« in der »qualvollen Diaspora«, gleichsam als historische Notwendigkeit, abzuschaffen; der emphatische Aufruf zur emanzipatorischen Handlung war verbunden mit dem Aufstand gegen die religiöse Autorität, die das Selbstverständnis der Juden und ihren Habitus seit Generationen bestimmte. Es gab scheinbar keinen Grund für Unbehagen wegen dieser Tat der Empörung, denn sie fand im Namen einer Idee der Befreiung und Erlösung von einer Welt der Verfolgung und Schmach statt. Aber es reicht hin, an die Debatte über den »vollen Wagen« und den »leeren Wagen« (das orthodoxe Judentum war überzeugt, im

Besitz des »vollen Wagens« zu sein und warf dem zionistisch-säkularen Judentum vor, einen »leeren Wagen« zu lenken), an die ideologische Rationalisierung einer »Rückkehr in das Land der Urväter« sowie an den Status, der den nicht- bzw. antizionistischen Juden im zionistischen Staat zugestanden wurde, zu denken, um zu begreifen, dass es sich um einen äußerst empfindlichen Punkt in der Geschichte des modernen Judentums handelt. Ich glaube, dass ein nicht geringer Anteil am Hass, den viele säkulare Juden gegen orthodoxe Juden empfinden (und äußern) auf eine Art »Rückkehr des Verdrängten« zurückzuführen ist: Es tritt ihnen etwas vor Augen, das sie bereits für überwunden hielten, und den Akt seiner (vermeintlichen) Eliminierung als vollends vergessen wähnten; sie begegnen in den orthodoxen Juden dem Bild ihres Ursprungs und ihrer Herkunft, mithin einem Teil von ihnen selbst, den sie historisch verleugnen. Und wenn die Orthodoxen erklären, dass sie beim Erklingen der Sirene am Shoah-Gedenktag nicht strammstehen, weil das kein jüdischer Gedenkakt sei, sondern ein Verhalten von Gojim, rasten die säkularen Israelis vollends aus.

Die andere Schulderfahrung, mit der sich der israelische Zionismus auseinanderzusetzen hat, betrifft das Wissen darum, dass der Staat Israel auf dem Rücken der Palästinenser gegründet worden ist, mithin »in Sünde« geboren wurde. Es versteht sich von selbst, dass eine solche Behauptung bei jüdischen Israelis automatisch eine erboste Reaktion auslöst, eine auf vielerlei historischen »Erklärungen«, »wissensbeladenen« Leugnungen und sonstigen Rationalisierungen fußende Entrüstung, die nun aber gerade bezeugt, dass in der Tiefe seines Herzens so gut wie jeder jüdische Israeli weiß, dass die Nakba tatsächlich stattgefunden hat, dass der Zionismus Verbrechen gegen die Palästinenser begangen hat und dass die »Ursünde« sich über Jahrzehnte in der barbarischen Besatzungsrealität reproduziert. Ebenso klar ist ihm, dass diese Katastrophe nicht von ungefähr so effektiv geleugnet wird, dass der »Konflikt« und die »Okkupation« von Israels politischer Tagesordnung fast völlig hinweggefegt worden ist und, wenn überhaupt, diese Themen erbärmlich wenig in den öffentlichen Medien behandelt werden. Diese Verdrängung ist eine Seite der Auseinandersetzung mit diesem fundamentalen Schuldgefühl. Die andere Seite schlägt sich in jener grotesken Umkehr der Rollen von Opfern und Tätern nieder, deren Ideologisierung die Form der Selbstviktimisierung annimmt. Das ist der Grund dafür, dass sich die Rhetorik des Konflikts entsprechend gewandelt hat: Die Protagonisten des palästinensischen Widerstands sind immer »Terroristen«, während auf der israelischen Seite stets die Soldaten einer der »moralischsten Armeen der Welt« agieren. Die Israelis werden immer »ermordet«, auch dann, wenn ein Soldat sein Leben im Rahmen einer militärischen Aktion verloren hat, wie etwa bei jenem Vorfall, als ein israelischer Scharfschütze von einem Palästinenser, der ihm einfach zuvorkam, getroffen wurde. Das Interessante an diesem Ereignis war nicht nur die Charakterisierung der Handlung des Palästinensers als »Mord«, sondern die breite öffentliche Identifizierung mit dem Soldaten-»Opfer« (es fehlte nur noch, dass er als »unser aller Kind« apostrophiert wird, wie schon oft geschehen bei vergleichbaren Situationen mit israelischen »Opfern«). Niemandem kam es in den Sinn, sich mit der Rolle des Soldaten im Rahmen seines Militärdienstes und derjenigen, die durch diese Tätigkeit zu Opfern wurden, aufzuhalten; schon gar nicht wurde der breite Kontext thematisiert, der solche Situationen von »palästinensischen Mördern« und »israelischen Opfern« hervorbringt. Ich bin, wie gesagt, der Meinung, dass diese »Blindheit« gerade daher rührt, dass nahezu jeder denkfähige Israeli weiß, wer der David und wer der Goliath im bestehenden Kräfteverhältnis zwischen Israelis und Palästinensern, wer Opfer und wer Täter ist. Den Juden Israels fällt es schwer, das zu ertragen, weil die Juden bekanntlich das Monopol auf Leiderfahrung und Kummer innehaben, aber auch, weil sich ihnen die Lösung, die der Zionismus für das Problem des historischen jüdischen Leids aufgeboten hat, zunehmend als beschämend verbrecherisch erweist und darüber hinaus keine menschenwürdige historische Perspektive mehr zu bieten vermag. Selbst, wenn man die Frage, was das zionistische Projekt ursprünglich beabsichtigte und was es für das verfolgte jüdische Kollektiv erreichen wollte, umgeht, kann kein Zweifel darüber bestehen, was aus ihm geworden ist und wofür es heute steht, nachdem es sein Ziel erlangte und einen Staat für die Juden errichtet hat.

Ich schlage vor, dass wir uns nun der politischen Gretchenfrage zuwenden und zu klären versuchen, aus welcher Einstellung zum Zionismus heraus wir unseren Dialog führen.

Jerusalem, 18. Oktober 2021
Zimmermann an Zuckermann

Ich erlaube mir einen weiteren Vergleich mit dem deutschen Opferstatus und dem Abwehrmechanismus gegen Schuld und Verantwortung für begangene Verbrechen, obgleich er für »unvorstellbar« gehalten werden mag. Mir scheint er deshalb nützlich, weil sich die Mechanismen ähneln und das Ergebnis daher nicht unerwartet kommt. Ich vollziehe den Vergleich, ohne mich mit seinem psychologischen Aspekt zu befassen; in diesem Bereich bin ich kein Experte. Und natürlich argumentiere ich auf der Basis von *mutatis mutandis*. »Ein von Feinden umkreistes Land« – dieser Slogan entspricht dem Selbstbild der Deutschen im Kaiserreich (wie bereits demjenigen Brandenburg-Preußens in den Jahrhunderten zuvor). Ganz im Gegensatz zu heute, da die Deutschen ihre Nachbarstaaten für eine Art Pufferzone halten, ja sogar für ein freundliches Schutzschild gegen von außen drohende Gefahren (wie etwa die Flüchtlinge). Damals waren sie aus deutscher Sicht alle Feinde, stets im Begriff, Deutschland anzugreifen; böse Feinde – perfides Albion, niederträchtiges Frankreich, barbarisches Russland. So gesehen konnte man Deutschland a priori nie Aggression vorwerfen. Deutschland konnte man auch nicht für die Diskriminierung von Minderheiten auf der einen oder anderen Seite der Grenze verantwortlich machen – galten sie doch als gefährliche fünfte Kolonnen.

Deutschland hat diese Tradition auch am Vorabend des Zweiten Weltkriegs perpetuiert. »Seit 5:45 Uhr wird jetzt zurückgeschossen!«, hat der Zyniker Hitler am 1. September 1939 im Rundfunk proklamiert, und seine autoritätsgläubigen Zuhörer haben ihm geglaubt. Wie auch während des gesamten Krieges, war das Dritte Reich, wenn man seiner Propagandamaschine glaubte, einzig damit befasst, auf die niederträchtigen Angriffe seiner Gegner zu reagieren: »Sie« haben zuerst angegriffen, »sie« haben die Zivilbevölkerung bombardiert, »sie« ließen Deutsche verhungern, »sie« beabsichtigten, Deutschland zu vernichten. Wenn man die Welt so wahrnimmt, gilt all das als ausreichende Rechtfertigung für die Untaten, die die Deutschen begangen hatten; und da sich von selbst anbot, »sie« alle als Handlanger der jüdischen Weltverschwörung auszumalen, konnte dieser Mechanismus perfekt funktionieren. Gemäß der inneren Logik der Propaganda von Goebbels war die Vernichtung der Juden nur eine konsequente Reaktion auf den Wunsch der Juden, Deutschland zu vernichten, wie es ein amerikanischer Jude namens Theodore N. Kaufman, den man getrost als Spinner bezeichnen kann, im Jahr 1941 in seinem Büchlein *Germany Must Perish*! verlangt hatte. Die Propagandamaschine des Dritten Reichs bediente sich der perversesten Argumente; ihren absurdesten Ausdruck fanden sie in Adolf Eichmanns Erinnerungen (im israelischen Gefängnis geschrieben), wo es hieß, die Shoah sei von den Zionisten geplant und verursacht wurde: Sie hätten Deutschland den Krieg erklärt (Hitler hatte bereits 1939 Chaim Weizmann dafür verantwortlich gemacht), Deutschland in einen Weltkrieg verwickelt und es praktisch gezwungen, die »Endlösung« als Kampfmittel einzusetzen. Das Ergebnis: Die Siegermächte hätten einer Entschädigung für die Juden zugestimmt – der Gründung eines Judenstaates. Die Zionisten hätten alles geplant und am Ende ihr Ziel erreicht. Wem diese Geschichtsinterpretation nicht einleuchtet, wird mit der Tatsache konfrontiert: Israel ist kurz nach dem Zweiten Weltkrieg gegründet worden. *Post hoc ergo propter hoc* – der wasserdichte Beweis für die Gültigkeit dieser Verschwörungstheorie.

Bei uns Israelis herrscht *mutatis mutandis* eine ähnliche Denkweise (wie ich, auch ohne von meinem Rechtsanwalt Rat einzuholen, bereits oben gesagt habe). Wenn »die anderen« die Bösewichte sind, »die anderen« den Krieg entfesseln, ist es unser gutes Recht, mit aller Kraft zurückzuschlagen. Wie gesagt, »à la guerre comme à la guerre, gelobt sei, was hart macht«; das Haager Abkommen oder die Genfer Konventionen werden dabei ignoriert, versteht sich. Kein Vorwurf, der gegen Israel erhoben wird, kann Israelis davon überzeugen, dass sie zu Tätern geworden sind. Die Fakten spielen keine Rolle, denn die Devise »Du sollst deinem Mörder zuvorkommen« (Sanhedrin 72,1), einzig sie rechtfertigt unsere Taten. So entstehen auch keine Schuldkomplexe, weder gegenüber der historischen Diaspora noch gegenüber den Palästinensern heute. Diese Auslegung der Wirklichkeit, die in die Gehirne der Aggressoren mit großer Effizienz injiziert worden ist, ist die Ursache dieser moralischen Blindheit. So bin ich denn bei Deiner Gretchenfrage angelangt: Ist das das unausweichliche Endergebnis, das in der zionistischen Ideologie bereits im Keim angelegt war, oder ein Irrweg der Zionismus, der erst im Laufe der Geschichte aufgekommen ist?

Früher habe ich die erste Möglichkeit automatisch abgelehnt. Heute bin ich mit der letzten Möglichkeit vorsichtiger geworden – auf den Irrweg gelangte der Zionismus früher, als ich bislang gedacht habe. Wie viele andere ging ich davon aus, dass die Wende mit dem Jahr 1967 kam oder 1977 (im Sechstagekrieg oder mit der Regierungsübernahme der Likud-Partei). Heute denke ich differenzierter und dialektisch. Die Keime der Wenden von 1967 bzw. 1977 finden sich in Wort und Tat viel früher in der zionistischen Bewegung, bereits zur Zeit der gemeinsamen Hegemonie der Arbeiter- und bürgerlichen Parteien im Lande. Was wir jetzt erleben, kommt also nicht aus dem Nichts. Das Buch unseres Kollegen Zeev Sternhell,

The Founding Myths of Israel, hat dies hervorragend dokumentiert.[32] Dass es einen dialektischen Weg der Umkehr vom zionistischen antirevisionistischen Lager zum revisionistischen Gedankengut gab und gibt[33] – das bewiesen exemplarisch die Karrieren der Schriftsteller Nathan Alterman und Mosche Schamir. Beide galten als Aushängeschilder des hegemonialen Arbeiterlagers, bis sie sich ab 1967 als Anhänger der »Großisrael-Bewegung« entpuppt haben. Mit anderen Worten: Sie und ihresgleichen bestritten nun das Recht der Palästinenser auf nationale Selbstbestimmung, ja selbst ihr Recht auf Leben in Erez Israel (Palästina).

Im Dialog mit dem deutschen Publikum bemühe ich mich vor allem, klarzumachen, dass der Zionismus ursprünglich eine laizistische Bewegung war, die das Judentum neu definieren, neu erfinden wollte, als Nation, nicht als Religion; eine Bewegung, die ihre Legitimation nicht in Kapitel 15 des Buches Genesis fand, sondern im Prinzip des Rechts auf nationale Selbstbestimmung. Da nach dem Ersten Weltkrieg dieses Recht als Legitimationsgrundlage zur Gründung mehrerer Nationalstaaten galt, macht der Staat Israel darin keine Ausnahme und benötigt keine zusätzliche Rechtfertigung für sein Bestehen. Auf die Frage, ob der Wurm der Religion nicht von Anfang an im Zionismus steckte, lautet meine Antwort, dass eine chirurgische Trennung zwischen der Bibel als religiöser Schrift und der biblischen Erzählung als historischer Erinnerung unmöglich ist. Wie andere moderne Nationalbewegungen seit Ende des 18. Jahrhunderts bezog sich auch der Zionismus auf die Frühphase seiner nationalen Existenz als Grundstein der kollektiven Identität. In diesem Zusammenhang hat freilich das Adjektiv »heilig« nichts verloren.

Und doch, je mehr ich mir die Frühschriften des hegemonialen, nicht revisionistischen Zionismus anschaue, desto mehr häufen sich meine Zweifel. Sosehr sich der Zionismus auch von der *Galut* (Exil, Diaspora) und der Definition des Judentums als Religion distanzierte, schlug der religiöse Spross samt seiner ethnozentrischen Ausrichtung bereits in den Anfängen tiefe Wurzeln, die dem militanten und diskriminierenden Zionismus, den wir heute so gut kennen, Nahrung gaben.

Dennoch bin ich der Meinung, dass der Zionismus als jüdische Nationalbewegung ursprünglich eher auf dem Weg war, die Sackgasse von Intoleranz, Ethnozentrismus und Rassismus zu meiden. Ich denke auch, dass die wahre Absicht hinter dem Versuch, die Kolonialismus- und Besatzungskritik voll und ganz dem Zionismus der Zeit vor der Wende von 1977 in die Schuhe zu schieben, die Diskreditierung des linken, sozialdemokratischen und liberalen Flügels der israelischen Politik war, und nicht etwa, dem Zionismus einen neuen Weg zu eröffnen. Viele Zionisten der ersten Stunde oder zumindest der Zeit nach dem Schock des Ersten Weltkriegs und des Versailler Vertrags haben sich tatsächlich vorgenommen, ein »Licht für die Gojim« zu werden. Ich meine jene, die aus der Erfahrung mit den romantischen und aggressiven Nationalbewegungen des 19. und 20. Jahrhunderts gelernt haben; sie hätten sich auch anders entwickeln können. Mit dieser Art von Zionismus könnte ich gut leben. Ich hätte auch nichts gegen die autonomistische Version des jüdischen Nationalismus,[34] nur kann ich die Tatsache nicht ignorieren, dass es der europäische Rassismus und Antisemitismus waren, die die »Lösung der Judenfrage« durch die Konzentration der Juden auf einem separaten Territorium plausibel machten. Die Vertreter der autonomistischen Bewegung wurden bekanntlich im Holocaust ermordet.

Es gibt meines Erachtens keinen immanenten Widerspruch zwischen einem jüdischen Nationalismus und einem liberalen und offenen Staat, der Israel, Judäa oder Palästina heißt. Den mit der Zeit entstandenen Widerspruch hätte man meiden können, wenn aus der europäischen Erfahrung gelernt worden wäre, besonders aus der Erfahrung der Juden in Deutschland vor ihrer Vernichtung. Dies wäre für mich die *Sine-qua-non*-Bedingung für die Annahme der Ideologie und der Praxis des Zionismus. Sonst müsste ich zum Gegner des Zionismus werden. Es ist mir klar, dass mein Zionismus nicht »ihrem« Zionismus entspricht, aber wieso sollte ich Zugeständnisse machen, wieso sollte ich »ihnen« die feindliche Übernahme dessen, was jüdischer Nationalismus heißt, gestatten? Soll ich etwa den Vorschlag gutheißen, »die Arbeit von 1948 zu Ende zu führen«, also die Vertreibung der Palästinenser? Sollen wir das für eine »adäquate zionistische Maßnahme« halten, statt das Problem der palästinensischen Flüchtlinge anzugehen? Soll diese Variante des bekannten deutschen Spruchs nach 1945 – »Wir hätten die Arbeit (die Endlösung) zu Ende führen sollen« – etwa zur praktischen Grundlage des jüdischen Nationalismus werden? Gerade weil die Vision des Propheten Jesaja (im zweiten Kapitel) für uns als »Endziel« gilt, besteht kein Grund, die historische Entität, die wir jüdische Nation nennen, nicht daran teilhaben lassen zu wollen, anstatt sie zum Stolperstein zu machen.

Darf man vergleichen?

Tel Aviv, 19. Oktober 2021
Zuckermann an Zimmermann

Ich kann Deiner Feststellung, dass die bestimmte Art der »Auslegung der Wirklichkeit, die in die Gehirne der Aggressoren mit großer Effizienz injiziert worden ist, die Ursache der moralischen Blindheit« ist, nur zustimmen. Als jemand, der einen Großteil seiner akademischen Laufbahn der Ideologie und ihrer Prägung des Bewusstseins gewidmet hat, bin ich mir über die Mechanismen im Klaren, die das falsche Bewusstsein produzieren und seinen Träger mit Blindheit schlagen. Ich widerspreche dem ganz und gar nicht, im Gegenteil. Und dennoch behaupte ich, dass sich unter dieser Bewusstseinsschicht ein menschlicher Kern verbirgt, der – gut versteckt und ohne sich der Reflexion preiszugeben – die Dinge trotz allem so sieht, wie sie sind. Himmler wusste genau, warum er die berühmten Posener Reden zur »Ermunterung« seiner Mörderbande zu halten hatte, weil er selbst bei ihr ein Element der Menschlichkeit und einen Funken der Moral voraussetzen musste, der die Leute davor zurückschrecken lassen mochte, die ihnen abgeforderten barbarischen Handlungen zu vollziehen. Er musste davon ausgehen, dass selbst sie, diese Mörder, wussten, dass sie dabei sind, Verbrechen zu begehen. »Ich vergleiche nicht«, wie wir immer wieder augenzwinkernd beteuern, aber ich glaube nicht, dass es einen Juden in Israel gibt, der nicht weiß, dass Israel ein Staat ist, der ein Okkupationsregime unterhält und als solcher Verbrecherisches in den besetzten Gebieten begeht, ein Staat, der de facto eine barbarische Realität generiert. Viele konstruieren sich bei ihrer Auseinandersetzung mit diesem Wissen religiöse wie säkulare Rationalisierungen. Nicht wenige führen eine historische Buchhaltung, etwa: Die Nazis haben uns Monströses angetan, daher sind wir »berechtigt«, aggressiv und gewalttätig gegen die Palästinenser vorzugehen. Aber darum geht es ja gerade: Weil eben alle um die Dinge, wie sie sind, wissen (oder wissen können, wenn sie nur wollen), bedürfen sie der eigenen Verblendung, der Hingabe an die ideologische Lüge und der permanenten Selbstviktimisierung. Das falsche Bewusstsein und diese Selbstviktimisierung bilden die panzerartige Maske um einen Kern, der um die Realität weiß, die schlicht unerträglich ist. Das meinte ich, als ich von einem latenten israelisch-zionistischen Schuldgefühl hinsichtlich der in (historischer) Sünde geborenen nationalen Existenz sprach.

Was den Zionismus anbelangt, unterscheidet sich meine Sicht von Deiner. Ich habe schon früher in verschiedenen Schriften behauptet, dass so, wie die Spanische Inquisition sich nicht von Jesu Bergpredigt und der stalinistische Gulag sich nicht von der Marx'schen Lehre ableiten lassen, lässt sich die israelische Realität der letzten Jahrzehnte nicht notwendig von den ursprünglichen Absichten des Zionismus, zumindest nicht von seinen Gesinnungsabsichten, ableiten. Zugleich kann man nicht leugnen, dass die strukturellen historischen Vorbedingungen des Zionismus den vom Zionismus begangenen Weg geprägt haben. Denn wenn das Territorium für den Staat sich nicht im Besitz derer befand, die den Staat errichten wollten, war es notwendig, sich dieses Territoriums – ob legal oder kriminell, auch aggressiv und gewalttätig – zu bemächtigen. Und wenn noch kein jüdisches Kollektiv zur Bevölkerung dieses Territoriums bestand, war es notwendig, es aus seinen »diasporischen Gemeinschaften zu versammeln« und es in das dafür bestimmte Land zu bringen, aber auf keinen Fall konnte deklariert werden, dass »ein Volk ohne Land in ein Land ohne Volk« einziehe. Es reicht hin, diese beiden historischen Vorbedingungen zu betrachten, um zu verstehen, warum dem Zionismus von mancher Seite eine kolonialistische Dimension bzw. eine inhärente Tendenz zur Expansion beigemessen wird. Es kann schlechterdings nicht anders sein, was immer die ursprünglichen Absichten der geistigen Väter des Zionismus gewesen sein mögen. Allein schon, dass sich der Zionismus von Anbeginn bemüßigt fühlte, die »Legitimität des begangenen Weges« unentwegt hervorzuheben, indiziert, dass er wusste, wie anormal er sich in Wahrheit entfaltet und generiert. Mehr noch: Auch wenn sein Selbstverständnis anfangs auf einem säkularen Paradigma basierte, bedurfte er von Anfang an der Religion als des einzigen ihm zur Verfügung stehenden gemeinsamen Nenners, um die höchst heterogenen Bestandteile der Judenheit in der Welt unter seiner nationalen Ägide zu einen. Die Nichttrennung von Staat und Religion war dem Zionismus, so besehen, keine Gesinnungsentscheidung, sondern eine strukturelle Notwendigkeit.

Aber meine Einstellung zum Zionismus leitet sich überhaupt von anderen Kategorien her als von den bisher angeführten abstrakten. Biografisch gesehen unterscheide ich mich von den meisten in Israel geborenen und aufgewachsenen Generationsgenossen. Ich wurde in Israel geboren, aber im zweiten Lebensjahrzehnt lebte ich in Deutschland, und als ich im Alter von zwanzig Jahren beschloss, nach Israel zurückzukehren, war das eine im Wesentlichen zionistische Entscheidung für mich. Ich war der Meinung, dass das zionistische Israel der rechte Ort für Juden sei. Aber ich erinnere mich auch, wie überrascht ich im Oktober 1970, einige Monate nach meiner Ankunft im Land, war, als ich einige Kommilitonen – mit denen ich in der Cafeteria der Fakultät für Sozialwissenschaften stand – behaupten hörte, es sei nicht nötig, die besetzten Territorien zurückzugeben, denn »die Zeit arbeite zu unseren Gunsten«. Meine Überraschung rührte vor allem daher, dass ich nicht verstand, wieso junge Menschen wie ältere, um nicht zu sagen wie alte Menschen reden. Ich war damals gerade aus einem Land gekommen, in dem die Kreise von jungen Menschen, denen ich angehörte, parolenhaft »Revolution jetzt!« forderten, während die israelischen jungen Menschen im behäbigen Tenor eines solch »alten« Langmuts redeten. Es dauerte etwas, bis ich begriff, dass sie lediglich den Worten der damaligen Premierministerin Golda Meir nachredeten, und was mir schon damals als eine unhintergehbare Notwendigkeit galt – der Rückzug aus den besetzten Gebieten –, kam meinen damaligen Altersgenossen in der Fakultät gar nicht erst in den Sinn. Gleichwohl erschütterte dies noch nicht meine zionistische Anschauung, auch nicht der Jom-Kippur-Krieg von 1973 (aus dem einige, die der Meinung waren, dass die Zeit »zu unseren Gunsten« arbeite, nicht zurückkehrten). Wirklich verabschiedet habe ich mich erst ziemlich spät vom Zionismus, während des ersten Libanonkrieges im Jahr 1982, als sich für mich herausstellte, dass »unnotwendige Kriege« (im Hebräischen *milchamot brera*) durchaus zum politischen Repertoire des Landes gehören, dass gewaltfreudige Militärs Verbrecherisches begehen und Israel so langsam aber sicher in Abgründe der Ausweglosigkeit und eine Spirale nie enden wollender Gewalt führen. Ich gehöre nicht zu denen, die den Anteil der Palästinenser am Konflikt ignorieren, aber es ist mir vollkommen klar, dass es sich um einen Territorialkonflikt handelt, und wenn man das objektive Kräfteverhältnis zwischen Israel und den Palästinensern bedenkt, obliegt die Hauptverantwortung der Förderung einer Konfliktlösung den Israelis. Daran führt nichts vorbei. Gleichwohl wird der Konflikt nicht gelöst. Warum ist dem so?

»Wenn ihr wollt, ist es kein Märchen«, war bekanntlich ein Diktum Theodor Herzls, das später zur populären Parole des politischen Zionismus avancierte. Der Wille, der ihm als notwendige Bedingung zur Verwirklichung des zionistischen Projekts insgesamt galt, bezog sich in jener Zeit auf eine utopische Geschichtszukunft, die gleichwohl auch als reale historische Möglichkeit apostrophiert wurde. Ein Graffito, das in den letzten Jahren auf Häuserwänden in Tel Aviv zu sehen ist, zeigt das Porträt Herzls mit dem beigefügten Spruch »Ihr wollt nicht – dann eben nicht«. Die hier satirisch verwendete Kategorie des Willens bezieht sich zwar auf Herzls historisches Diktum, aber sie tut es in einem sarkastischen Ton des Rückblicks aufs bereits Geschehene. Den Platz der politischen Hoffnung, die noch Herzls Begeisterungspathos beseelt hatte, nahm eine illusionslos-bedrückte (wie immer amüsierte) Erkenntnis ein. Die Bedeutung der historischen Dimension, die beiden Aussagen innewohnt, sollte nicht unterschätzt werden. Was in den Straßen Tel Avivs ausgesprochen wird, ist trotz des intertextuellen Humors der Parole nicht weniger als eine bittere historische Einsicht. Ich bin der Überzeugung, dass der Konflikt nicht gelöst wird, weil Israel an seiner Lösung gar nicht interessiert ist. Ich glaube mittlerweile, dass es nie an ihr interessiert war; und es ist kein Zufall, dass derjenige, der vielleicht den Friedensprozess wirklich voranzutreiben bereit gewesen ist, ermordet wurde – es war ein Mord, der das wenige liquidierte, woran man sich seinerzeit klammern konnte. Wenn ich das sage, stütze ich mich ganz auf Tatsachen der israelischen Realität: Seit vielen Jahrzehnten proklamiert Israel seinen Friedenswillen, aber es handelt sich dabei nur um ein ideologisch-propagandistisches Lippenbekenntnis. Das ist daran festzumachen, dass der Frieden unausweichlich an die Rückgabe der besetzten Gebiete gebunden ist, in Israel aber ein ums andere Mal Parteien gewählt und Koalitionen gebildet werden, die jegliche Aussicht auf eine solche Einigung unmöglich erscheinen lassen. Warum kommen in Israel keine Friedenskoalitionen zustande? Ich rede schon gar nicht davon, dass in letzter Zeit der Begriff »Okkupation« in Israels politischer Tagesordnung nachgerade tabuisiert worden ist. Man will ja schon nichts mehr, als »den Konflikt verwalten«. Meine Fragen verweisen auf ein Grundmuster, das den gesamten Weg Israels (und des Zionismus), insbesondere seit 1967, gekennzeichnet hat. Und man vergesse nicht: Selbst im Jahrzehnt des Oslo-Prozesses, in welchem die Chance, eine Vereinbarung mit den Palästinensern zu erlangen, am größten war, wurde das Kontingent der Siedler im Westjordanland von 100 000 auf 200 000 verdoppelt. Warum es keinen Frieden gibt? Weil Israel keinen Frieden haben will. Wollte der Zionismus jemals den Frieden? Ich sage darüber nichts Apodiktisches. Aber ich bin mir sicher, dass er ihn *heute* nicht mehr will. Und das ist der Grund, warum mich heute mit ihm nichts mehr verbindet. Zu fragen bleibt nur noch, ob der Apartheidstaat, der Israel geworden ist, das Produkt einer Reihe durch die Umstände generierter Zufälligkeiten ist oder doch eher die akkumulative Verdichtung eines dem Zionismus von Anfang an innewohnenden Musters.

Jerusalem, 26. Oktober 2021
Zimmermann an Zuckermann

Im Zusammenhang mit der Revolution, von der Du sprichst, kommt mir ein Spruch meines Mentors und Kollegen Professor Yehoshua Arieli, entschiedener Vertreter der Aufklärung in Israel, in den Sinn: »Wie in Amerika und in Europa, gab es 1968 auch in Israel eine Revolution, nur kam sie dort von links und hier von rechts.« Das erklärt die Situation, in der Du, der Rückkehrer, Dich befandst. Und ich erinnere mich an eine andere relevante Szene. Professor Samuel P. Huntington (Autor des bekannten Buches *The Clash of Civilizations; dt.: Kampf der Kulturen*), ein Freund Yehoshua Arielis, kam im Jahr 1970 zu einem Besuch an die Hebräische Universität. Es wurde ihm eine Tour in Israel organisiert, und ich, damals ein junger HiWi, sollte ihn begleiten. Huntington fragte nach meiner Meinung zu den besetzten Gebieten, und ich antwortete, dass ich von einem Modus Vivendi der Palästinenser mit der israelischen Besatzungsmacht ausgehe, dem die Palästinenser zustimmen werden.

In der Retrospektive scheint mir meine Antwort haarsträubend, denn ich vermutete bereits damals, nur drei Jahre nach Beginn der Besatzung, dass es nicht zum Rückzug aus den besetzten Gebieten kommen würde und dass die Palästinenser, die Israel erfolglos mit Terror bekämpft haben, sich irgendwie »beruhigen« werden. Es sei auch daran erinnert, dass zur Zeit meiner Aussage Mosche Levinger, der rechtsextreme Nationalist, bereits als Siedler mit seiner Entourage in Hebron wohnte. Huntington versuchte, mir zu vermitteln, weshalb ich mich irre: Im Gegensatz zu den Amerikanern, die in Vietnam ihren Einfluss von den Städten auf die Peripherie ausdehnten, um sie in ihrem Sinne zu integrieren, tat Israel nichts, um die Palästinenser für sich zu gewinnen (soweit ich mich erinnern kann, blieb die Rolle der israelischen Palästinenser in unserem Gespräch unerwähnt). Im Nachhinein erwies sich Huntingtons Prognose in beiden Richtungen als falsch: Es dauerte nur noch vier Jahre, bis die

Vietnamesen die Amerikaner aus Vietnam rausgeworfen haben, und Israel befindet sich heute, mehr als ein halbes Jahrhundert später, in einer Situation, in der die Fortsetzung der Besatzungspolitik ungefährdet ist und die meisten Palästinenser nach einem Modus Vivendi suchen, der ihnen eine halbwegs erträgliche Existenz im Schatten der Besatzung ermöglicht. Die Ironie kennt dabei keine Grenzen: Jetzt bin ich derjenige, der behauptet, dass die Palästinenser auf das Recht ihrer nationalen Selbstbestimmung nicht verzichten dürfen, welches wir Israelis für uns in Anspruch genommen haben. Meines Erachtens muss der Modus Vivendi beider Entitäten angestrebt werden, die das Prinzip der nationalen Selbstbestimmung respektieren, sich gegenseitig anerkennen und entsprechend nach einer Regelung suchen, die die Risiken des bestehenden ethnozentrischen Nationalstaates zu verringern.

Wenn wir auch in fast allen Fragen in eine ähnliche Richtung denken, gibt es ein Thema, zu dem wir eine grundlegend verschiedene Haltung haben: Du hast dem Zionismus den Rücken gekehrt, während ich noch am Zionismus hänge. Du fragtest, ob das Apartheidregime aus Gegebenheiten resultiert, die den Grundlagen des ursprünglichen Zionismus widersprechen, oder lediglich die Verfestigung von Elementen darstellt, die es früher schon gegeben hat. Ich schließe mich der Frage an und tendiere im Endeffekt, im Gegensatz zu Dir, zur zweiten Möglichkeit. Die Vorbedingungen waren bereits vorhanden. Nur gilt diese Dialektik auch für viele anderen Ideologien. Es geht um die Dosierung, um eine langwährende Konkurrenz innerhalb des Zionismus und um die ideologische Deutungshoheit. Als Schüler von Jacob Talmon weiß ich, dass aus den Quellen der Französischen Revolution sowohl die liberale Demokratie als auch die totalitäre Demokratie hervorgingen. Beide beziehen sich auf Wurzeln, die bis zur *Erklärung der Menschen- und Bürgerrechte* reichen. In Frankreich konnten sich nach der Revolution sowohl der Bonapartismus als auch der Boulangismus entwickeln. Auf uns bezogen heißt das: Aus dem Potenzial des jüdischen Nationalismus, des

Zionismus, musste der Weg nicht zwangsläufig in Richtung Apartheid führen, sondern es war auch die Gegenrichtung möglich. Der Brit Shalom (Friedensbund) und die Jugendorganisation Hashomer Hatzair, die sich für den binationalen Staat eingesetzt haben, waren nicht minder natürliche Erzeugnisse des Zionismus als die Siedlerbewegung Gush Emunim oder die bereits erwähnte rassistische Gruppe Lehava. Es sind die gesellschaftlichen Gegebenheiten, die der einen oder anderen ideologischen Richtung den relativen Vorteil verschaffen. Zu unserem gemeinsamen Bedauern befindet sich eher Lehava auf dem Siegeszug. Hätten wir aber den Krieg im Jahr 1967 nicht begonnen, hätte der Gang der Dinge ein ganz anderer gewesen sein können (auch für die nichtjüdische Minderheit in Israel).

Ich habe eine Schwäche für virtuelle Geschichte: Nehmen wir an, es wäre nicht zum 1967er-Krieg[35] gekommen (ich behaupte, dass auch dieser Krieg nicht unausweichlich war, hebräisch: *Ein-Brera-*Krieg) – was wäre dann geworden? Hätte der religiös-messianische Trend einen so militanten Charakter erhalten, wie wir ihn heute kennen? Ich selbst bin im nationalreligiösen Milieu aufgewachsen und erzogen worden. Wir befanden uns damals in der Defensive gegen die selbstbewusste, dominante säkulare Mehrheit. Erst im Nachhinein wurde mir klar, dass es der Minderheit, der ich angehörte, ohne die Eroberung des Westjordanlands nicht gelungen wäre, von der Defensive in die Offensive überzugehen und dann noch politische Tonangeberin zu werden.

Mehr noch: Hätte sich der Säkularisierungsprozess bei den jüdischen Einwanderern aus den islamischen Staaten nicht beschleunigt, wenn der 1967er-Krieg nicht den Drang nach biblischer Romantik entfesselt hätte? Auch diese Frage bleibt offen. Und ja, ich gehe wieder zum Vergleich mit dem deutschen Nationalismus über: War dort der Sieg des romantischen Nationalismus über den liberalen Nationalismus prädeterminiert? Musste die Vorstellung von der oben erwähnten »Einkreisung« zwangsläufig die Vorstellung von Nachbarstaaten als Freunden, sogar als »Schutzschicht«, verdrängen? Schauen wir uns nur den Vergleich des Kaiserreichs mit der Bundesrepublik nach 1990 an. All das führt uns zu der Schlussfolgerung, dass, obwohl der Kolonialismus zu den Wurzeln des Zionismus gehört und obwohl ein bestimmtes Maß an Rassismus den neuen jüdischen Nationalismus *ab ovo* kennzeichnete, eine alternative Lösung der »Palästinafrage« möglich gewesen wäre, alternativ zu dem Weg, der nach dem 1967-Krieg und der Wende von 1977 angestrebt und begangen wurde. So gesehen, kann man Zionist bleiben und über die Elemente im Zionismus nachdenken, die zur Überwindung des Konflikts im Geiste der Aufklärung und der Revolutionen des 18. Jahrhunderts führen könnten.

Mit der Frage, die Du stellst – wieso der unendlich lange Konflikt nicht beendet wird und wie es kommt, dass alle den Frieden wollen, aber er immer mehr in die Ferne rückt –, habe ich mich seit Langem auch schriftlich befasst. Du kennst selbstverständlich die, die davon ausgehen, dass wir zu einem ewigen Konflikt verdammt seien und allein die Araber die Schuld dafür trügen. Punkt. Dass sie von Beginn an unser Recht auf dieses Land nicht anerkannt hätten. Ausrufezeichen. Wundern kann man sich über diese Haltung nicht. Steht nicht in der *Pessach Haggada* der Satz: »In jeder Generation steht man gegen uns auf, um uns zu vernichten. Doch der Heilige, gesegnet sei Er, rettet uns aus ihrer Hand.« Auch unsere Generation, die über eine starke Armee und über die Atomwaffe verfügt, ist immer noch das ultimative Opfer. Wir bleiben Opfer!

Hier gehe ich einen Schritt weiter als Du: Die Mehrheit der Bevölkerung gesteht das Unrecht nicht ein – diese Haltung ist falsch, aber integer, ohne Bedürfnis, darüber nachzudenken, weshalb man meint, dass das verübte Unrecht in Wahrheit kein Unrecht sei, sondern die adäquate Antwort auf jenes Unrecht, das man ihr zuvor angetan hat oder antun will. Man mag das Unrecht sogar zugeben, aber dann nur als absolute Ausnahme, die man leicht relativieren darf. Die Mitglieder des Fanklubs des Fußballvereins Beitar aus Jerusalem, die sich »La Familia« nennen, sind kein exotisches Phänomen – sie artikulieren auf extreme Art eine Denkweise, die der Mehrheit in Israel eigen ist (inklusive vieler aus der sogenannten Linken). Ihre Vorstellung vom Frieden ist nicht der Frieden zwischen zwei ebenbürtigen Nationalkollektiven, auch nicht ein Frieden, der auf Respekt gegenüber den nichtjüdischen Menschen des anderen Kollektivs beruht, sondern den »Frieden über Israel«, der ethnozentrisch durchwirkt ist und wenig mit dem zweiten Kapitel in Jesaja gemein hat.

Darüber hinaus ist der Frieden, von dem Du, ich und etliche Gojim sprechen, für die Mehrheit der israelischen Bevölkerung beängstigend. Vor etwa zwölf Jahren habe ich ein Büchlein veröffentlicht, *Die Angst vor dem Frieden*, das Deine Frage zu beantworten versucht. Lassen wir zunächst die große internationale Herausforderung für den Frieden, den Kalten Krieg, beiseite und fangen mit der Madrider Konferenz von 1991 und dem Osloer Abkommen von 1993 an. Meines Erachtens ist die Antwort: Israel hat mehr Angst vor dem Frieden als vor dem Kriegszustand. Genauso wie Du kann ich die Fehler, den Fanatismus und die Dummheit auf der arabisch-palästinensischen Seite nicht ignorieren, aber auch diese wären nicht gravierend gewesen, wenn Israel nicht Angst vor dem Frieden hätte. Israels Politik nach dem Krieg von 1967 und erst recht nach dem Friedensvertrag mit Ägypten von 1979 (den ein Araber, Präsident Sadat, in die Wege leitete, unterstützt von Menachem Begin) bestätigt diese Einschätzung in aller Klarheit. Die Israelis haben sich an den Krieg, oder besser: an den Zustand von »Weder-Krieg-noch-Frieden«, mit den Palästinensern gewöhnt und haben Wege gefunden, diese Situation erfolgreich zu meistern.

Wir sind stolz auf unsere Politik der »Undurchschaubarkeit«, was unsere atomare Bewaffnung betrifft. Doch die Undurchschaubarkeit der Lösung der Palästinafrage ist noch größer und innen- wie außenpolitisch viel wichtiger. Einerseits hält man die Rückgabe von Territorien des »Heimatlandes« für Hochverrat (das Beispiel der im Jahr 2005 geräumten jüdischen Siedlungen beim Rückzug aus dem Gazastreifen wird zunehmend als »Mahnung« instrumentalisiert).

Andererseits ist man sich (wie es sich gegen Ende der Trump-Ära herausstellte) darüber im Klaren, dass eine formelle Annexion (wie etwa seinerzeit bei der Teilung Polens) sich für die israelische Demokratie als bedrohliche Herausforderung erweisen werde, und zwar wegen der absurden Floskel »jüdischer Staat«: Es wird nach der Annexion keine jüdische Mehrheit mehr im Staat Israel geben können. Die Angst vor dem Frieden in beiden Fällen – Verzicht auf ein von Juden besiedeltes Territorium oder die Annexion des Westjordanlandes – führt also zu einer vermeintlichen Status-quo-Strategie, hinter der sich die Taktik der schleichenden Annexion verbirgt, die erst dann endet, wenn der demokratische Überbau für die internationalen Beziehungen des Landes irrelevant wird. Kein Wunder also, dass man nicht nach dem strebt, was in der Regel Frieden heißt.

Hier macht der Vergleich mit Deutschland einen großen Unterschied deutlich. Deutschland, so wie wir Historiker es kennen, war immer darauf bedacht, Probleme »*so* oder *so*« zu lösen. Der Krieg war immer zu aufwendig (besonders, wenn es um Weltkriege ging); deswegen musste stets eine Lösung her, etwas, was *nach* dem Krieg bewerkstelligt wird. Man überlegte sich den Unterschied zwischen »Zwischenlösung« und »Endlösung« (damit meine ich selbstverständlich nicht, dass das Streben nach »Endlösungen« prinzipiell besser ist). Bei uns ist der Preis für den Kriegszustand verhältnismäßig niedrig (eine Lehre aus dem Jom-Kippur-Krieg – der »billigere« Krieg ist vorzuziehen), während der Preis des Friedens für zu teuer gehalten wird: der Verlust an Territorium, an Herrschaft, an Abschreckung etc. Deshalb scheint der Friedenszustand bedrohlicher als der Zustand der »Undurchschaubarkeit« zu sein, der den Rahmen für das »Management« des Konflikts absteckt.

Ein Präzedenzfall für eine gescheiterte »Weder-Krieg-noch-Frieden«-Politik ist mir aus der Geschichte bekannt: die Politik der Bolschewiki nach der Oktoberrevolution von 1917. Nur war es damals die Politik der Schwachen, Russlands, nicht Deutschlands. Bis zum

Friedensvertrag von Brest-Litowsk dauerte es nur eine kurze Zeit, zum einen, weil Deutschland übermächtig war, zum anderen, weil die schwächere Macht es vorgezogen hat, vorübergehend auf Territorium zu verzichten, um die bolschewistische Revolution stabilisieren zu können. Mit unserem Fall ist das nicht zu vergleichen. Deswegen dauert dieser Zustand in unserer Region bereits ein halbes Jahrhundert und könnte noch sehr lange fortdauern.

Hinzu kommt noch: Der »Weder-Krieg-noch-Frieden«-Zustand ist ideal, um uns den Status des ewigen (auch potenziellen) Opfers zu garantieren. Diese Methode hat Erfolg: Während der Netanjahu-Ära hat es Israel geschafft, die potenzielle nukleare Bedrohung durch den Iran in einen Hebel für den Opferzustand zu verwandeln, zugleich aber auch die Palästina-Frage zu marginalisieren. Zwei Fliegen mit einer Klappe also.

Zionist und Nichtzionist

Tel Aviv, 28. Oktober 2021
Zuckermann an Zimmermann

Wie Du habe auch ich in der Vergangenheit über Themen, die wir in unserem Dialog erörtern, geforscht und publiziert. Wir sind uns mehr oder minder einig über den Hergang der Dinge und ihre Entwicklung bis zum gegenwärtigen Zustand; auch über dessen Diagnose herrschen zwischen uns keine wesentlichen Meinungsverschiedenheiten. Aber Du ziehst aus ihr eine andere Schlussfolgerung als ich, was den Zionismus anbelangt: Du hältst weiterhin am zionistischen Paradigma fest, wohingegen ich mich von ihm losgelöst habe. Ich muss da etwas über meine Position klären: Ich war nie Antizionist, also jemand, der der Auffassung anhängt, dass der Zionismus – ob aus religiösen oder säkular-ideologischen Gründen – gar nicht hätte in die Welt kommen sollen; ich habe ja bereits erwähnt, dass, als ich 1970 (nach einem Jahrzehnt der Abwesenheit) nach Israel zurückkehrte, dies aus dezidiert zionistischen Gründen geschah. Heute bin ich kein Zionist mehr, weil mir klar geworden ist, dass der Weg, den das zionistische Israel, in das ich, wie gesagt, als Zionist remigrierte, beschritten hat, ein schlechter, ein verbrecherischer und abstoßender Weg ist. Über das melancholische Gefühl hinaus, das mich zunehmend erfasst bei der Erkenntnis, dass ich die letzte Phase meines Lebens in einem Land zubringe, das sich beschleunigt faschisiert, einem Land, das von einem staatlichen Rassismus wie auch von einem grassierenden Alltagsrassismus durchwirkt ist, den nur noch die wenigsten Bürger dieses Staates zu bekämpfen bereit sind, einem Land, das es seit seinem Bestehen nicht geschafft hat, seine ethnischen, klassenmäßigen, politischen und ideologischen Konflikte und Zerrissenheiten zu bewältigen, und über die sich anhaltend verdichtende Überzeugung hinaus, dass es keinen Weg zurück mehr gibt von dem, was sich hier vor meinen Augen ereignet, bin ich vom erniedrigenden Gefühl beherrscht, besiegt worden zu sein, dem Gefühl, dass alles, wofür ich jahrzehntelang stand und gekämpft habe, eine erschütternde Niederlage erlitten hat. Ich bin an den (auch biografisch-moralischen) Punkt gelangt, an dem ich mir selbst ohne Zögern sage, dass ein anständiger Mensch nicht mehr Zionist sein kann, wenn Zionismus das ist, was sich im Staate Israel in den Jahrzehnten seines Bestehens, besonders ab 1967, verwirklicht hat.

Dagegen stellst Du fest, dass die historische Entwicklung des Zionismus nicht zwangsläufig so hätte verlaufen müssen, der Zionismus also in seinen Anfängen auch andere ideologische Ansätze und alternative Potenziale enthalten habe. Als historische Parallele dazu erwähnst Du Jacob Talmons These über die beiden parallelen Wege, die die europäische Demokratie beschritten hat, als sie sich, von Rousseaus Denken ausgehend, aufspaltete und sich einerseits zur liberalen Demokratie (im kapitalistischen Westen), andererseits aber zur totalitären Demokratie (im bolschewistisch-stalinistischen Osten) entwickelte. Ich habe schon immer behauptet, dass die Darstellung der Dinge bei Talmon insofern defizitär sei, als er sich primär der Ideengeschichte verschrieben hat, gewaltige Sprünge von einem Denker zum anderen vollführend, ohne die für die Entfaltung der Demokratie erforderliche Sozialgeschichte mitzudenken. Er hatte gute Gründe dafür; sein Buch *Die Geschichte der totalitären Demokratie*, das 1952 erschien, wurde zur Zeit des Kalten Krieges geschrieben, und man darf es als eine ideologische Schrift deuten, die sich gegen die marxistische Geschichtsschreibung der Französischen Revolution insgesamt richtete, eine Geschichtsschreibung, die immerhin Forscher von der Größenordnung Albert Mathiez', Georges Lefèbvres und Albert Sobouls (um nur einige zu nennen) hervorgebracht hat. So besehen, erwies sich das Buch Talmons als Inkarnation des Zeitgeistes; man kann es vor allem als eine der polemischen Manifestationen der »westlichen« Ideologie im Kampf gegen die Vorstellung von der sozialistischen Demokratie (und nicht nur gegen die des Stalinismus) verstehen.

Aber das ist nur eine Nebenbemerkung. Die Parallele zu Talmons These stimmt meines Erachtens auch deshalb nicht, weil selbst dann, wenn man seinen Grundgedanken akzeptiert, sich doch behaupten lässt, dass die Demokratie in Europa immerhin zwei ideologische Paradigmata hervorgebracht hat, die sich realiter als zwei entgegengesetzte Möglichkeiten (aus ein und derselben historischen Ursprungsidee) verwirklicht haben: So wie sich die liberal-kapitalistische Demokratie entfaltet und realisiert hat, so etablierte sich auch die totalitäre Demokratie als eine reale kollektiv-politische Praxis, die sich über Jahrzehnte erhalten hat. Lässt sich das aber auch vom Zionismus behaupten? Der oppositionell-ideologische Weg, den Brit Shalom von Anbeginn beschritten hat, war und blieb doch randständig, so beeindruckend mutig sich diese Vereinigung auch positionierte. Und ich sage das nicht nur im Hinblick auf ihre tiefe Einsicht, dass im (künftigen) Territorium des Staates zwei Kollektive leben, die einen Anspruch auf das Land erheben, sondern auch mit Bezug auf die imposante Position eines Teils ihrer Mitglieder gegenüber dem Eichmann-Prozess in Israel (eine Position, die übrigens auch Max Horkheimer teilte und der er in einem Brief Ausdruck verlieh). Diese Auffassungen beeindruckten durch ihre Entschlossenheit und den sie beseelenden Geist der Aufklärung, aber sie blieben marginal im zionistischen Diskurs, nicht mehr als ein wie immer beherzter oppositioneller Protest. Können wir allen Ernstes behaupten, dass die sozialistische Option jemals eine wirkliche Alternative zum sozialökonomischen (und in der Tat auch ideologischen) Weg, den der israelische Zionismus von Anfang an beschritt, darstellte? Es war doch kein anderer als Ben-Gurion, der zu einem bestimmten Zeitpunkt proklamierte, dass die Ära der sozialen Experimente an ihr Ende gelangt sei und dass es nunmehr gelte, die großen Einwanderungswellen der 1950er Jahre *(Alija)* aufzunehmen und zu integrieren, und zwar auch von den Kibbuzim. Zeev Sternhell hat dies idealtypisch als die allgemeine Ausrichtung des Zionismus dargestellt. Heute sind wir Zeugen des Untergangs der Kibbuz-Bewegung. Doch auch davor stellte sie für Israel keine wirkliche Option dar, wenn sie auch Jahrzehnte lang von der Arbeitspartei (und Mapai vorher) geduldet wurde, da Israel sich schon zu Beginn der 1950er Jahre im Rahmen der globalen Blockpolitik nach dem Zweiten Weltkrieg dem westlichen Block anschloss; ab einem bestimmten Zeitpunkt stellte die Kibbuz-Bewegung nur noch ein politisch-elektorales »Kapital« der Mutterpartei dar (dessen Tage gezählt waren, wie die der sozialdemokratischen Option in Israel insgesamt).

In diesem Sinn frage ich mich, was an diesem Zionismus, wie er nun mal heute ist, in Dir die Hoffnung auf eine liberal-demokratische nationale Erneuerung wecken kann; was am heutigen Zionismus dazu imstande wäre, die barbarische Realität der Okkupationspolitik, des Raubs, der Unterdrückung und den sich zunehmend manifestierenden Apartheidstaat zu überwinden – den Apartheidstaat, von dem ich behaupte, dass kein anständiger Mensch ihn haben will, geschweige denn unterstützen kann. Du merkst, ich rede nicht in abstrakt-hypothetischen historiosophischen Kategorien, denen zufolge sich aus der Möglichkeit, dass sich die Dinge hätten anders entwickeln können, sich die reale Genese einer alternativen Wirklichkeit ableiten lasse. Als alter Marxist weigere ich mich stets, über die Realität einer sozialistischen Revolution zu sprechen, solange ich in der Realität keine revolutionäre Situation (im Marx´schen Sinne) erkenne, schon gar nicht ein historisch reales Kollektivsubjekt, das die Revolution zu verwirklichen imstande wäre (auch das wieder im Marx´schen Sinne). Ich sehe dies als eine realistische Diagnose der bestehenden Wirklichkeit an, ohne dass ich deshalb meine Insistenz auf die zentralen Koordinaten der Marx'schen Auffassung des menschlich-gesellschaftlich-historischen Seins aufgeben müsste. Der Kapitalismus ist voll von sich ständig potenzierenden strukturellen Krisen, und wie jede andere Produktionsweise in der Geschichte wird auch er irgendwann an sein historisches Ende gelangen (nicht mehr in meiner Lebenszeit, das weiß ich). Aber meinst Du, dass sich etwas Ähnliches vom Zionismus behaupten lässt?

Und noch eine abschließende Bemerkung über das Problem der Angst, das Du aufbringst. Mich interessierte daran vor allem die Ideologisierung der Angst in der politischen Kultur Israels. Ich ignoriere mitnichten, dass die Angst reale historische Wurzeln hat – das Trauma der Shoah war real und ihre Residuen sind noch immer wirkmächtig. Aber für unser Anliegen, das bestrebt ist, die israelische Realität (in ihren deutschen und palästinensischen Zusammenhängen) zu analysieren, scheint es mir die Verwandlung der Angst in eine Ideologie und ihre Verwendung als Fetisch zentral, also die Instrumentalisierung der Angst als solcher. Das Ergebnis dieser ideologischen Fetischisierung findet seinen Ausdruck nicht nur in der makabren Vertauschung der Kategorien von Opfer und Täter, die wir erörtert haben, sondern auch in der kollektiven Blindheit gegenüber der historisch-politischen Realität, in der wir leben.

Jerusalem, 8. November 2021
Zimmermann an Zuckermann

Deine Bemerkung, dass »ein anständiger Mensch nicht mehr Zionist sein kann«, die Du freilich an die Bedingung knüpfst, den Zionismus als dasjenige zu definieren, was sich verwirklicht hat, finde ich äußerst bedrückend. Ich selbst habe ja auch eine Bedingung gestellt, nämlich: nur wenn Zionismus das ist, was die aufgeklärten Zionisten vor der Staatsgründung verwirklichen wollten. Ich aber gehe (anders als Du) davon aus, dass diese Ideale auch heute noch umsetzbar sind. Als realistischer Beobachter ist mir gleichwohl klar, dass diese Alternative unter den heutigen Umständen nur eine geringe Chance hat. Auch hier schafft unser Vergleich mit der deutschen Geschichte ein nur noch größeres Gefühl der Bedrückung.

Zum einen: Klingt der Satz »Zionismus ist eine gute Idee, die schlecht realisiert wurde« nicht irgendwie bekannt? Dies ist ja eine der sich wiederholenden Fragen in Meinungsumfragen in Deutschland seit 1945 zum Thema Nationalsozialismus: War die Idee ursprünglich in Ordnung, nur schlecht umgesetzt (eigentlich: War der Nationalsozialismus akzeptabel, solange er uns nicht in einem Krieg verwickelte?). Nun ist im deutschen Fall die Antwort eindeutig: Die Idee war von Anfang an schlecht. Gilt das auch für die zionistische Idee? Meines Erachtens nicht. Zum anderen: Wenn es um Anstand geht, erinnere ich mich assoziativ (*mutatis mutandis* hoch zwei) an Himmlers Posener Rede und sein Diktum vom »Anständig-geblieben-sein«. Kriminelle begreifen manchmal nicht, was unmoralisch ist. Wegen dieser beiden Assoziationen kann ich dem Hadern mit Deiner Bemerkung nicht ausweichen.

Da meine Haltung auf der Annahme beruht, dass Nationalismus sich auch aufgeklärt vollziehen kann, und ich auch die nationale Selbstbestimmung der Palästinenser respektiere, scheint es mir, dass ich eine gerechte und anständige Haltung vertrete. Doch liegt die eigentliche Ursünde vielleicht in meiner schieren Bereitschaft, den Nationalismus, mithin die nationale Selbstbestimmung, überhaupt als Option in Erwägung zu ziehen. Sollte ich diese Prinzipien vielleicht grundsätzlich verwerfen? Nach dem Fall der Mauer 1989 habe ich tatsächlich gedacht, dass wir uns in einer transnationalen Ära befinden, in der der Staat, und eben auch der Nationalstaat, im Wettbewerb mit der Globalisierung und ihrem Schwerpunkt auf der internationalen Gemeinschaft, seine Bedeutung verliert und auch der Zionismus Teil dieser Tendenz sein wird. Doch die Entwicklungen seit den 1990er Jahren, und ganz deutlich seit Ausbruch der Corona-Pandemie, haben gezeigt, dass der uns leider nur zu gut bekannte Nationalstaat eine Renaissance erlebt und deshalb nicht einfach ignoriert werden sollte. Das ist der praktische Grund dafür, die Nationalfrage nicht aus dem politischen Diskurs im Nahen Osten auszuklammern.

Ich habe mich gegenüber Fichtes pompöser Behauptung in den *Reden an die deutsche Nation*, die Nation sei das Bindeglied zwischen dem Individuum und der Welt, zwischen Gegenwart und Ewigkeit, kritisch verhalten. Und erst recht hundert Jahre und mehr nach

Fichtes Reden. Doch gerade jetzt erweisen sich das nationale Kollektiv und die Staatsgrenzen als brauchbarer Horizont. Diesen Rahmen und Horizont ziehe ich jedenfalls dem religiösen vor, der sowohl die israelische als auch die anderen Gesellschaften im Nahen Osten ernstlich gefährdet. Ich, anständiger Weltbürger, akzeptiere also auch jetzt die nationale Selbstbestimmung als gerechtes und effizientes Sozialisationsprinzip. Und so bemühe ich mich weiterhin um einen gerechten, kompromissbereiten und anständigen jüdischen bzw. israelischen Nationalismus und hoffe, die Bemühung darum werde sich lohnen, wenn auch die Chancen dafür eher gering sind.

Ich stimme Dir zu: Die Teilnahme an der Diskussion um den Totalitarismus – egal, ob es um Jacob Talmon, Zbigniew Brzeziński oder Hannah Arendt geht – bedeutet quasi automatisch eine Positionierung im Rahmen des Kalten Krieges. Mein Mentor Jacob Talmon war ohne Zweifel ein Befürworter der westlichen Demokratie im Kampf gegen die Ostversion von Demokratie. Ich gebe zu, dass auch diese antikommunistische Haltung dabei half, die gefährliche Entwicklung des israelischen Nationalismus dorthin zu treiben, wo wir nun stehen. Nicht nur war der Stolz des israelischen Sozialismus, die Kibbuzim, nicht mehr als eine sozialistische Enklave im kapitalistischen Gesamtsystem, sie wurden sogar zur Speerspitze des israelischen Militarismus und der Besatzungsideologie lange vor der Wende 1977. Doch eben weil der Kalte Krieg 1990 vorbei war, und somit auch die damit verbundenen Zwänge, öffnete sich, mindestens theoretisch, der Weg einer Alternative innerhalb des Zionismus, die es mir noch erlaubt, mich Zionist zu nennen.

Mehr noch: Wir müssen verstehen, dass das Wortspiel von »Kapitalismus« und »Sozialismus« sich inhaltlich radikal geändert hat. Sogar seine traditionelle Bedeutung ist verloren gegangen. Ich gebe zu: Das große Aufatmen nach dem Ende des Kalten Krieges führte spätestens ab dem 11. September 2001 in Richtung eines *clash of civilizations*, in dem die monotheistischen Religionen eine entscheidende, verheerende Rolle spielen. Mit anderen Worten: Kaum war nach dem »Ende der Geschichte« ein Jahrzehnt vergangen, schon waren die Bedingungen für die Existenz eines aufgeklärten, liberalen Nationalismus beseitigt. Die Frage ist, auf wie viele Neuanfänge man hoffen soll, um der von mir bevorzugten Alternative eine Perspektive zu verschaffen?

In diesen Zusammenhang gehört auch die Opferpose vor dem Hintergrund der Shoah. Israel betrachtete sich selbst von Anfang an – das artikuliert sich schon in der israelischen Unabhängigkeitserklärung – nicht nur als ultimative Alternative zur »Endlösung«, sondern auch als eine emanzipatorische Lösung. Israel gab sich als Kämpferin gegen die neuen Nazis – sprich: gegen Araber und Kommunisten – und machte so den auf der Shoah-Erinnerung fundierten Zionismus zur Schachfigur im Kalten Krieg. Als der Kalte Krieg zu Ende ging, war eine neue Denkweise möglich, denn der Kommunismus war besiegt, die palästinensische und die arabische Gefahr (zwischen der Madrider Konferenz 1991 und dem Osloer Abkommen 1993) abgeschwächt und die Shoah-Erinnerung übernahm weitgehend einen universalistischen Ton.

Doch der Wurm war schon drin, wie Du in Deinem Buch *Shoah be'cheder ha'atum* gezeigt hast und wie dem politischen Diskurs in Israel seither zu entnehmen ist. Die Geschichte der Shoah ist mehr als je zuvor zum Grundelement der zionistischen Opferpose geronnen. Israel, selbst in Besitz von Atomwaffen, macht aus der iranischen Absicht, die Atombombe selbst zu entwickeln, eine existenzielle Frage, das Drohen einer neuen Shoah, und instrumentalisiert dies zur Rechtfertigung von Attacken auf alles, was sich der israelisch-jüdischen Nation entgegenstellt, einschließlich des israelisch-palästinensischen Dialogs, der 1993–95 eine kurze Blütezeit erlebte.

Da nun im Namen des Zionismus Verhandlungen mit den Palästinensern die Legitimität abgesprochen wurde und NGOs, die sich für Menschenrechte einsetzen, Terroristen-Helfer oder trojanische Pferde genannt werden, kann es keinen Zweifel mehr geben: Der Weg zur von mir bevorzugten Alternative ist blockiert. Da kehren wir zurück zur Grundsatzfrage: Wie viele Neuanfänge brauchen wir, um die Wende doch noch zu schaffen? Mit der Shoah als Vorwand für israelische Untaten und angesichts des hartnäckigen Versuchs, Kritik an der israelischen Politik als Antisemitismus zu verunglimpfen, ist eine Wende um 180 Grad eher unwahrscheinlich. Dies umso mehr, als der Einfluss unserer Gesinnungsgenossen minimal, oft sogar kontraproduktiv ist. So gehöre ich mit meiner hartnäckigen Hoffnung auf eine Wende vielleicht doch zu den Unanständigen. Das ist für mich selbstverständlich eine wenig erfreuliche Nachricht.

Wie nun weiter?

Tel Aviv, 12. November 2021
Zuckermann an Zimmermann

Zunächst, damit kein Missverständnis entsteht: Nicht nur Du, auch ich habe meine Not mit der von mir getroffenen Feststellung, auf die Du Dich beziehst. Ich betone das erneut im Hinblick auf meine biografische Entwicklung: Nachdem ich mein zweites Lebensjahrzehnt in Deutschland verbracht hatte, kehrte ich 1970 nach Israel zurück, primär aus zionistischen Gründen. Ich war also zu keinem Zeitpunkt meines Lebens *Anti*zionist im Sinne ultraorthodoxer Juden oder bundistischer Kommunisten; ich wurde zum *Nicht*zionisten, trennte mich also von meiner zionistischen Gesinnung angesichts dessen, was sich im zionistischen Israel praktisch verwirklichte. Und wenn wir schon von der Biografie reden, kann ich nicht leugnen, dass ich von den bisherigen 72 Jahren meines Lebens sechzig in Israel gelebt habe, obwohl ich (und ich vermute, Du auch) andere Möglichkeiten hatte. Ein gemeinsamer Kollege von uns fragte mich 1987, dem Todesjahr meiner Mutter, wo wir sie begraben wollen, und als ich antwortete, dass wir sie (entsprechend dem von meinen Eltern von vornherein gefassten Beschluss) in Israel begraben werden, machte er mich darauf aufmerksam, dass ich damit wahrscheinlich auch indiziere, wo ich werde leben wollen. Da ist vielleicht etwas daran.

Aber die sich hier stellende Frage ist prinzipiellen Charakters und gewissermaßen abstrakter als ihre privaten-persönlichen Aspekte. Zum einen (auch dies sei wieder hervorgehoben) meine ich in der Tat, dass die Shoah – ungeachtet aller historiosophischen Fragen zu Beginn des Zionismus – die Kriterien zur Beurteilung der jüdischen Lage nach der Katastrophe verändert hat. Es bestand zwar keine objektive Notwendigkeit, einen Staat für die Juden nach der Shoah zu gründen, aber bei vielen Juden erwies sich das drängende Bedürfnis nach einer Staatsgründung als wirkmächtig: Es bestand ein nicht abstraktes (ja nicht einmal ideologisches) kollektives Gefühl, dass es angesichts der jüngst erfahrenen existenziellen Bedrohung jüdischen Lebens notwendig sei, eine »sichere Zufluchtsstätte« zu errichten. Es war, glaube ich, Anita Shapira, die von einem »spontanen Zionismus« sprach, der viele der in Israel angekommenen Überlebenden beseele. Wenn ich mich recht entsinne, behauptete sie sogar, dass die Überlebenden in einer Umgebung von »jiddischen pejnemlech« (jüdischen Gesichtchen) leben wollten. Das ist vermutlich richtig. Es sei gleichwohl angemerkt, dass die in Israel (bzw. Palästina) Geborenen jene »jiddischen pejnemlech« mit der Arroganz des »neuen Juden« empfangen haben, als sie diese »wie Vieh zur Schlachtbank« Geführten, diesen »schändlichen Anblick des Diasporischen« zu Gesicht bekamen. Das war kein freundlicher Empfang. Und als nach einigen Jahren etwas dunklere »jiddische pejnemlech« nach Israel zu kommen begannen, stellte sich bald heraus, dass so manche Shoah-Überlebende wählerisch waren hinsichtlich der »jiddischen pejnemlech«, in deren Umgebung sie zu leben bereit waren. »Jiddische pejnemlech« als Objekt der Sehnsucht, »jiddische pejnemlech« als Ideologie und »jiddische pejnemlech« als manifeste Lebensrealität erwiesen sich als recht unterschiedlich voneinander.

Zum anderen kommt man am komplexen Problem der Relation von Eichel und Eiche nicht vorbei. Ich gehe davon aus, dass wir als Historiker keinem radikalen Determinismus das Wort reden, demzufolge die zionistische Eichel nicht anders als zum Erblühen der rassistisch-apartheidistischen Eiche führen konnte, über die wir uns beide entsetzen. Bei den beiden Hauptrichtungen, die die Shoah-Geschichtsschreibung vor einigen Jahrzehnten dominierten – die intentionalistische und die funktionalistische –, hing ich stets der letzten an; ich behaupte sogar, dass wenn Hitler durch einen der vielen auf ihn vor 1939 verübten Anschläge umgekommen wäre, der Zweite Weltkrieg wohl ausgebrochen wäre (die deutsche Waffenindustrie war zu dominant, die Armee in all ihren Bereichen bis an die Zähne bewaffnet und zur revanchistischen »zweiten Runde« bereit), aber ich bin im Zweifel, ob sich die Shoah ereignet hätte. Ihr

Vollzug war meines Erachtens in großem Maße durch die krankhafte Obsession Hitlers bedingt (was vielleicht einen Anstoß zum Überdenken der Rolle von »großen Männern« in der Geschichte bietet). Dennoch muss hervorgehoben werden, dass gewisse der zionistischen Eichel innewohnenden Elemente fruchtbar genug waren, um die geschichtliche Entwicklung der zionistischen Eiche und ihr beschleunigtes Heranwachsen zu dem, was wir heute vor uns haben, zu ermöglichen. Gewisse Elemente suggerieren, dass es auch anders hätte verlaufen können. Andere (und die für mich entscheidenden) zeigen hingegen, dass es kam, wie es kommen musste.

So besehen, ist das Problem des Nationalismus, das Du aufbringst, in der Tat dialektisch zu begreifen. Als Marxist tangiert mich der Eros des Nationalismus kaum, und obgleich ich um seine Bedeutung bei der Beschleunigung des Übergangs vom absolutistischen Feudalismus zur bürgerlich-liberalen Geschichtsphase weiß, kann man nach meiner Auffassung seinen weiteren, katastrophalen Verlauf, wie er sich im modernen Imperialismus und seinen mörderischen Kriegsexzessen im 20. Jahrhundert manifestierte (und diesen seinen Weg noch in diesem Jahrhundert fortsetzt), auf keinen Fall ignorieren. Zugleich bin ich mir bewusst, dass Marx' (relativ) abschätzige Einstellung zum Nationalismus als Sentiment und als realer politischer Macht zu den gravierenden Defiziten seines Denkens gehört. Wenn er dieselbe Energie, die er in die Religionskritik investierte, für die Analyse der ideologischen Wirkmächtigkeit des Nationalismus im modernen Zeitalter aufgebracht hätte, wäre er vermutlich zu anderen Schlussfolgerungen über die *reale* Wirklichkeit dieses Zeitalters gelangt. Und dennoch behielt Marx in einem zentralen Aspekt recht: Der übernationale (letztlich globale) Charakter des Kapitalismus befindet sich in eindeutigem Widerspruch zu dem sich im 19. Jahrhundert herausbildenden Nationalismus. Nicht nur, aber auch in diesem Sinne ist der Nationalismus das falsche Bewusstsein des Kapitalismus. Unter allen Neuanfängen, die Du auflistest, stand der sich auf den Kapitalismus beziehende Neubeginn gar nicht zur

Debatte: Der Kapitalismus hat den Nicht-Sozialismus, der sich in der Sowjetunion gebildet hatte, einfach besiegt; es handelte sich bei der Beendigung des Kalten Krieges also nicht um eine Entscheidung im Kampf zwischen Sozialismus und Kapitalismus, sondern um die Fixierung geopolitischer Einflusssphären innerhalb des kapitalistischen Paradigmas (das gilt auch für das heutige »kommunistische« China, das dem westlichen Kapitalismus Kopfzerbrechen bereitet, indem es dessen eigene Prinzipien gegen ihn anwendet).

Aber wir leben ja nicht in einer historischen Phase, in der sich der Nationalismus mir nichts, dir nichts annullieren ließe – und zwar weder als politische Praxis noch als kollektives Sentiment. Wohl wahr, es handelt sich um eine »imaginierte Gemeinschaft«, und wir wissen auch, für wen der Patriotismus die letzte Zuflucht bildet. Aber was soll man machen – das ist nun einmal das historisch Gewordene, die hegemoniale politisch-gesellschaftliche Realitätsstruktur unserer Ära, und als Realisten müssen wir dem Rechnung tragen. Daher habe ich in den letzten Jahrzehnten – wie Du, vermute ich – an der symmetrischen Zwei-Staaten-Lösung festgehalten: Nicht etwa, weil ich an den Nationalstaat glaube; aber solange sich die Nationalkollektive am Prinzip der Selbstbestimmung orientieren, muss man dieses Recht für alle respektieren; und wenn dies für Israels Juden gilt, gilt es ganz gewiss auch für die Palästinenser. Gleichwohl handelt es sich dabei um einen realpolitischen, von absurden Ideologien durchwirkten Kampf, der mitnichten darauf aus ist, die Interessen derer, in deren Namen er ausgetragen wird, zu bedienen. Die Frage ist also nicht, ob die Zionisten der zionistischen Ideologie gemäß das Recht auf Selbstbestimmung haben, sondern wohin nämliche Selbstbestimmung geführt hat; wie hat gerade sie das Recht der Palästinenser auf Selbstbestimmung negiert; und wie sich das alles mit der »Legitimität des begangenen zionistischen Weges« und den aus der Shoah gezogenen »Lehren« vereinbaren lässt. Vor allem aber: Was nun, nachdem die Zwei-Staaten-Lösung systematisch unterwandert und endgültig besiegt worden ist? Wie soll es weitergehen?

Jerusalem, 20. November 2021
Zimmermann an Zuckermann

Bevor ich die Frage »Wo sind wir angekommen?« beantworte, möchte ich fragen, wohin wir eigentlich steuern, wenn wir systematisch denken. Seitdem die jüdische Nation und ihr Recht auf nationale Selbstbestimmung erfunden wurden und Palästina als Territorium zum Zweck der Verwirklichung des Wunsches nach nationaler Selbstbestimmung auserkoren wurde, sind wir in der Pflicht, das Recht auf nationale Selbstbestimmung auch der nichtjüdischen Bevölkerung zuzuerkennen, die ihrerseits den Anspruch auf nationale Identität im selben Land, Palästina, erhebt. Dann bleibt nur die praktische Frage der Verwirklichung offen: Wie kriegt man das, mit minimalem Schaden auf beiden Seiten, zustande? Dies ist der Rahmen, in dem ich Vorschläge mache und nach Licht am Ende des Tunnels suche. Dieser Rahmen scheint mir vorteilhafter zu sein als die Alternativen. Zum einen: Das Rad der Geschichte zurückzudrehen und die Rückkehr der Juden in ihre Auswanderungsländer zu wünschen, widerspricht dem Recht auf Selbstbestimmung der in Palästina bzw. Israel lebenden Juden (die meisten Staaten, die ihre Juden loswurden, würden die Lösung ihrer Rückkehr sowieso ablehnen). Die andere Möglichkeit – die Palästinenser aus dem »Land der Urväter« zu vertreiben – ist unmoralisch und ein klarer Verstoß gegen das internationale Recht.

Dabei vertrete ich nicht unbedingt die Meinung, dass die seit dem Ende des 18. Jahrhunderts herrschende Tendenz, den Staat, mithin den demokratischen Staat, in eine nationale Gemeinschaft zu verwandeln, optimal war. Wie man aus der Geschichte der letzten zwei Jahrhunderte lernen kann, verursacht die Ausrichtung am Nationalismus nicht weniger Blutvergießen als die der Monarchen von Gottes Gnaden bzw. der absolutistischen Herrscher. Vor dreißig Jahren, als die Mauer fiel und der real existierende Sozialismus nicht mehr existieren konnte, dachte ich mir nicht nur, dass der Kapitalismus den Sozialismus bezwungen und der Liberalismus die Schlacht gegen den Autoritarismus gewonnen hat, sondern auch, dass der Staat, also auch der Nationalstaat, im Begriff ist, seine Bedeutung zu verlieren. Für mich war die deutsche Wiedervereinigung ein Baustein im Rahmen des Prozesses der Vereinigung Europas. Meine Hoffnung war, dass die Beendigung des israelisch-palästinensischen Konflikts die Vorstufe einer nahöstlichen Union bilden werde, die im Rahmen der Globalisierung nach europäischem Muster entstehen könnte. Ich habe mich geirrt – nicht nur vermochte es der Zionismus, den jüdischen Nationalismus in ein kompromissloses Monster zu verwandeln, sondern auch die europäischen Völker erleben nun eine Renaissance des nationalen Egoismus, und spätestens im Jahr 2016 wurde klar, dass auch die Vereinigten Staaten, das Aushängeschild des Liberalismus und des Fortschritts, der Parole »America first« frönen.

Das alternative Kollektiv, die internationale Klassengemeinschaft, hat ihre historische Rolle bereits verwirkt, dafür ist die alternative *religiöse* Gemeinschaft stark im Kommen. Anstelle der verheerenden Kombination von Nationalismus und Sozialismus sind wir heute mit der bedrohlichen Fusion von Nationalismus und Religion weltweit konfrontiert. In Anbetracht dieser neuen Entwicklung tendiere ich dazu, auf die Werte des nationalen Kollektivs zurückzugreifen, vorausgesetzt, dieses Kollektiv beruht auf internationaler Zusammenarbeit und akzeptiert transnationaler Systeme. Nur so kann ich mir selbst erklären, weshalb ich die Hoffnung auf eine Vereinbarung zwischen zwei Nationalstaaten in unserer Region nicht aufgegeben habe, eine Vereinbarung, die selbstverständlich neue und originelle Wege beschreiten muss, um aus der in den letzten hundert Jahren entstandenen Sackgasse herauszukommen. So kämen wir mit einer Wirklichkeit zurecht, in der der Nationalismus nicht nur real existiert, sondern in sich auch das Potenzial für eine humane Regelung trägt: Das freilich zu einem Zeitpunkt, in dem die Wirklichkeit leider noch keine kosmopolitische und universalistische Richtung eingenommen hat. Die Hoffnung stirbt zuletzt.

Ich vermute, dass Du Dich über meine Kapitulation vor der Anwendung des Begriffs Nationalismus wunderst bzw. über meine Zustimmung zum Prinzip der nationalen Selbstbestimmung als ausreichende Grundlage für eine internationale Vereinbarung (auch dieses Wort zeigt, weshalb es so schwer ist, den Begriff »Nation« loszuwerden). Deshalb möchte ich hier dezidiert hervorheben, was ich grundsätzlich ablehne, und zwar Exklusion und Ethnozentrismus; anders gesagt: Ich bin Befürworter eines Prozesses der Assimilation, statt Assimilation und Akkulturation bekämpfen zu wollen. Hier wird es für mich noch problematischer.

Die alten Griechen unterschieden zwischen »Wir« und den »Barbaren«, die alten Römer verstanden es aber, die »Wir«-Gruppe ständig zu erweitern. Wie ein roter Faden zieht sich durch diese Geschichte die Inklusion von Bevölkerungsgruppen, die man ursprünglich für fremd hielt, in das hegemoniale Kollektiv. In dieser Geschichte sind die Begriffe Assimilation, Akkulturation, Inklusion zentrale Begriffe. Im Gegensatz dazu kreist die von Juden selbst erzählte Geschichte der Juden um das »Volk, das für sich allein« lebt, ein Volk, das auf die Assimilation panisch reagiert und sie in der Regel bekämpft. Der Zionismus ist hierbei der Extremfall. Nichts hat diese erfundene Nation in ihrer institutionalisierten Form mehr von der Völkergemeinschaft ferngehalten als diese Angst vor der Assimilation, also vor dem Zustand, der die Existenz im Exil charakterisierte. Die Angst vor der Assimilation verwandelte sich bald genug in Ethnozentrismus und Rassismus, zwei Attribute, die sich aufgrund der Gebote der jüdischen Religion leicht aneignen lassen. Ein jüdischer Nationalismus, der ethnozentrisch und rassistisch ist, ist mit dem Prinzip der nationalen Selbstbestimmung absolut unvereinbar und steht unmissverständlich im Gegensatz zu all dem, was wir anstreben, egal ob wir aus der Schule des Liberalismus oder des Marxismus kommen. Ein Staat, der die Staatsbürgerschaft nur für Juden, nicht aber für Araber automatisch bereithält; ein Staat, der im Namen der Verflechtung von Ethnie und Religion seine Grenzen nur für als Juden definierte Einwanderer offen hält, zugleich aber Flüchtlinge abschiebt, obwohl sie sich assimiliert haben und der hebräischen Sprache mächtig sind, nur weil sie nicht als Glieder des jüdischen Kollektivs wahrgenommen werden, ist gewiss nicht ein Staat, dessen Nationalismus ich gutheißen kann.

Die Organisation Lehava (das hebräische Akronym für »Zur Bekämpfung der Assimilation im Heiligen Land«) ist zwar ein extremes Beispiel für diese rassistische Tendenz im Judentum, sie spiegelt aber gleichwohl eine in der jüdischen Gesellschaft Israels grassierende Denkweise wider. Wie bereits erwähnt, gilt die Geschichte der deutschen Juden aus der Sicht des israelischen Zionismus als Warnung gegen Assimilation, die ja in diesem Fall gebührend bestraft worden sei. Jüdische Frauen, die Nichtjuden geheiratet haben, aus ihren Familien zu entführen, oder Nichtjuden zu schikanieren, nur weil sie keine Juden sind – das ist das abscheuliche Resultat jener Haltung, die für jede Handlung, jeden Wert, jeden Menschen ein einziges Kriterium kennt: die nach den Bestimmungen der jüdischen Orthodoxie definierte Zugehörigkeit zum jüdischen Volk, zur jüdischen Ethnie. Hier erhebt sich ein enormes Hindernis für die Lösung des Konflikts in unserer Region, welche wir uns auf Grundlage der nationalen Selbstbestimmung noch erhoffen. Ich muss zugeben: Wenn der zionistische Rassismus und der muslimische Fundamentalismus weiterhin kooperieren, um das, was wir noch retten wollen, zu vereiteln, sind die beiden von mir erwähnten unerwünschten Alternativen – die Massenauswanderung der Juden aus Israel oder die Vertreibung der Palästinenser – eher realistisch.

Es ist schwer, Zionisten in Israel, die so entschlossen »gegen die Assimilation« (Hebräisch: *hitbolelut)* kämpfen, davon zu überzeugen, dass das Judentum als Kollektiv so lange in der Diaspora überleben konnte, gerade weil es sich an die Umgebung anzupassen bzw. zu assimilieren verstand. Es reicht hin, die Sprache der Juden Israels zu betrachten, um zu verstehen, wie stark die Kulturen der jüdischen Umwelt ihre Spuren in der hebräischen Sprache hinterlassen haben.

Lass mich einen paraphrasierten Satz benutzen, um dies verdichtet zu artikulieren: »Mehr als das Volk Israel sich vor der Assimilation geschützt hat, hat die Assimilation die jüdische Identität geschützt und bewahrt.« Trotzdem sind es für viele gute Zionisten der jüdische Siedler, der sich angeblich wie Erzvater Abraham kleidet, oder der ultraorthodoxe bärtige Jude, der »die alte Würde der Tora wiederherstellt«, durch die sie den zionistischen Traum verwirklicht sehen. Es ist die gleiche überheblich exklusive und ignorante Nationalromantik, die wir bei den deutschen Rassisten kennengelernt haben. Das alles führt mich zurück zum Ausgangspunkt. Die Wahrscheinlichkeit eines aufgeklärten Nationalismus und einer auf Gegenseitigkeit beruhenden Regelung, die vom nationalen Selbstbestimmungsrecht ausgeht, ist äußerst gering. Die Hoffnung, von der ich sprach, hat kaum eine Chance. Ich fürchte, am Ende des Tages wirst Du doch recht behalten.

Militaristische Erbschaft

Tel Aviv, 22. November 2021
Zuckermann an Zimmermann

Die Vorstellung, dass das Rad zurückgedreht werden könne, gleichsam als eine Rückeroberung vergangener Glorie, ist selbstverständlich hanebüchen. Dies habe ich schon vor über vierzig Jahren begriffen, als ich mich mit der Parole »Zurück zur Natur« befasste, die Rousseau zugeschrieben wird (obwohl sie sich in dieser Formulierung nicht in seinen Schriften findet), und mit der Einsicht, dass es kein Zurück gibt – das würde ja nichts anderes als einen Rückzug aus der Zivilisation bedeuten. In diesem Sinn war ich nie der Meinung, dass es möglich sei, den Zionismus und seine manifesten Folgen zu annullieren, damit wir – wie Du sagst – in die Herkunftsländer der Juden zurückkehren können. Auch als gewisse Palästinenser dies in der Vergangenheit von Zeit zu Zeit forderten, hörte sich das für mich idiotisch an und jedenfalls nicht wie eine Forderung, auf die man ernsthaft zu reagieren habe. Bei dem, was wir hier erörtern, handelt es sich nicht um eine Negierung des Bestehenden im regressiven Sinne, sondern um dessen Überwindung. Gegenüber dieser optimistischen Auffassung im emanzipatorischen Sinne bilden sich gleichwohl jedes Mal aufs Neue Strukturen, die sich nicht nur nicht annullieren lassen, sondern es ist zweifelhaft, ob sie sich, entsprechend der sie bestimmenden Logik und ihrer merklichen historischen Verfestigung, modifizieren lassen. So besehen, erscheint mir der Nationalismus nicht als etwas, das a priori verwerflich war – im Gegenteil, zu einem bestimmen historischen Moment erfüllte er eine ausgesprochen emanzipatorische Funktion im Verhältnis zum Ancien Régime, das bereits objektiv seine Raison d'être verloren hatte –, sondern als jener Horror, dessen möglichst schnelles Ende man erst im Nachhinein, nachdem er sich so grauenvoll manifestiert hat, ersehnen kann. Aber etwas ersehnen, bedeutet nicht zwangsläufig, Wege zur Verwirklichung des Ersehnten zu finden. Die Probe aufs Exempel ist stets die der *realen* historischen Möglichkeiten.

Ich denke, wir können diese Fragestellung abschließen und weitergehen. Auch auf Deine Behauptung über Marx' Intention im Jahr 1848 will ich nicht weiter eingehen, obwohl mir scheint, dass Du das Wesentliche an seiner Äußerung verfehlst. Es ist nicht notwendig, das im hier erörterten Zusammenhang zu klären. Stattdessen sollten wir – und das scheint mir nun unabdingbar zu sein – einen weiteren zentralen Aspekt in der israelisch-zionistischen politischen Kultur anvisieren: den Militarismus. Für meine Begriffe lässt sich durchaus nachvollziehen, warum der Sicherheit ein so bedeutender Rang in der zionistischen Ideologie zukommt. Wir haben bereits dargelegt, dass der politische Zionismus im Wesentlichen als Reaktion auf die moderne Judenverfolgung in Form des Antisemitismus in die Welt kam; Herzls Reaktion auf den Dreyfus-Prozess ist in diesem Zusammenhang paradigmatisch. Ein Moment des Verfolgtseins war der Judenheit über Jahrhunderte zu eigen; es manifestierte sich historisch in mannigfaltigen Ereignissen – von den Kreuzzügen, der Inquisition und der Vertreibung aus Spanien über Blutverleumdungen und Pogrome bis hin zu den bürgerlichen Maßnahmen des Numerus clausus und der »moderaten« Exklusion der Juden aus der Gesellschaft. Es ist kein Zufall, dass selbst der dem Sozialismus anhängende Moses Hess der dezidierten Meinung war, dass das in der Moderne aufgekommene »jüdische Problem« nur durch die Gründung einer nationalen Heimstätte für das jüdische Volk zu lösen sei. Und nach der Shoah konnte kein Zweifel mehr daran bestehen, dass die Sicherheit der Juden nirgends für selbstverständlich erachtet werden könne, geschweige denn garantiert sei. Der Zionismus, der den Juden in der Stunde ihrer historischen Katastrophe (mit Ausnahme weniger eher randständiger Aktionen symbolischer Natur) nicht zu Hilfe zu kommen vermochte, hatte die zur Schlussfolgerung aus dem Geschehenen nötige Ideologie parat – die Ideologie des »Nie wieder«. Dieser ideologische Ausspruch enthielt ein praktisches Doppelpostulat: Die Gründung eines Staates als Zufluchtsstätte für alle Juden und die Sicherheitsgarantie für diesen Staat durch die Errichtung einer starken Armee. Vor den Israelischen Verteidigungsstreitkräften (IDF) gab es in der Jischuw-Ära bekanntlich verschiedene Organisationen und Bewegungen – HaSchomer, Palmach, Hagana und andere Untergrundorganisationen –, aber es steht außer Zweifel, dass die Gründung der IDF und ihre politische Institutionalisierung einen wirklichen Quantensprung darstellten, eine Qualität gewordene Quantität. Ich möchte hier nicht festlegen, wann die IDF zur aggressiven, nicht notwendige Kriege begehenden Armee mutiert sind. Menachem Begin apostrophierte als Erster einen von Israel initiierten Krieg (den ersten Libanonkrieg) als einen nicht notwendigen Krieg. Es erhebt sich nur die Frage, was mit »nicht notwendig« gemeint ist. Mit der möglichen Ausnahme des Krieges von 1948 lässt sich in dieser oder anderer Form zeigen, dass alle israelischen Kriege seit diesem ersten »nicht notwendige Kriege« waren. Um diese Einschätzung zu fundieren, müssen zwei gravierende Momente betrachtet werden.

Zum einen bedurfte das aus den genannten historischen Gründen entstandene Sicherheitspostulat einer fortwährenden erzieherischen Aktivität, die das reale Sicherheitsproblem, vor dem sich Israels in allen Jahren seines Bestehens mehr oder minder akut gestellt sah, überschritt, einer Aktivität, die später die Form einer derben Propaganda und primitiven emotionalen Manipulation annahm. Dass die Armee und der Militärdienst zum zentralen Sozialisationsagenten im Heranreifen des israelischen Jugendlichen, mithin zum kritik- und reflexionsresistenten Faktor seiner Entwicklung avancierten, ist ein Resultat besagten geschichtlichen Bewusstseins der Verfolgung (welches das israelische Erziehungssystem seinen Schülern aufs effektivste einzutrichtern verstand), zugleich aber auch der staatlichen Ideologie, die sich zwar selbst nicht militaristisch wähnte, de facto aber den Militarismus, wie es nur ging, förderte und konsolidierte. Und man weiß nicht, wo man mit der phänomenologischen Erörterung dieses Sujets beginnen soll: bei den Neujahrskarten der

1950er und 1960er Jahren, die einen israelischen Soldaten und eine israelische Soldatin vor dem Hintergrund mit Glitzerstaub dekorierter Waffen zeigten; beim Aufhängen des Konterfeis des Generalstabschefs neben denen des Staatspräsidenten und des Ministerpräsidenten in den Räumen staatlicher Institutionen; bei den über Jahrzehnte hinweg auch in der außermilitärischen Sphäre höchst populären militärischen Unterhaltungsensembles; bei den »Schirutrom« genannten zivilen Spendenaktionen für Soldaten etc.; oder bei der fast vollständigen Immunität des Militärbudgets vor allzu großen Kürzungen und der einhelligen Verteidigung jeder Militäraktion durch die Medien, als wie immer überflüssig oder verbrecherisch sie sich auch erweisen mag. Man kann diese Liste mit unzähligen Beispielen aus dem Alltag oder aus dem Bereich feiertäglicher Zeremonielle verlängern.

Zum anderen ist der allgegenwärtige Militarismus auch ein Resultat dessen, was in Israel dermaßen geschwächt ist, dass man sich schon schämt, darüber zu reden: des postulierten Friedens und de facto praktizierten Nichtfriedens. Ich weiß nicht, ob Israel jemals den Frieden wirklich gewollt hat, aber man kann die Gültigkeit des Titels eines Buches aus den 1960er Jahren (von Akiva Orr und Moshé Machover), der den realen Zustand aufs trefflichste ausdrückte, kaum in Abrede stellen: *Schalom, schalom we'en schalom* (paraphrasiert übersetzt: *Man redet allenthalben vom Frieden, aber es gibt ihn nicht*). Die (falsche) Ideologie des Strebens nach Frieden kursierte in Israel seit seinem Bestehen, aber sie blieb ein Lippenbekenntnis – zu keinem Zeitpunkt machte man eine ernst zu nehmende Anstrengung, sie zu verwirklichen. Mehr als den wirklichen Frieden (der zwangsläufig mit »schmerzendem Verzicht« verbunden sein wird) wünscht sich Israel die Schlussfolgerung Ehud Baraks von der Nahost-Konferenz in Camp David und den nachfolgenden Taba-Gesprächen: »Es gibt keinen Partner« (für den Frieden auf der anderen Seite). Wenn wir nun diese Einsicht mit der Frage der Sicherheit und des Militärs, über die ich vorher gesprochen habe, in Beziehung setzen wollen, so zeigt sich der heutige israelische Militarismus vor allem im Verkommen der IDF zum brutalen und verbrecherischen Apparat des Staates, der zur Verwaltung des Okkupationsregimes und Verinnerlichung dieses Zustands durch das Gros der israelischen Bevölkerung dient, die ihn für etwas Selbstverständliches, für einen »natürlichen Dauerzustand hält. Die »moralischste Armee der Welt« verübt alltäglich und allnächtlich Kriegsverbrechen (nach der Haager Konvention), tötet Palästinenser und unterstützt (direkt und indirekt) jene, die sie schikanieren und terrorisieren – und es gibt keine staatliche Institution, die diese Perversion öffentlich thematisiert. Warum sollte es auch eine solche geben – die Verbrechen finden ja unter der Schirmherrschaft des Staates statt. Auch die hegemonialen Medien erfüllen (mit wenigen Ausnahmen) nicht ihren klassischen Auftrag, den sie vielleicht auch schon nicht mehr als solchen anerkennen, sondern beschäftigen sich im Gegenteil primär mit der Rechtfertigung der Verbrechen, wobei sie sich die Mentalität der Selbstviktimisierung zu eigen machen. Die Medien haben schon ihren Beitrag zur militaristischen Indoktrination der Öffentlichkeit geleistet, die im Großen und Ganzen schon in keinen anderen Kategorien mehr gegenüber den Palästinensern, als denen der Aggression und der Gewalt denkt.

Jerusalem, 25. November 2021
Zimmermann an Zuckermann

Wenn ich über Militarismus nachdenke, beziehe ich mich selbstverständlich auf den deutschen Prototyp und suche nach Parallelen zum zionistisch-israelischen Experiment (»Man darf ja vergleichen!«). Dieser Prototyp hätte ja für die zionistischen Israelis eine Warnung vor den Gefahren des Militarismus abgeben müssen: Man kann nicht das Militär zum Herzstück der Staatsräson und zur zentralen Sozialisationsagentur (»Schmelztiegel der Einwanderer aus siebzig Ländern«) stilisieren, ohne die Zivilgesellschaft dem Militarismus auszuliefern.

Alles beginnt damit, dass der Zauberlehrling, das Militär, in die Lage gerät, seinen Schöpfer zu übersteigen. Der preußische »Soldatenkönig« Friedrich Wilhelm hat aus der Staatskasse hauptsächlich das Militär finanziert, um Preußen ein politisches Profil in Europa zu verschaffen (zugleich aber auch die Verwicklung in einen Krieg zu vermeiden). Sein Sohn Friedrich II. betrieb mit seinem starken Militär eine andere Politik – er scheute den Krieg nicht. Seit seiner Herrschaft musste das Militär immer höchste Priorität haben. Ist der Staat nicht immer von Feinden umkreist? Besteht nicht stets die Gefahr eines Zweifrontenkrieges? Also musste das Militär weiter ausgebaut werden. So in Preußen, dann in Deutschland. Waren alle Kriege Israels unvermeidbar (Hebräisch: *Ein Brera*)? Vielleicht wäre sogar der Krieg von 1948 zu vermeiden gewesen (der englische Historiker A. J. P. Taylor sagte einmal: »Alle Kriege sind vermeidbar, solange sie nicht begonnen haben«), aber seit der Suezkrise von 1956, als Israel bereits eine starke Armee zur Verfügung stand, zieht die Politik die Anwendung des Militärs als Antwort auf bevorstehende Herausforderungen vor.

Ich bin mir selbstverständlich bewusst, dass Israel sich in einer feindseligen Umgebung befindet, doch gerade deshalb darf man fragen, ob im Laufe seiner gesamten Geschichte einzig und allein das Militär das ultimative Mittel der Politik sein musste. Waren wir tatsächlich immer die von anderen Angegriffenen, die daher mit gepanzerter Faust reagieren mussten? Seit dem 1967er-Krieg und dem Jom-Kippur-Krieg stellt sich diese Frage mit noch größerem Nachdruck: Ist das israelische Militär ein Schutz- und Abschreckungsmittel oder eher ein Instrument der Gewalt und Unterdrückung in den seit 1967 besetzten Gebieten? Da das Militär hier zum Fetisch geronnen ist, rufen bereits solche Fragen eine verärgerte Reaktion hervor, so wie die kritischen Fragen, die nach der Zabern-Affäre im annektierten Elsass 1913 gestellt wurden, eine zornige Reaktion der Verehrer des Militärs und des Militarismus provozierten.

Bei uns gehen Militär und Militarismus sonderbare Wege. Nicht nur deutsche Antisemiten machen auf Parallelen zwischen dem deutschen Militär von damals und dem israelischen Militär von heute aufmerksam. Für das israelische Militär diente das deutsche Militär, das unter anderem auch den Weg zur Vernichtung des jüdischen Jischuws in Palästina durch die SS ebnen sollte, als Modell. Erwin Rommel, der »Wüstenfuchs«, ist noch immer Teil der Kampftradition der israelischen Streitkräfte. Nicht zufällig wurde sein Buch *Infanterie greift an* von 1937 im Jahr 1953 ins Hebräische übersetzt.

Wenn das Militär zum wichtigsten Garanten der Staatssicherheit wird, ist der Weg zur Militarisierung der Zivilgesellschaft kurz, und eben darum geht es, wenn wir den Begriff Militarismus benutzen. Das deutsche Beispiel steht da nicht allein, aber der »Hauptmann von Köpenick« wäre in Israel unvorstellbar (kein als Offizier gekleideter Mensch wird in der Lage sein, einer zufällig angetroffenen Gruppe von Soldaten mitten in Tel Aviv Befehle zu erteilen). Aber wenn ein hoher Militärrang zum Sprungbrett für einen hochrangigen Job im Zivilbereich wird (israelische Offiziere können mit 45 Jahren in Pension gehen), oder wenn die Vorstellungswelt der Zivilgesellschaft auf Bildern aus der Militärsprache beruht (etwa: »Nicht im Panzerwagen [aufeinander] schießen«), so sind wir, wie die Deutschen im Kaiserreich, ziemlich vom Militarismus eingenommen. Zwar ist ein Hauptmann von Köpenick in Israel eher unwahrscheinlich, aber die Frage »Haben Sie gedient?«, die damals in der Regel gestellt wurde, ist auch in unserer heutigen Gesellschaft relevant (bis auf die Ultraorthodoxen, die keinen Militärdienst leisten, weil sie sich angeblich für die Allgemeinheit in der Jeschiwa aufopfern). Wird man bei einer Straftat erwischt, gehört der Militärdienst zu den mildernden Umständen vor Gericht.

Parallelen sind auch auf einer anderen Ebene zu finden. Ein Besatzungsmilitär gibt es in Deutschland bereits vor 1939. Es reicht hin, sich das Jahr 1870 vor Augen zu führen, um aus der Geschichte zu lernen und auf der Hut zu sein. Aber wie Du bereits bemerkt hast, konnte das Militär und seine Verehrung bei uns vor lauter Konzentration auf die Diskriminierung und Verfolgung der Diaspora-Juden als Kernpunkt der jüdisch-zionistischen Geschichtswahrnehmung, zur ultimativen Kompensation für vergangenes Leid mutieren. Deshalb wird die Warnung vor dem Militarismus als historische Lehre marginalisiert, ja sogar als Verrat gebrandmarkt. Auch das beunruhigende deutsche Beispiel wirkt nicht als Mahnung – trotz fortwährender Speisung des »Shoah-Bewusstseins«. Zwar bedroht der Militarismus die Zivilgesellschaft gemeinhin in vielen Staaten, aber der deutsche Präzedenzfall hätte als Abschreckung in Israel besonders effektiv wirken müssen.

Das Thema kann man auch aus einem Blickwinkel anvisieren, der mir gut vertraut ist – aus der Beschäftigung mit dem Sport heraus. Beim Auftritt der israelischen Nationalmannschaft rufen die Zuschauer auf den Rängen: »Israel! *Milchama* (Krieg)!« Der Unterschied zwischen einem sportlichen Wettbewerb und Krieg ist nicht allein durch die Sprache der Fans scheinbar aufgehoben, sondern auch durch ihr Verhalten auf den Rängen. Auch diese Tradition hat ihre Wurzeln in der deutschen Vergangenheit. Der Sinn der deutschen Turnbewegung war ja, die Stadtbewohner körperlich zu ertüchtigen, damit sich die Niederlage, wie im Krieg gegen Napoleons Armeen 1806, nicht wiederhole. Diese Idee vom Turnen als paramilitärischer Übung war nicht nur der deutschnationalen Turnbewegung zu eigen, sondern wurde auch von der nationaljüdischen Bewegung übernommen.

Max Nordaus[36] »Muskeljudentum« ist die zionistisch-jüdische Nachahmung des deutschen Vorbilds, die zur Gründung jüdischer Turnvereine führte. Die Idee schwappte vom Turnen auf den Sport über, sodass der Sport als paramilitärische Betätigung sich nicht nur in manchen europäischen Nationen, sondern auch im Zionismus ausbreiten konnte. Das Erziehungssystem in Palästina (und dann in Israel) hat das bewusst vorangetrieben. Was ist schon ziviler als Sport? Aber wenn diese Tätigkeit vornehmlich als Training künftiger Soldaten verstanden wird, ist damit bereits ein großer Schritt in Richtung Militarisierung der Gesellschaft vollbracht, und zwar auf Kosten der Werte des Sports, für den ja Agon und Fair Play entscheidend sind. Das Unvermögen, zwischen einem Sieg im Sportbereich und einem Sieg im Krieg unterscheiden zu können, ist bereits ein Indiz für eine defekte Gesellschaft.

Noch eine Lehre, die wir aus der deutschen Geschichte hätten ziehen können (wenn wir es nur gewollt hätten), ist, dass dort, wo die Schießfreudigkeit im Namen der Nation und ihrer Verteidigung begrüßt wird, diese schießbereite Tötungslust am Ende auch Mitbürger mit konträrer Gesinnung treffen kann. Die Parole »Soldaten sind Mörder« richtete sich in Deutschland mahnend gegen die Lizenz zum Töten, die in Kriegszeiten Soldaten erteilt wurde. Die Protestbewegung, die diesen Slogan hochhielt, hatte aber nicht nur die Tötung der Soldaten des Feindeslagers im Blick, sondern auch das Abdriften dieser Lizenz in die eigene Zivilgesellschaft. Die deutsche Gesellschaft wollte natürlich nicht zugeben, dass sie an Militarismus leidet – weder in der Schlussphase der Weimarer Republik, als die *Weltbühne*-Journalisten sich vor Gericht verantworten mussten, noch vor knapp dreißig Jahren, als Christoph Hiller wegen eines Autoaufklebers mit einem Tucholsky-Zitat vor Gericht kam. (Dass der deutsche Pazifismus der 1990er Jahre für uns, von Raketen aus dem Irak beschossen, nicht gerade willkommen war, ist eine andere Sache.)

Ähnliches kennzeichnet auch die israelische Gesellschaft: Soldaten der israelischen Streitkräfte greifen auch gegen Zivilisten in den besetzten Gebieten schnell zur Waffe. Wenn dagegen Kritik erhoben wird, ist die Gegenkritik nahezu einstimmig. Nicht nur rechtsgerichtete Politiker, auch eine kritische Masse an Medienleuten und Meinungsmachern bezeichnen dann Menschenrechtsorganisationen in Israel oder im Westjordanland – von Breaking the

Silence bis hin zu Al-Haq – als illegal oder zumindest illegitim. Die breite Unterstützung, die der Soldat Elor Azaria, der den bereits in Ohnmacht am Boden liegenden palästinensischen Attentäter durch einen Kopfschuss tötete, erfuhr, wie auch die verbreitete Gleichgültigkeit gegenüber den tagtäglichen Hausdurchsuchungen im Westjordanland bezeugen die in Israel verbreitete Abart des Militarismus. Eine Meinungsumfrage aus dem November 2021 verrät nun, dass 72 Prozent der israelischen Juden behaupten, dass »die Insistenz der Rechtsanwaltschaft des Militärs auf Einhaltung der gesetzlichen Bestimmungen des internationalen Rechtes es der Armee erschwert, ihre militärischen Aufgaben zu erfüllen«, weswegen sie empfehlen, das internationale Recht zu umgehen. Da die palästinensische Zivilbevölkerung meist Opfer von »Militäroperationen« ist, also typische Opfer eines Besatzungszustands, haben wir es mit einer besonders gefährlichen Sorte von Militarismus zu tun. (»Und bitte, ohne Vergleiche.«)

Tel Aviv, 26. November 2021
Zuckermann an Zimmermann

Nicht nur »*darf* man vergleichen«, sondern man *muss* nachgerade, angesichts der wichtigen Punkte, die Du angeschnitten hast. Sie korrespondieren vortrefflich mit dem, was Du zu Beginn unseres Dialogs über die Einflüsse, die der deutsche Nationalismus auf den zionistischen ausgeübt habe, dargelegt hast. Nun stellt sich heraus, dass dem auch im Bereich des Militärs und der Militär-Ideologie so war. So manches davon war mir neu.

In diesem Zusammenhang möchte ich Dich an einer, wie ich meine, relevanten Anekdote aus meiner Vergangenheit teilhaben lassen. Ich bin mir nicht sicher, dass ich sie so einfach, ohne Belege, erzählen kann – werde es aber versuchen. Im Jahre 2001 publizierte ich ein hebräisches Buch über Israel mit dem Titel *Die Fabrikation des Israelischen* (*Charoschet ha'israeliut*). Anlässlich seines Erscheinens wurde eine einstündige Radiosendung produziert, in deren Folge ich, zwei Tage nach der Sendung, von Ezer Weizmann, dem ehemaligen Staatspräsidenten Israels, der ein Jahr zuvor aus dem öffentlichen Leben geschieden war, einen Anruf erhielt. Ich kannte ihn nicht persönlich, aber er beschied mir in seiner energisch-unumwundenen Art, dass er die Sendung gehört habe, mit meinen Argumenten nicht übereinstimme und man miteinander reden müsse. Er lud mich zu einem Gespräch in seinem Büro ein. Nicht jeden Tag erhalte ich einen Anruf von solch hochgestellten Persönlichkeiten (um ehrlich zu sein, nie), daher nahm ich die Einladung an, neugierig, was bei diesem Treffen herauskommen würde. Das Gespräch erwies sich als zwecklos und unfruchtbar, obgleich es in guter Atmosphäre verlief. Er breitete seine Kritik von einer staatlich-zionistischen Perspektive her aus, die ich, gelinde ausgedrückt, nicht gerade teilte. Und so diskutierten wir zwei Stunden lang, ohne auch nur im Geringsten miteinander übereinzustimmen. Zu meiner Überraschung sagte er am Schluss unseres Treffens, dass wir die Debatte nicht ausgeschöpft hätten und es eines weiteren Treffens bedürfe. Meine Motivation für ein weiteres Gespräch war zu diesem Zeitpunkt, ehrlich gesagt, schon recht schwach, aber auf Anraten eines Freundes trafen wir uns wieder – der Freund hatte gesagt, dass es unnötig sei, mit Weizmann zu diskutieren; stattdessen sollte ich ihn zum Sprechen animieren und hören, was er, dessen Büro dekoriert war mit Fotografien, die ihn zusammen mit Persönlichkeiten wie Nelson Mandela, Mosche Dajan, Jimmy Carter, Menachem Begin und anderen Gestalten dieses Ranges aus der Sphäre der israelischen und internationalen Politik zeigten, zu erzählen hat. Und so geschah es auch. Das zweite Gespräch floss in verschiedene Richtungen, in denen er von vielen Begebenheiten, Personen und Ereignissen erzählte. Irgendwann landeten wir beim 1967er-Krieg. Im Jahr 1967 lebte ich noch in Deutschland, und dort durchlebte ich meine große Sorge um Israel während der »Wartezeit« vor Ausbruch des Krieges.

Ich erzählte ihm davon, erwähnte auch die entsetzte Angst, die die jüdische Bevölkerung in jenen Wochen erfasste, von der ich durch Erzählungen und die Presse erfuhr. Und da sagte er mir zu meinem großen Erstaunen, dass diese panische Angst eine »Belanglosigkeit« (ich zitiere genau: *kischkusch* auf Hebräisch) gewesen sei; die Armee habe genau gewusst. »dass wir sie fertigmachen werden« (*nidfok otam*, auch das ein genaues Zitat seiner saloppen Ausdrucksweise). Ich fragte ihn, warum man die Bevölkerung nicht beruhigt habe; sie war doch tatsächlich panisch angesichts der bevorstehenden Katastrophe, die über Israel kommen würde (zu hören waren auch Stimmen, die von einer »zweiten Shoah« sprachen). Und da antwortete er mir (es sind wieder seine genauen Worte, die sich in meine Erinnerung eingefräst haben): »Weil wir wollten, dass man Angst hat, um öffentlichen Druck auf die Politiker auszuüben, die zögerten, den Krieg zu eröffnen.« Die Armee habe die Beschleunigung des Kriegsbeginns gewollt, wie er sagte.

Ich habe, wie gesagt, keine Belege für diese Worte Weizmanns. Das Gespräch wurde nicht aufgenommen, und es gibt auch kein geschriebenes Protokoll. Weizmann ist auch schon lange tot und kann auf diese Darstellung der Dinge nicht reagieren. Er gilt zudem als »Angeber«, der viel und ohne angemessene Selbstkontrolle redete. Und dennoch meine ich, dass selbst dann, wenn seine Formulierungen übertrieben waren, man seiner Kernaussage glauben darf; sie kann mögliche Verhaltenstaktiken des Militärs gegenüber der Politik und indirekt auch gegenüber der Öffentlichkeit beleuchten. Es gibt die Vorderbühne (die öffentliche Sphäre), auf der die Dinge vermeintlich klar und deutlich gesehen und verhandelt werden; es gibt die Hinterbühne (die Politiker), auf der die Strippen gezogen werden, damit die die Dinge klar und deutlich erscheinen; und es gibt eine weitere Bühne – dem Auge verborgen, in diesem Fall die des Militärs –, auf der die Schalthebel bedient werden, um die Strippenzieher auf der Hinterbühne zu manipulieren. Die Angst fungiert als Fundament der suggestiven Interferenz für die Strippenzieher auf allen Ebenen, die Panik als ein effektives Mittel zur Instrumentalisierung der Politik gegenüber der Öffentlichkeit. Man kann dies natürlich als eine Verschwörungstheorie deuten, wie sie heute im Hinblick auf die Impfpolitik und die Bewältigung der Pandemie gang und gäbe geworden ist. Aber im hier geschilderten Fall kommen die Aussagen aus dem Munde des beteiligten Protagonisten – Weizmann selbst erklärte, dass das Militär ein Interesse an der Angst der Bevölkerung hatte, um die Politiker anzutreiben, die Erlaubnis für den Kriegsbeginn zu beschleunigen.

Es ist in diesem Zusammenhang interessant zu beobachten, wie die Einschüchterungspolitik von Netanjahu (und auch die von Bennett, wie sich herausstellt) gegenüber »Iran und dem Atom« sich aus der »Schießwut« diverser Elemente im Militär speist, die an der Verbreitung der Angst in der Bevölkerung interessiert sind. Das besagt nicht, dass kein realer Grund für Befürchtungen und Ängste besteht, 1967 wie auch heute; es fragt sich gleichwohl, inwieweit die bewusste Instrumentalisierung der Angst den israelischen Militarismus, vor allem aber den militaristischen Eros der Armee selbst bedient – das ist ja schließlich ihre Raison d'être, wie Du überzeugend anhand der historischen Entwicklung des deutschen Militarismus dargelegt hast. Wenn wir dem noch die Verletzung des militärischen Stolzes nach einer Niederlage (»Dolchstoßlegende« bzw. »Lasst die IDF siegen«) und das Verlangen nach Revanche, das von ihr herrührt, hinzufügen, lässt sich verstehen, wie die Beweggründe für die »Schießwut« in der inneren Logik (um nicht zu sagen, im Wesen) dieser Organisation liegen, die beansprucht, Sicherheit herzustellen, aber durchaus auch ein Eigenleben, mithin einen eigenen Eros hat, der heteronome Beweggründe schafft. In bestimmten historischen Zusammenhängen verwandelt sich das Militär in eine unbeherrschbare autonome Entität, welche der gesellschaftlich verbreitete Militarismus nicht nur rechtfertigt, sondern auch fördert und verehrt.

Noch eine kurze Anmerkung zum Fußball: Wie in jedem kulturellen Bereich und jeder sozialen Praxis gibt es selbstverständlich auch im Fußball die autonome Dimension des schönen Spiels, der Codes fairen sportlichen Wettbewerbs und des Effekts der Identifikation der Fans mit ihrer Mannschaft, die sich mit der Empfindung des Vereins als *Heim* verbindet (nicht von ungefähr redet man, besonders beim Fußball, vom *Heim*vorteil). Aber wie so manche Sportbereiche ist auch der Fußball – vielleicht mehr als jeder andere Sportzweig – zum Stellvertreterkrieg mutiert, in dessen Rahmen das Fair Play zugunsten eines von Aggression, Gewalttätigkeit, Ressentiment und Hass durchwirkten Lokalpatriotismus zerfällt. Adorno erwähnte irgendwo, dass bei Heimspielen stets die universelle Norm der Gastfreundschaft durchbrochen werde. Daran sind nicht die Spieler schuld, in der Regel auch nicht das Vereinsmanagement, sondern die Fans, besonders jene, die – als Banden organisiert – den Hooliganismus hervorgebracht haben (heute spricht man von »Ultras«). Im ausgezeichneten britischen Film *Hooligans* (Originaltitel: *Green Street*) aus dem Jahr 2005 wird dieses Phänomen auf verschiedenen Ebenen behandelt: die unbedingte Loyalität der Fans zur Mannschaft, der Verein als Ersatz für Heim und Familie und die Subkultur der Gewalttätigkeit gegenüber gegnerischen Mannschaften (jeder Verein hat die ihm ausgesucht verhassten Gegner), die zuweilen in tödliche Gewalt ausarten mag. Es gibt freilich auch den beherzten, zuweilen auch berührenden Gesang der Anhänger auf den Tribünen, aber wenn man den Worten der Gesänge zuhört, stellt sich heraus, dass es sich oft um Hass- und Hetzlieder handelt. So besehen, ist der Kampfruf »Israel! Krieg!« in der Tat Ausdruck eines chauvinistisch-aggressiven militaristischen Patriotismus im israelischen Kontext, aber ich meine, dass es sich nicht um ein spezifisch israelisches Phänomen handelt. Man vergesse nicht, dass sich 1969 ein wirklicher Fußball-Krieg zwischen Honduras und El Salvador ereignet hat. Das ist bislang selbst mit den La-Familia-Ultras von Beitar Jerusalem nicht passiert.

Jerusalem, 2. Dezember 2021
Zimmermann an Zuckermann

Ich möchte meine Antwort in zwei teilen und zunächst nochmals auf den Militarismus und die Schießfreudigkeit eingehen. Was Du als Anekdote beschreibst, ist keineswegs anekdotisch. Du hast den schlagenden Beweis, »die rauchende Pistole«, in der Hand.

Den 1967er-Krieg und die Tage davor habe ich in Israel erlebt. Im Januar 1967 beendete ich gerade meine Pflichtdienstzeit beim Militär. Ich war bei der Militäranwaltschaft stationiert, nachdem ich vorher Geschichte und Politologie studiert hatte. Mitte Mai 1967 begann die Krise, die zum Krieg geführt hat. Hier in Israel nannte man die drei Wochen zwischen dem Beginn der Krise und dem Kriegsausbruch »die Wartezeit«. Allerdings wurden diese drei Wochen erst im Nachhinein so genannt, als hätte es sich um das Warten auf den unvermeidbaren Krieg gehandelt. Dieses Gefühl der Angst vor einer neuen Shoah, das Du im Ausland gespürt hast, wurde hier geschürt. Den Umgang mit dieser Angst verwandte Oberst Chaim Herzog mit seinen täglichen Radiosendungen an die Nation als offizielles Beruhigungsmittel, indem er die Zivilbevölkerung dazu verleitete, zu glauben, dass nur ein Militärschlag uns aus der Klemme befreien könne. Es kam dabei zur Auseinandersetzung zwischen den »zivilen Zauderern«, Regierungschef Levi Eschkol (der im Radio eine sogenannte Stotterrede hielt) und Außenminister Abba Eban (der nach einer diplomatischen Lösung suchte), und den »entschlossenen Militärs«, allen voran dem ehemaligen Generalstabschef Mosche Dajan und Vizegeneralstabschef Ezer Weizmann. Bekanntlich haben die »Zauderer« den politischen Kampf verloren.

Ich bin auch heute der Meinung, dass es ein vermeidbarer Krieg war. Die Blockade der nach Eilat führenden Meerengen – offiziell der Casus Belli – hat Israels Existenz keineswegs gefährdet. Doch fiel die Zivilgesellschaft einer militaristischen Prädisposition zum Opfer und bekam dann das, was ihr versprochen worden war: einen Militärschlag und den gewonnenen Krieg (Hebräisch: *Zbeng ve'gamarnu*, Schlag und basta = kurzer Prozess). Die Tatsache, dass wir uns seitdem in einem direkten Konflikt mit den Palästinensern in den von uns in jenem Krieg eroberten Gebieten befinden, zählt nicht. Ich bin kein Psychologe, aber die kollektive Stimmung während und nach der »Wartezeit« scheint mir manisch-depressiv gewesen zu sein. Die dann erfolgte Apotheose der hohen Offiziere war der beredte Ausdruck einer extrem militaristisch gewordenen Gesellschaft. Die politische Krise nach dem Jom-Kippur-Krieg war wiederum das Ergebnis eines tiefen Falls von Manie in Depression. Wir hatten so viele Rommels – geniale »Wüstenfüchse« – gefeiert und nun eine schallende Ohrfeige erhalten.

Dein Gespräch mit Ezer Weizmann bestätigt, dass die Angst mit Absicht von den höheren Offizieren, die einen Krieg wollten, geschürt worden ist. (Die Geschichte von Generalstabschef Rabin, der einen Nervenzusammenbruch erlitt, weil »die Zivilisten« die Ausführung seines Angriffsplans gefährdet hatten, erinnert an die Situation, in der sich der Generalstabschef des Deutschen Heeres am Anfang des Ersten Weltkriegs befand: Er war über den Vorschlag entrüstet, den Schlieffen-Plan nicht auszuführen.) Als Ergänzung dazu hier nun eine Anekdote aus meiner Militärkarriere: In der zweiten Maihälfte wurde ich zum Reservedienst eingezogen. Meine Aufgabe war, »Notstand-Kasten« vorzubereiten. Es ging um Metallkisten, die jeder Militäranwalt, dem ein Abschnitt der in Zukunft zu besetzenden Gebieten zugeteilt wird, erhalten sollte. Die Kisten hatte ich bereits während meiner regulären Pflichtdienstzeit vorbereitet, und nun musste ich sie nur noch nachprüfen. In den Kisten lagen Bücher über Kriegsrecht und Justiz in besetzten Gebieten, dazu der »streng geheime« Gaza-Bericht, der die Ergebnisse der Arbeit einer Untersuchungskommission über die israelische Besatzung Gazas nach dem Sinai-Feldzug 1956 zusammenfasste. Der Chefmilitäranwalt zu dieser Zeit war Meir Schamgar, ein Jecke, hochgebildet, aus dem revisionistischen Lager kommend, der vor allem darauf bedacht war, die Fehler, die man 1956–57 begangen hatte, zu vermeiden.

Als ich zwei Tage vor Beginn des Krieges (wann der Krieg beginnen sollte, wusste ich selbstverständlich nicht) zu meiner Arbeit in der für Neueinwanderer herausgegebenen Wochenzeitung zurückkehrte, war die Chefredakteurin sichtlich erleichtert, als sie von meiner Tätigkeit (natürlich nicht im Detail) erfuhr: »Wir planen einen Eroberungskrieg!« Ich weiß, dass Oberst Schamgar an einem Krieg nicht interessiert war, er wollte nur, dass in seinem Arbeitsbereich diesmal alles klappt. Doch die Reaktion dieser Redakteurin war authentisch. Sie hat nach dem Krieg nur einige Tage gewartet, bis sie sich ein Haus im besetzten Ostjerusalem anschaffte – Großisrael war ihr Traum seit jeher, eine Tatsache, die sich mir erst dann eröffnete. Kurz: Ohne das Militär als zentralem Identitätsstifter der israelischen Gesellschaft, und zwar bereits seit der Zeit der paramilitärischen Organisationen vor dem Ersten und dann dem Zweiten Weltkrieg (Hashomer, Hagana etc.), wäre die Angstmacherei im Jahre 1967 erfolglos geblieben, wäre auch die darauffolgende Hybris ausgeblieben.

Die Behauptung, dass dies »unvergleichbar!« sei, ist in diesem Fall überflüssig, denn der Vergleich mit Deutschland bezieht sich hier auf das Zweite, nicht auf das Dritte Reich. Mosche Dajan darf, *mutatis mutandis*, mit Hindenburg verglichen werden, nicht mit einem Nazi des Dritten Reichs, wo der »Gröfaz« Zivilist war, der abschätzig auf die Generäle schaute. Besonders ist der Vergleich der Angst vor Einkreisung hervorzuheben – bei uns wird die Floskel »ein kleiner, von Feinden umkreister Staat« nachgerade automatisch verwendet. Es ist bemerkenswert, dass auch nach dem Frieden mit Ägypten 1979, mit Jordanien 1994 und nach dem Osloer Abkommen mit den Palästinensern 1993 dieses Selbstbild aktuell blieb und die Verwendung des Begriffs »der Feind« nicht abgenommen hat. Feinde sind die, die angeblich nur die Sprache der Gewalt verstehen.

Ich komme nun zum Thema Iran, das Du angesprochen hast. Den Popanz Iran hat man in Israel aufgebauscht, um für das Militär, neben seiner Funktion als Besatzungsmiliz, seine ursprüngliche Funktion zu retten – eine Streitkraft, die einen mächtigen Feind bekämpfen und eine existenzielle Gefahr abwehren soll. Seit es die Atombombe gibt bzw. spätestens seit 1950, als beide verfeindeten Lager im Kalten Krieg diese Waffe bereits besaßen, ist allen klar, dass das bessere Mittel, um die Gefahr zu verringern, nicht die Nichtverbreitung von Kernwaffen ist (um die sich der Atomwaffensperrvertrag NPT bemüht), sondern die gegenseitige Abschreckung im Fall des Erst- oder Zweiteinsatzes. In der Ära Netanjahu mutierte die Gefahr einer Nuklearisierung Irans zum Instrument der Rechtfertigung einer großzügigen Finanzierung des Militärs zum einen, zum anderen aber zur Taktik der Ablenkung vom eigentlichen Problem – der Besatzung und der Beziehung zu den Palästinensern. Den Begriff Erzfeind und seine manipulative Kraft kennen wir aus der deutschen Geschichte. Das Militär ist als Organisation erfolgreich – es kann sich stets vergrößern und sich entsprechend eines immer größeren Etats erfreuen. Das ist die eine Seite des Militarismus. Die andere, die entscheidende Seite, manifestiert sich in der Bereitschaft, militärische Werte und den Primat des Militärs zu akzeptieren.

Daran hat aber in Israel nicht allein der 1967er-Krieg Schuld. Auf die Idee, neue Grenzstädte zu gründen (in Deutschland hieß die Parallele »Grenzsiedlung«), kam Israel unmittelbar nach Ende des Unabhängigkeitskrieges. Auch die Militäreinheit Nachal-Brigade (Kampftruppe der Pionierjugend) und die von und mit ihr gegründeten Grenzsiedlungen sind damals entstanden. Die fatalste Zusammenarbeit kam später zwischen den Siedlern und der Armee im Westjordanland zustande. Hier wurde die Grenze zwischen Zivilgesellschaft und Militär verwischt, was sich bis zum heutigen Tag erhalten hat: Es versteht sich von selbst, dass dabei die israelische und die palästinensische Zivilgesellschaft in den besetzten Gebieten zwei gegensätzliche Haltungen in ihrer Beziehung zum Militär und zum Militarismus aufweisen. Interessant ist auch die ursprünglich ablehnende Einstellung der Ultraorthodoxie gegenüber dem Militärdienst. Die Ultraorthodoxen verkörperten darin eine jüdische Ausnahme im Verhältnis zum israelischen Militär. Aber auch hier erodierte teilweise die Opposition zum Militär: Im Rahmen der Armee wurden Jeschiwot errichtet (Abmachungs-Jeschiwot genannt), die es Ultraorthodoxen ermöglichen, wenig Militärdienst und viel Jeschiwa-Tätigkeit miteinander zu verbinden. Obwohl die meisten Ultraorthodoxen sich vom Militärdienst befreien lassen, hat die Gründung der für sie eingerichteten Jeschiwot zur Festigung des Militärs in der israelischen Gesellschaft beigetragen. Von der Ultraorthodoxie zu erwarten, dass sie uns vor dem Militarismus bewahrt, ist eine Illusion.

Die Entwicklung in der Nachkriegszeit in Westdeutschland ist beneidenswert – offenbar hat die Zivilgesellschaft gelernt, sich gegen Militarismus zu wehren. Das ist eine Errungenschaft der Siegermächte, nicht minder aber auch der deutschen Gesellschaft, die die Lehre aus zwei Weltkriegen gezogen hat. Ich wünsche Israel selbstverständlich keine totale Niederlage, um aus der Geschichte lernen zu können, aber ich wüsste nicht, woher der Impuls zum grundsätzlichen Umdenken dieser Gesellschaft kommen könnte.

Später komme ich auf die Beziehung zwischen Sport und Militär zurück.

Tel Aviv, 3. Dezember 2021
Zuckermann an Zimmermann

Es ist interessant, wie sich unsere biografischen Erinnerungen gegenseitig ergänzen. Ich möchte mich kurz auf Deine Frage beziehen, woher ein »Umdenken dieser Gesellschaft kommen« werde. Bevor ich aber auf das Problem des Veränderungsimpulses eingehe, frage ich mich, warum sich das Muster der Realitätsaffirmation in dieser Weise verfestigt hat. Grundsätzlich hänge ich der aufklärerischen Auffassung an, dass Menschen rational handeln, wenn sie nur die den Dingen zugrunde liegende Logik verstanden haben (bzw. sie ihnen erklärt worden ist). Zwar haben mich viele Jahre der Beschäftigung mit der Erforschung von Ideologien und falschen Bewusstseinslagen in vielerlei Hinsicht von dieser allzu optimistischen Grundeinstellung »geheilt«: Menschen neigen dazu, sich an ihnen Bekanntes und Geläufiges zu klammern; nichts schwerer, als sich von der eigenen Neurose zu verabschieden. Und dennoch bin ich jedes Mal aufs Neue überrascht, festzustellen, mit welcher Leichtigkeit die realen Gründe von der instrumentellen Ideologisierung der Angst und deren Fetischisierung beim Gros der israelischen Bevölkerung vertrieben werden. Dies ist umso frappierender angesichts der Tatsache, dass die Armee schon lange nicht mehr aus den Militärkampagnen, in die sie sich involviert, siegreich hervorgeht. Der überhebliche »kurze Prozess«, dessen man sich jahrzehntelang rühmte, ist nur noch ein fahler Mythos des 1967er-Krieges, und die Parole »Lasst die IDF siegen« bezeugt lediglich die etwas lächerliche Lage des israelischen Militarismus, der sich nostalgisch-irrational im Schein des bellizistischen Triumphalismus wähnt. Es ist wohl auch schwer, sich vom Mythos des Kampfes von David und Goliath zu verabschieden, nachdem sich die Rollenverteilung zwischen den Protagonisten des Kampfes – Israelis und Palästinenser – verkehrt hat.

Aber der Diskurs um das iranische Atomprogramm steigert meine Verwunderung nur noch mehr. Zum einen ist es klar – wie Du hervorhebst –, dass es hierbei nicht um eine existenzielle Bedrohung Israels geht, sondern um die Anerkennung der Macht des »Gleichgewichts des Schreckens«, die ihre Effektivität den gesamten Kalten Krieg hindurch bewiesen hat; die Bombardierung von Hiroshima und Nagasaki blieb in der Tat das einzige Mal, bei dem eine Nuklearbombe als Kriegshandlung gegen Menschen aktiviert wurde. Anders gesagt: Wenn der nuklearisierte Iran imstande sein wird, Tel Aviv zu zerstören, wird Israel imstande sein, nicht nur Teheran, sondern Iran insgesamt in kurzer Zeit zu zerstören. Es ist demnach davon auszugehen, dass die iranische Angst vor Israel nicht kleiner ist als die (aus politischen Gründen proklamierte) Angst Israels vor Iran. Hierzu bemerken diverse israelische »Spezialisten«: Man dürfe nicht die Irrationalität des Mullah-Regimes mit der Rationalität der »einzigen Demokratie im Nahen Osten« vergleichen – dieses Postulat kann dem rationalen Beobachter nur ein müdes Lächeln abringen, nicht nur wegen der ihm eigenen überheblich-rassistischen Tendenz, sondern vor allem angesichts der fortwährenden eigenen Blindheit gegenüber der jahrelangen destruktiven Irrationalität der israelischen Politik, die den zionistischen Staat zu dem hat werden lassen, was wir hier erörtern und zu ergründen versuchen. Zum anderen – und das ist für mich das zentrale Anliegen im hier erörterten Zusammenhang – ist es schwer nachzuvollziehen, warum die Angst vor dem Iran, wenn man sie ernst nimmt, nicht den »Ansporn zum Umdenken der Gesellschaft«, wie Du es nennst, bewirkt. Ich sage das an Szenarios denkend, die israelische Militärexperten seinerzeit für den Fall, dass es zwischen Israel und Iran zu »konventionellen« kriegerischen Auseinandersetzungen kommen würde, ausgemalt haben: keine nukleare Katastrophe, sondern Dutzende Raketen (ungleich genauer, als die, die Israel 1991 aus Irak erreichten), mit denen Israels Städte täglich beschossen würden, und dies nicht nur ein paar Tage, sondern wochen-, vielleicht sogar monatelang. Ich erinnere mich, was in Tel Aviv während des Golfkrieges geschah, und nur der Gedanke daran, was sich in den Ausfallstraßen von Tel Aviv zutrug, als Tausende Bürger der Stadt versuchten, dem Schrecken der Scud-Raketen zu entfliehen, lässt mich erschaudern. Das damalige Chaos würde wie ein Kinderspiel erscheinen im Vergleich zum künftigen. Denn das Gerede von der »Stärke« und der »Standhaftigkeit« der israelischen Bevölkerung ist ein besonders verlogener Mythos. Der Sachverhalt ist also bekannt, er wurde von ernst zu nehmenden Experten kundgetan. Warum bewirkt er in der Öffentlichkeit keine »fruchtbare Angst«, eine solche, die bestrebt wäre, den Militarismus zugunsten einer Vermeidung des Krieges zu schwächen, wenn schon nicht zugunsten eines wirklichen Friedens (mit den Palästinensern als Ausgangspunkt)?

Eine mögliche Antwort darauf ist das Vertrauen, das die breite Öffentlichkeit in die Armee setzt, die (den Bürgern von der Staatsideologie effektiv eingetrichtert) als »Versicherungspolice« des Staates Israel aufgefasst wird. Dieses Vertrauen bezieht sich auf den (abstrakten) Fall eines »Weltuntergangskrieges«, der eine reale Bedrohung für die Existenz Israels bedeuten würde (ein abwendbarer Krieg, wenn man das Paradigma eines Gleichgewichts des Schreckens akzeptiert). Es hat sich längst schon etabliert, und sein abstrakter Gegenstand (»Sicherheit«) hat seine Verwandlung in ein nationales Tabu ermöglicht. Etwas von den schwachen ideologischen Fundamenten, auf die das zionistische Projekt von Anfang an gestellt war, ist durch dieses Tabu verkörpert. Aber es gibt noch eine andere, die erste ergänzende Antwort auf besagte Frage. Ich erinnere mich in diesem Zusammenhang an einen Vortrag von General Benjamin (Benny) Peled, ehemaliger Kommandeur der israelischen Luftwaffe, den er vor jungen Offizieren (ich war einer von ihnen) gehalten hat. Die Veranstaltung fand im Februar 1974 statt, in der Endphase des großen Jom-Kippur-Krieges, als noch ein Abnutzungskrieg mit den syrischen Streitkräften im Norden wütete. Peled begann seinen Vortrag mit den Worten: »Im nächsten Krieg wird Israel zwischen dreißig- und fünfzigtausend Tote in der Zivilbevölkerung zu verkraften haben.« Er prophezeite, dass es sich schon um einen regelrechten Raketenkrieg handeln würde. Ich war schockiert: Der gegenwärtige Krieg ist noch nicht beendet, und er redet schon vom nächsten Krieg; nicht etwa über die Möglichkeit, wesentliche Konsequenzen aus dem Unglück, das Israel in jenem schrecklichen Krieg widerfahren war, zu ziehen, sondern über den »nächsten Krieg«. Und als wollte er auf meine Bestürzung reagieren, erklärte Peled, dass es sich dabei um einen Teil des nationalen Projekts handle. »Wollt ihr ein Land in dieser Größe haben?«, fragte er, mit seinen Fingern einen kleinen Abstand anzeigend, »oder in dieser Größe?«, fuhr er fort, mit seinen

Armen einen großen Abstand vormachend. Er sprach über die Zahl der in den Kriegen zwischen 1948 und 1973 israelischen Gefallenen (ich glaube, es waren damals rund 17 000) und behauptete, das sei kein zu großer Preis im Rahmen der »nationalen Auferstehung des jüdischen Volkes«. Was mich an seinen Worten erschütterte, war die kaltschnäuzige Quantifizierung der Toten, besonders der künftigen Zivilopfer, über die er in buchhalterischer Indifferenz redete, welche damals auf mich wie eine ausgeprägte faschistische Rhetorik wirkte. Einerseits die bewusste Vermeidung jeglicher Gefühlsregung, andererseits der Preis an Menschenleben innerhalb einer für unvermeidbar erachteten, fortwährenden Kriegswirklichkeit. Nicht weniger als die Worte des Generals beeindruckte mich indes die teilnahmslose Seelenruhe der ihm zuhörenden Offiziere, als seien seine apodiktischen Feststellungen selbstverständlich, keiner Reflexion, geschweige denn eines Widerspruchs bedürftig. Ich glaube, dass Benny Peled damals pointiert aussprach, wie es möglich wurde, dass die israelische »Angst« vor einer existenziellen Bedrohung Teil der israelischen »Normalität« geworden ist. Die »Angst« verkam zur banalen Parole, eingebettet in das historische Pathos einer nationalen Erlösungsideologie, stets verfügbar für jede der manipulativen Demagogien, die Israels politische Kultur unaufhörlich und effektiv produziert.

Muskeljudentum – der Sportler und der Soldat

Jerusalem, 2. Dezember 2021
Zimmermann an Zuckermann

Ich kehre nun zum anderen Thema zurück – Fußball und Krieg. Der Historiker Johan Huizinga hat uns in seinem Buch *Homo ludens* gezeigt, dass Sport kein Spiel ist, vor allem deshalb, weil der Wettbewerb ein ernstes Element in der körperlichen Betätigung bildet. So gesehen sind sowohl das Turnen, das Turnvater Jahn fürs deutsche Volk erfand, als auch der Wettkampfsport, darunter die englische Erfindung des Fußballs, kein reines Spiel, wie es bei Tieren oder Kleinkindern zu beobachten ist. Turnen und Sport sind sogar als Mittel für nationale oder militärische Zwecke zu gebrauchen. Wie ich bereits erwähnt habe, hat der Zionismus sowohl das Turnen als auch den Sport aus deutscher Quelle kennengelernt und entwickelte das Turnen und den Sport im Allgemeinen als Instrument zur Regeneration des kollektiven Volkskörpers , also als Vorbereitung für Ziele und Aufgaben, die jenseits der körperlichen Tätigkeit oder des Sportwettbewerbs als solchen liegen. Nachdem ich das gesagt habe, möchte ich den Sport nun doch in Schutz vor denen nehmen, die ihn absichtlich oder vielleicht auch unabsichtlich missbrauchen und ihm einen schlechten Ruf verschaffen.

Den Begriff, den Du benutzt hast – Stellvertreterkrieg – möchte ich durch einen anderen ersetzen, obwohl er, oberflächlich betrachtet, sich ähnlich ausnimmt: Kriegsersatz (nicht Ersatzkrieg). Der Vorteil des Sportwettbewerbs (nicht des Turnens aus der Schule des Turnvaters Ludwig Jahn oder Max Nordaus) liegt darin, dass er die Gewalt zähmt und sie in eine Richtung kanalisiert, die dem Krieg entgegengesetzt ist. Agon, Wettbewerb und der Wille zu gewinnen – sie sind dabei alle vorhanden, aber ohne Blutvergießen, dem Fair-Play-Kodex entsprechend. Das gilt zuallererst für die Akteure, aber auch für die Zuschauer auf den Rängen, beim Public Viewing oder zu Hause auf der Couch vor dem Bildschirm. Und mit Zuschauern meine ich auch Fangruppen mit sonderbaren Namen wie »Ultras«.

Bevor im Jahr 1863 die Regeln des Soccers (Association Football) in England festgelegt wurden, ähnelte der Fußball eher einem Krieg, war also kein Sport in unserem Sinne. Seitdem müssen alle Teilnehmer auf die Einhaltung der Regeln achten. Der Preis ist klar: Für ein Foulspiel bezahlt man mit einem Strafstoß, im Extremfall sogar mit einer roten Karte, also mit dem Platzverweis. Auch Zuschauer können in bestimmten Fällen aus dem Stadion entfernt werden. Das heißt, der Sport und eben auch der Fußball distanzieren sich vom kriegsähnlichen Zustand, vom unfairen Verhalten und letztendlich vom Militarismus. Wer bei uns »Israel! Krieg!« ruft, hat sich grundsätzlich aus dem vom Sport vorgegebenen Rahmen verabschiedet. Umso mehr, wenn Krieg hier »à la guerre comme à la guerre« gemeint ist, also als Wettbewerb ohne Regeln.

Der Unterschied zwischen Militär und Krieg einerseits und einem Fußballspiel anderseits ist nicht nur in unserem Fall unklar, egal ob es sich um Nationalmannschaften oder Fußballklubs handelt. Gewalt bedroht die Gesellschaft in mehrerer Hinsicht, und die Gewalt in der Sphäre des Fußballs ist nur einer seiner Aspekte. Doch, wie wir mittlerweile gelernt haben, kann man zum Fair Play erziehen oder zumindest Sanktionen gegen unangebrachte Verhaltensweisen verhängen. Fußballverbände rund um den Globus bemühen sich um die Reduzierung der Gewalt und des Rassismus, unter anderem mithilfe von Strafen oder Investitionen in die Erziehung der Fanklubs. Diese Investition trägt Früchte, nicht immer zwar, aber doch genug, um zu zeigen, dass es auch anders gehen kann. Die Reaktion auf Rassismus in den Rängen in England zeigt, dass auch Biersäufer begreifen können, wo die Grenze überschritten ist. Und wenn man sich darum bemüht, können auch die Fans der Heimmannschaft freundschaftlich mit den Fans des Rivalen umgehen. Nicht jede Form der Unterstützung für die eine Mannschaft muss bei den Fans der anderen Mannschaft den Willen zur schrankenlosen Aggression provozieren.

Nehmen wir ein Beispiel aus Deutschland. Die Bayern-München-Fangruppe »Schickeria« war es, die den Fußballklub veranlasste, sich an den früheren jüdischen Präsidenten des Klubs, Kurt Landauer, zu erinnern. Er musste 1933 seinen Posten aufgeben, als die Nazis an die Macht kamen, und floh nach der »Reichskristallnacht« in die Schweiz. Hier ging es nicht nur um Fair Play im Spiel selbst, sondern um die Abrechnung mit einem historischen Unrecht. Derartige Initiativen gibt es nicht nur bei Bayern München. Du kennst bestimmt die Fans von Eintracht Frankfurt. Der Präsident des Vereins, Peter Fischer, hat sich klar ausgedrückt: »AfD-Wähler haben bei der SGE nichts verloren« – und gewann die Unterstützung der organisierten Fans.

Zurück zu uns: Du hast geschildert, wie unsere Militärs Angst geschürt haben, um den Weg zur kriegerischen Lösung (im 1967er-Krieg) zu ebnen. Ähnliches passiert auch am Rande des Fußballs. Das Publikum von Beitar Jerusalem, einem dem rechten Lager nahestehenden Verein, wird von Politikern instrumentalisiert, um Gewalt anzufachen oder zumindest mit Gewalt zu drohen. Die Fangruppe La Familia ist schon lange nicht mehr eine bloße Fangruppe auf den Stadionrängen, sondern ein organisiertes Gewaltinstrument gegen Gegner des rechten Lagers. Das haben wir während der Demonstrationen gegen Netanjahu im letzten Jahr erlebt. Aber schon vorher wohnten wir auf dem Platz vor dem Jerusalemer Rathaus einer Kundgebung bei, an der die Fans zusammen mit Netanjahu und anderen Likud-Politikern gefeiert haben. Es waren dieselben Fans, die auf dem Platz das Transparent »Beitar – auf ewig rein« hochhielten, was heißen soll: »Beitar duldet keine arabischen oder muslimischen Spieler in der A-Mannschaft«.

Beitar ist zwar der Klub, der am deutlichsten mit der radikalen Rechten identifiziert ist, aber auch andere Klubs befleißigen sich einer rassistisch und nationalistisch motivierten Gewalt. Ja, der Sport ist durchaus der Spiegel, den man der Gesellschaft vorhalten kann. Rassismus ist genauso wie der radikale Nationalismus ein Grundelement der israelischen Gesellschaft geworden. So kann es passieren, dass nach einem Tor, das der arabische Nationalspieler (auch

Stürmer bei TSG Hoffenheim) Munas Dabbur für Israel schoss, kein Applaus, sondern ein Pfeifkonzert und Buh-Rufe aus den Rängen erschollen, weil er sich als israelischer Araber per Twitter eine kritische Bemerkung zur jüngsten Bombardierung von Gaza erlaubte. Ich kann mich gut daran erinnern, wie ich 1998 unter den Zuschauern im Jerusalemer Stadion saß, als Israel gegen Argentinien spielte und der arabische Spieler Najwan Ghrayib das erste Tor für Israel schoss. Es war das Stadion von Beitar, und das Publikum um mich herum war ein typisches Beitar-Publikum. Ein Teil hielt sich beim Applaudieren zurück, andere haben sogar geschimpft. Das ist also nicht neu, heute aber geläufiger als früher. Angesichts der Tatsache, dass Ligaspiele zwischen Beitar aus Jerusalem und dem Fußballklub der arabischen Kleinstadt Sachnin immer zu Hass auf den Rängen führen, wo auch Politiker das Bad in der Menge nehmen, wundert es nicht, dass ein Fußballspiel gegen eine arabische Nationalmannschaft, auch die eines Staates, der mit Israel Frieden geschlossen hat, nicht infrage kommt.

Erklärtermaßen versucht der Sport, eine Formel bereitzustellen, die den Krieg ersetzt, die Gewalt in den Beziehungen zwischen Menschengruppen, auch zwischen Nationen, im Zaum hält und für die Überwindung von Vorurteilen sorgt. Der Erfolg hängt jedoch von der jeweiligen Gesellschaft und ihren Werten ab. Um es vorsichtig zu formulieren: Sogar der Teil der Gesellschaft, der selbst als Spieler oder Fan teilnimmt, ist nicht allzu sehr vom Erfolg dieser Formel überzeugt.

Um wieder zum Ausgangspunkt dieser Erörterung zurückzukehren: Nordau interessierte sich nicht für den Sport, sondern für das Turnen als körperlicher Ertüchtigung des »Muskeljuden« und war somit im Judentum ein Nachfolger von Turnvater Jahn. Sein Leitgedanke war: *Mens sana in corpore sano* statt im diasporisch degenerierten jüdischen Nationalkörper. Jene, die sich im israelischen Zionismus um das Turnen bemühten, wie etwa Arthur Biram[37], gingen auf diesem Weg über die Stärkung der degenerierten jüdischen Muskulatur hinaus – sie wollten Soldaten ausbilden. Auch die Befürworter der sportlichen Tätigkeit als solcher griffen zum selben Slogan und vertraten dieselbe Idee. Diese Idee aber in einer Gesellschaft, die den Krieg dem Kriegsersatz vorzieht, zu propagieren, hat erheblich zur Verschwisterung zwischen Sport und Militarismus beigetragen. Zu einer Betätigung also, die nicht ein Element im »Prozess der Zivilisation« bildet, wie es sich Norbert Elias vorgestellt hat, sondern im umgekehrten Sinne.

Tel Aviv, 3. Dezember 2021
Zuckermann an Zimmermann

Es macht mich ein wenig verlegen, dass Dich meine Worte über den Fußball in der letzten Mail veranlasst haben, den Sport allgemein und den Fußball im Besonderen zu verteidigen. Es bedarf nicht einer solchen Verteidigungsschrift. Ich selbst bin Sportanhänger (vor allem am Fernseher – das ist mein Sport. Ich weiß, dass Du aktiver Sportler bist). Ich akzeptiere auch Deine Korrektur: Kriegsersatz in der Tat, und nicht Stellvertreterkrieg. Die Wahrheit ist, dass meine Worte sich gar nicht auf das Wesen des Fußballs bezogen, auch nicht auf die Vereine und ihre Verwalter. Zum Wesen des Fußballs als Spiel habe ich dieselbe Beziehung wie zur immanenten (autonomen) Dimension jedes anderen Kulturbereichs – im idealen Fall gehorcht es den Gesetzen seiner Autonomie und verweigert das Eindringen heteronomer Elemente in die Spielpraxis oder ist zumindest bestrebt, sich ihnen zu verweigern. Selbst im Bereich der Spielautonomie hat man für den Umgang mit der immanenten Möglichkeit einer Regelwidrigkeit (Foul) gesorgt – mittels des Freistoßes oder gar des Verweises von Spielern vom Spielfeld; die schiere Anwesenheit eines Schiedsrichters als integralem Bestandteil jener Immanenz indiziert, dass das Spiel wesentlich darauf bedacht ist, seine makellose Integrität zu bewahren – das Fair Play ist da in der Tat untrennbar von diesem Wesenszug des Spiels. Ein anderer Teil seines Wesens manifestiert sich in seinen ästhetischen Fundamenten: Wir sprechen von einem schönen Tor, einer genialen Abgabe, von beeindruckenden Spielzügen, schon gar nicht zu reden von der virtuosen Ballbehandlung von Spielern.

Aber so wie die Kunst, der prononcierte Kulturbereich, dessen Autonomie bereits im 19. Jahrhundert thematisiert wurde, nicht gefeit ist gegen heteronome Einflüsse des Kontexts, in dem sie sich verwirklicht und »fungiert«; so wie auch die Kunstautonomie durch außerkünstlerische politische, ökonomische und soziale Einwirkungen »kontaminiert« werden mag – so ist auch der Fußball nicht immun gegen fremdbestimmte Interessen, die seine Praxis kolonisieren. In *diesem* Sinne ist auch der Fußball epiphänomenal zum Kontext seiner realen Verwirklichung. Es gibt keinen Grund anzunehmen, dass, wenn sich im Kapitalismus alles kommerzialisiert (und in der Tat gibt es im Kapitalismus nichts, das nicht kommerzialisiert wird, wenn man es nur kommerzialisieren kann – das ist die Raison d'être des Kapitalismus), der Fußball nicht kommerzialisiert wird. Allein schon der Begriff Transfer*markt* verweist auf die Metamorphose, die der Sport im 20. Jahrhundert durchlaufen hat, und ich spreche nicht nur von den unglaublichen Summen, die bei den Deals des *Verkaufs* von Spielern an andere Vereine ausgegeben werden, sondern nicht minder davon, dass der Begriff der Vereinstreue dabei von Grund auf erschüttert worden ist. Der Spieler als Ware fungiert schon in einem Feld außerhalb des Spiels und seines besagten Wesens. Als Anhänger des Hamburger SV, der Du bist, kannst Du Dir vorstellen, dass der legendäre Uwe Seeler seinen Verein für einen anderen Verein hätte verlassen wollen? Aber schon zu seiner Zeit gab es bereits die Anfänge solcher Transfers im deutschen Fußball. Die Tränen in den Augen Lionel Messis, als er letztens vom FC Barcelona zu Paris Saint-Germain wechselte, waren wohl in gewissem Maß authentisch (er verließ in der Tat, was sein »Heim« als Spieler gewesen war), aber es waren auch Krokodilstränen, als er beschloss, den heteronomen Spielregeln des Transfers zu gehorchen.

Das ist selbstredend vollkommen legal, aber es unterliegt auch jenem heteronomen Kontext, der die Authentizität der loyalen Verpflichtung des Spielers seinem Verein gegenüber fraglich erscheinen lässt. Das Gleiche gilt auch für Trainer, die von einer Mannschaft zur anderen wandern (oft, nachdem sie entlassen worden sind, weil sie die Standards des Leistungsprinzips nicht erfüllt haben). Aber ich beziehe mich mit meinen Worten vor allem auf das Publikum, den wichtigsten Protagonisten in der Dialektik von Wesen und Heteronomie des Spiels. Es weiß die Leistungen der Mannschaft zu würdigen, wahrt ihr auch die Treue, es bewundert die »Stars« und sieht im Verein eine Art »Zuhause«. Aber dieses Publikum agiert nicht im luftleeren Raum, es ist das Produkt sozialer Umstände, gesellschaftlicher Normen und Muster und eines bestimmten »Zeitgeistes«. Es ist in diesem Sinne auch das Produkt der die Gesellschaft durchwirkenden Aggression und Gewalttätigkeit – das Spiel und seine Protagonisten, einschließlich des Vereins, sind die Projektionsfläche für die Sehnsüchte und Leidenschaften des Publikums, aber eben auch für die aggressiven Elemente, die das Vereinsmanagement (das sich den Regeln des Fair Play verpflichtet weiß) zu zähmen trachtet, für gewöhnlich ohne größeren Erfolg. Ich behaupte nicht, dass dies für alle Teile des Publikums gilt, aber soweit ich das beurteilen kann, sind feindselige Gefühle und sogar Hass gegenüber Anhängern anderer Vereine charakteristisch für das Gros des Publikums. Das rührt nicht von einer bestimmten Eigenschaft der Anhänger her, sondern von den Wettbewerbsdimensionen im modernen professionellen Spiel (in welchem es bekanntermaßen um viel Geld geht), dem agonalen Charakter des Spiels, der die Verwandlung seiner Praxis in eine Projektionsfläche für all die Aggressionen und gewalttätigen Impulse, die mit dem Spiel an sich nichts zu tun haben, ermöglicht. Man kann achselzuckend behaupten, dass nichts Schlimmes daran sei; das sei nun einmal die jetzige Fußballwirklichkeit. Aber wenn man eine solche Legitimation der Heteronomie des Spiels hinnimmt, darf man sich nicht wundern, wenn es zum Gegenstand politischer Instrumentalisierung verkommt. Die Medaillentabelle der an den Olympischen Spielen partizipierenden Nationen ist ein Spiegel sportlicher Leistungen, aber nicht minder bezeugt sie auch den möglichen Missbrauch der ambitionierten Bestrebung, diese Leistungen zu erringen: Die Dopingpraktiken (ob die vom Staat initiierten wie seinerzeit im kommunistischen Block oder die aus individuellem Ehrgeiz der Profis in der »freien Welt«, wie sie in den letzten Jahrzehnten in vielen Sportdisziplinen aufgedeckt wurden) bezeugen nicht nur den heteronomen Verrat am Fair Play, sondern auch die Legitimation des Verrats am Wesen des Spiels – die erwischten Missetäter werden zwar bestraft, aber die Bereitschaft der Sportler, das Risiko des Erwischtwerdens einzugehen, ist ein deutliches Zeichen der Erschütterung besagten Wesens. Die Wahrheit ist, dass jedes beabsichtigte Hinfallen (»Schwalbe«) des Spielers im Strafraum, das von einem überaus theatralischen »schmerzerfüllten« Winden am Boden begleitet wird, bereits eine Manifestation der in das Spiel eingedrungenen Heteronomie ist. Es reicht hin, den Spieler zu beobachten, der gerade vor Schmerzen fast gestorben ist und nach zwei Minuten wieder wie ein Verrückter hinter dem Ball herjagt, um zu begreifen, dass es sich um eine Farce handelt, um eine versuchte Manipulation des Schiedsrichters, des Publikums und aller anderen relevanten Protagonisten der Szene, eine Manipulation, die mittlerweile selbst zum Bestandteil des neuen Wesens des Spiels geronnen ist. Wie sagte diese Woche der Maccabi-Tel-Aviv-Spieler Itay Shechter mit der beredten Offenherzigkeit eines Delinquenten, der sich seines Frevels rühmt? »Wenn man mich im Strafraum berührt, falle ich hin.« Nicht alle Spieler sind wie er, aber seine Worte enthalten einen Wahrheitskern im Hinblick auf die heutige Fußballpraxis.

Du siehst also, es bedarf keiner Verteidigung des Wesens des Sports (und des Fußballs). Ich selbst möchte es vor seiner heteronomen Kontaminierung verteidigen.

Jerusalem, 11. Dezember 2021
Zimmermann an Zuckermann

Fest steht: Alle Sportarten, wie auch der Sport als solcher, können nicht autonom in einer heteronomen Welt agieren. Genau wie der Kibbuz als sozialistisches Experiment mitten in einer kapitalistischen Welt nicht mehr als eine Enklave bleiben bzw., wie es am Ende auch kam, verschwinden musste, können auch der Sport und seine Regeln sich nicht den heteronomen Zwängen der Gesellschaft und ihren Regeln entziehen. Doch hat man ja den Sport gerade deswegen erfunden, um in die entgegengesetzte Richtung zu wirken: die Regeln des Sports in die ihn umgebende Gesellschaft hineinzutragen und somit eine wichtige Funktion zu erfüllen – der Gesellschaft die Fair-Play-Regeln beizubringen, mithin einen Kriegsersatz anzubieten, der wenig schadet und viel nutzt. Praktisch bedeutet dies, dass jeder Mensch seine Loyalität gegenüber dem Kollektiv, einschließlich des nationalen Kollektivs, in die Unterstützung von individuellen Sportlern oder Mannschaften übersetzt, statt eine blutigen Entscheidung auf dem Schlachtfeld zu erwarten. Mehr noch: Der Mensch wird die Fair-Play-Regeln so sehr verinnerlichen, dass er sie im Alltag (etwa beim Schlangestehen) zu praktizieren vermag.

Aber noch bevor wir uns der Frage nach dem zu erwartenden Erfolg dieser Idee in der Welt außerhalb des Sports widmen, lass uns einen weiteren Blick in die Sphäre des Sports werfen, vor allem auf die Beziehung zwischen Sportlern und Zuschauern. Der professionelle Sport begleitet uns seit Langem. Der Profiboxer oder Profifußballer kämpft vor einem Publikum, das Eintrittskarten dafür erwirbt. Der professionelle Sport bezieht sich auf ein kommerzielles Produkt und akzeptiert die Regeln der kapitalistischen Welt (bzw. alternative Regeln, wie in der ehemaligen Sowjetunion). Und falls Du mich dann auf den Amateursport hinweist (so die Olympischen Spiele noch bis 1988 oder Wimbledon bis 1968), kann ich nur betonen, dass das Publikum meist auch für den Amateursport bezahlte. Wichtiger noch:

Der Amateurismus sorgte dafür, dass die Teilnahme am Sport und das mit dem Sport verbundene Prestige beim privilegierten Mittelstand blieben, der Freizeit hatte, um Sport zu betreiben. Das heißt also, dass auch der angeblich von Kommerzialisierung freie Amateursport ein Instrument der Herrschaft der Bourgeoisie war, die ihre materiellen Werte auch in diesem Bereich durchsetzte.

Da wir uns mit Deutschland befassen, sei erwähnt: Hinter dem radikalsten Widerstand gegen den professionellen Fußball (also gegen Fußballer, die sich vom Fußball ernähren) standen die Nazis, die im Namen des »reinen« und volkstümlichen Sports gegen die angeblich von Juden eingeführte Kommerzialisierung und Materialisierung des Sports ankämpften. So wurde der Rassismus, die ideologische Grundlage des Nationalsozialismus, auch beim Thema Sport relevant, in einem Lebensbereich also, der für alle Menschen ungeachtet ihrer Herkunft offen sein sollte, ohne Diskriminierung, auf Können und fairen Wettbewerb beruhend. Wenn wir schon bei der Heteronomie sind, sei auch daran erinnert, dass um die »Amateur«-Fußballer zu belohnen, originelle Umwege erdacht werden mussten (das gilt auch für den Fußball in Israel bis in die 1970er Jahren hinein). In Nazideutschland gehörten auch Aneignung durch Arisierung dazu. FC-Schalke-04-Spieler Fritz Szepan, einer der größten Fußballer jener Zeit, erwarb ein arisiertes Kaufhaus in Gelsenkirchen – eine Tatsache, die erst sehr viel später thematisiert wurde. Kurzum: Die Regeln der Heteronomie sickerten von Beginn an bis zu den Sportlern und ihren Zuschauern durch. Es war nur eine Frage der Zeit, bis man zuzugeben vermochte, dass auch der Sport mit professionellen Protagonisten und kommerziellen Interessen leben kann. Das Zeitalter des Amateurismus war vorbei.

Das Scheitern des Versuchs, die ursprünglichen Grundwerte des Sports zu verteidigen, begann bereits mit der Verlagerung des Augenmerks auf die Fans und ihre Bedürfnisse. Das Schicksal der Juden in Nazideutschland liefert hierzu ein grausames Beispiel: Du kommst ja aus Frankfurt, wo die Eintracht eine prominente Rolle spielt. Die

Eintracht galt in der Weimarer Republik als »Judenklub«, da sich unter den Fans und Mäzenen mehrere Juden befanden. Als die Nazis an die Macht kamen, warf man nicht nur die Juden aus dem Verein raus, man hat die Namen der im Ersten Weltkrieg gefallenen Juden aus den Gedenktafeln eliminiert. *Damnatio memoriae.*[38] Zwischen dem nazifizierten Verein und seinem Publikum einerseits und der eigentlichen Botschaft des Sports an die Gesellschaft andererseits öffnete sich ein Abgrund. Die Normen des Sports haben weder die jüdischen Sportler noch die jüdischen Fans beschützen können. Am Ende wartete Auschwitz auf sie. Die Liste jüdischer Sportler, die Opfer der »Endlösung« wurden, ist lang.

Es gibt aber auch den Versuch von Sportbegeisterten, in die entgegengesetzte Richtung zu wirken, das heißt den Versuch, Leistung mit Fair Play auch in der Welt außerhalb des Sports eine Chance zu geben. Da aber bereits beim Übergang vom Sportler zum Zuschauer der Einfluss der außersportlichen Welt entscheidend ist, wundert es nicht, dass beim Übergang von der Sportwelt hin zum »normalen« Leben die Chancen eines Handelns nach den Normen des fairen Sports eher gering sind. Je unfairer und brutaler die (kapitalistische oder nichtkapitalistische) Gesellschaft wird – so mein Eindruck –, desto mehr versucht sie, die isolierte Insel des Sports als Ablenkung oder Alibi zu missbrauchen. Der Black-Sox-Skandal im amerikanischen Baseball war, so besehen, symptomatisch: Die White-Sox-Spieler aus Chicago haben Spiele verkauft, also Spielergebnisse gegen Geld manipuliert. In Amerika ist Geldgier keine Seltenheit, doch Amerikas »National pastime« durfte nicht »kontaminiert« werden, weshalb die Spieler schwer bestraft wurden. Das sollte ein Signal an die Gesellschaft sein – anders als in der realen Welt darf Erfolg in der Sportblase nicht einfach erkauft oder verkauft werden. Würde die Gesellschaft diese Regel auch in der Welt außerhalb des Sports geltend machen, wäre dies ein heteronomer Riesenerfolg des Sports, vielleicht ein Schritt in Richtung Abmilderung der Härte des kapitalistischen Systems. Das ist aber, so befürchte ich, nicht der Fall. Das bezeugt auch Maradonas »Hand Gottes«. Dieser Fußballspieler wird als Held gefeiert trotz oder gerade wegen des regelwidrigen Tors, das er in der WM 1986 machte. Wenn jemand, der eine Grundregel des Fußballs verletzt hat, in den Augen der Massen dennoch der große Sportheld bleibt, ist die Chance eher gering, dass der, der sich außerhalb des Sportgeschehens befindet, den Versuch unternimmt, Fair Play zu praktizieren.

Wenn ich also mit mir selbst ehrlich bin, widerspreche ich Deiner Einschätzung hinsichtlich eines Beitrags des Sports zur Besserung der außersportlichen Wirklichkeit eigentlich nicht. Und so ist der Fußballplatz auf dem Gelände meiner Uni, auf dem Scopusberg in Jerusalem, wo ich seit Jahren jeden Freitag Fußball spiele, mein Zufluchtsort. Dort, in dieser Enklave, können wir uns gegen die heteronome Invasion der Außenwelt zur Wehr setzen. Dort brauchen wir nicht mal einen Schiri oder gelbe und rote Karten.

Tel Aviv, 12. Dezember 2021
Zuckermann an Zimmermann

Was das Sportthema anbelangt, hast Du mir erleuchtende Einblicke in die historischen Wurzeln des professionellen Sports verschafft. Es scheint in der Tat so zu sein, dass der Amateursport schon immer von einem immanenten Potenzial der Professionalität durchwirkt war. So besehen hat es wohl nie den wirklich »puren Sport« gegeben. Das hängt meines Erachtens mit dem Doppelcharakter der Ware zusammen: Sie zeichnet sich durch einen spezifischen Gebrauchswert aus, zugleich eignet ihr aber auch ein Tauschwert in der Kommerzsphäre. Man mag sich hier an ein auf das Kunstwerk bezogenes Diktum Adornos erinnern: Das authentische Kunstwerk, sagte er sinngemäß, war immer *auch* Ware, aber nie *nur* Ware. Gerade deshalb war ich so bewegt vom spanischen Film *Wir sind Champions* (Originaltitel: *Campeones*) aus dem Jahr 2018: Den Höhepunkt des Films bildet das Spiel zweier konkurrierender Mannschaften im Rahmen einer Amateurliga für psychisch behinderte Menschen. Das Spiel endet mit der Niederlag um einen Punkt der Mannschaft, deren Entstehungs- und Konsolidierungsprozess unter der Leitung des Trainers, der sie (anfangs gegen seinen Willen) übernimmt, im Film dargestellt wird. Als der Trainer nach dem Spiel zu seinen Spielern geht, um sie über ihre »tragische« Niederlage zu trösten, stellt er fest, dass sie sich freudig mit den Spielern der anderen Mannschaft umarmen – alle Spieler sind unbekümmert um Sieg und Niederlage, sie sind glücklich über das Spielerlebnis, das sie gerade gemeinsam erfahren hatten. Ich habe in einem Film noch nie eine so tiefe und bewegende Darstellung von Gegenwirklichkeit im utopisch-emanzipatorischen Sinne gesehen.

Das Spiel mit der Angst

Jerusalem, 13. Dezember 2021
Zimmermann an Zuckermann

Wir, die uns mit der deutschen Geschichte befassen, wissen, wie wichtig der Begriff der Angst bei der Erkundung von Unterströmungen nationaler Verhaltensweisen ist. Die Befürchtungen in Bezug auf die Einkreisung haben wir bereits erwähnt, so auch die Angst vor einer weiteren Shoah. Wenn man Angstgefühle pflegt und sie historisch untermauert (»In jeder Generation steht man gegen uns auf, um uns zu vernichten«, liest man, wie bereits erwähnt, in der Haggada am Abend des Pessach), hat eine rationale, systematische und ausgewogene Denkweise keine Chance, sich durchzusetzen. Ich denke dabei an das Buch *Republik der Angst*[39], das die Geschichte der Bundesrepublik als Geschichte der deutschen Ängste darstellt – die Angst vor dem Krieg, die Angst um die Umwelt, die Angst vor der Moderne etc. Auch dort verursachten die nach dem Zweiten Weltkrieg vorherrschenden Ängste teilweise irrationale Reaktionen. Eines bleibt jedoch unumstritten – die Angst vor dem Krieg und vor allem, was mit dem Militär zu tun hat, ist bis heute die konsequenteste und augenfälligste Angst der deutschen Gesellschaft. Eine (in Israel gängige) Parole wie »Lasst das Militär siegen« bleibt in Deutschland nach dem Zweiten Weltkrieg undenkbar, ganz anders als nach dem Ersten. Weltkrieg, als es noch hieß »Im Felde unbesiegt«. Darüber hinaus lässt sich behaupten, dass in Deutschland tatsächlich ein grundsätzliches Umdenken stattgefunden hat: Die Angst vor der Einkreisung wurde zuerst durch die Angst vor dem Angriff an einer Front, der Front zum Warschauer Pakt, ersetzt, dann aber, im Gegensatz zu früher, durch die Wahrnehmung der Nachbarstaaten als Verbündete und als Schutz vor Gefahren erneut modifiziert.

Hier, denke ich, sind wir wieder beim Thema, das Du gründlich erforscht hast – die einseitige Pflege des Shoah-Gedenkens. Dieses Gedenken verwandelte zum einen das (reale oder vermeintliche) militärische Bedrohtsein Israels, zum anderen aber die eigenen Streitkräfte und ihren Einsatz zum Kern der israelisch-jüdischen Angst – letzteres aber zugleich zum effektivsten Mittel, diese Angst zu überwinden. Anders als in Deutschland nach 1945 konzentrieren sich die deutschen Ängste heute nicht nur auf die Gefahr des Krieges und des Militarismus, sondern auch auf andere Gefahren, die in Israel weitgehend marginalisiert werden – die Gefährdung der Demokratie, den Klimawandel, die drohende Gefahr für den Weltfrieden, die Notlage der Schwachen in der Weltbevölkerung. Übrigens hat man in Deutschland gelernt, sich nicht nur als Täter, sondern auch als Opfer zu betrachten (Opfer des Nationalsozialismus, Opfer der Besatzungsmächte) und ließ entsprechend neue Ängste aufkommen (was ich selbstverständlich nicht unbedingt gutheiße). Bei uns bleibt man bei der hartnäckigen Überzeugung, wir seien in jeder Hinsicht nur Opfer, Täter sind wir nie, das können wir uns gar nicht vorstellen. Nie wieder werden wir »wie die Schafe zur Schlachtbank« gehen – in diesem Satz manifestiert sich nicht nur die größte Angst der israelischen Juden, er ist auch zur ultimativen moralischen Richtschnur dieser Gesellschaft avanciert. Dies, obwohl wir uns nicht nur objektiv nicht in dieser bedrohlichen Lage befinden, sondern auch potenziell nicht, nicht zuletzt, weil David zu Goliath mutiert ist. Dieses »Nie wieder!« ist nicht nur eindimensional, sondern auch bequem: Wir dürfen von anderen Gefahren und Ängsten absehen, weil sie in unserem besonderen Fall als »Luxus« gelten. Dabei geht es nicht nur um den unseriösen Umgang mit Umweltproblemen und dergleichen mehr – die Art und Weise, wie das Volk der Shoah-Überlebenden mit der Not der Flüchtlinge weltweit umgeht, ist einfach beschämend.

Ich wundere mich auch nicht über die kaltblütig quantifizierende Einschätzung des Preises der Kriege, die sich in der von Dir zitierten Rede von General Peled ausdrückte. Wenn die ultimative Gefahr in einer neuen Shoah gesehen wird, ist jede Alternative verhältnismäßig »preiswert«. Und wenn man daran glaubt, dass Frieden nur eine Illusion sei, dass jeder Status quo mit unseren Feinden (auch mit denen, die mit uns bereits einen Friedensvertrag geschlosssen haben) nicht mehr als ein Versuch ist, die nächste Shoah aufzuschieben, dann ist ein solcher der Preis für die Überwindung dieses Zustands günstig. Nach dieser Logik ist der »Weder-Krieg-noch-Frieden«-Zustand deshalb vorzuziehen, weil ein Frieden mit dem Risiko verbunden ist, »schmerzhafte Zugeständnisse« machen zu müssen (für uns beide ist der Rückzug aus den besetzten Gebieten selbstverständlich weder schmerzhaft noch ein Zugeständnis). Die zionistische Geschichtsschreibung ging bereits vor der Shoah vom Mythos des schwachen Diasporajuden aus, der nach der Shoah an (empirischer) Geltung gewonnen hat. Diese Geschichtsinterpretation sah das Bestehen eines starken israelischen Militärs als wahre Wiedergutmachung an. Weil Israel eine starke Armee hat, und nur deshalb, heißt es, kann sich eine Shoah nicht wieder ereignen. Und es ist diese Geschichtsphilosophie, an der man um jeden Preis halten will.

Gleichwohl geschieht hier etwas für eine militarisierte Gesellschaft Unerwartetes: Den Preis, den wir an Menschenleben zu bezahlen bereit sind, müssen Zivilisten bezahlen, nicht Militärs. Darin verbirgt sich die Erklärung für die Effektivität der Raketenbeschüsse Israels im Golfkrieg 1991, im Libanonkrieg 2006 oder in zahlreichen Gewalteskalationen im Gazastreifen. Das Militär ist so »geheiligt«, dass wir nicht akzeptieren, was eigentlich hätte selbstverständlich sein müssen: Den Blutzoll müssten eigentlich Soldaten bezahlen, die die Zivilbevölkerung beschützen, nicht umgekehrt! Doch schien in den erwähnten Kriegen und Militäroperationen das Leben eines Soldaten schützenswerter zu sein als das eines Zivilisten. Die Geschichte des entführten Soldaten Gilad Schalit (2006) und weitere ähnliche Fälle sprechen da Bände. Mir scheint, dass die Apotheose des Militärs so weit gekommen ist, dass Soldaten um jeden Preis geschützt werden und die Totenstatistik auf die Zivilgesellschaft übertragen worden ist. Dies ist auch aus einem anderen Grund bequem: Ein durch Raketenbeschuss getöteter Zivilist verschafft die unmittelbare Legitimation für die darauffolgende Militäroperation.

Trotz aller Unterschiede zwingt sich hier die Erinnerung an Himmlers Posener Rede auf, aus der Du zitiert hast: Es gibt Wege, Kriegstoten gegenüber eine statistisch entfremdete Kälte zu entfalten, wenn ein angeblich gerechtes Ziel im Vordergrund steht. (Am Rande bemerkt: Bei uns sind die gegnerischen Opfer nicht einmal statistisch erwähnenswert. Wir haben uns angewöhnt, die steigende Zahl der Opfer auf der palästinensischen Seite zu ignorieren.) Bei uns gilt zudem die Parole von der »Reinheit der Waffe«; das Militär ist stets »sauber«. Ich sage es zum wiederholten Mal: Im Vergleich zur Shoah gilt jedes Opfer als »erträglich«; jeder Versuch, einem militärischen Konflikt auszuweichen, wird vor dem Hintergrund der jüdischen Geschichte als ein ungehöriges Zeichen der Schwäche ausgelegt, das mit der Grundidee des Zionismus unvereinbar sei. Daher dürfe man keine Kompromisse eingehen, keine Abmachungen mit dem Gegner anstreben. So die vorgegebene Richtlinie.

Das Osloer Abkommen mit den Palästinensern von 1993, daran sei hier nochmals erinnert, gilt als Kapitulation, die Terroranschläge mit Tausenden jüdischen Opfern verursacht habe. Die Frage, wie viele Menschenleben eine solche Abmachung auf lange Sicht vielleicht hätte retten können, kommt den Gegnern einer Verständigung nicht in den Sinn. Auf diesen Wegen sind das Militär und die kriegerische Auseinandersetzung zum Selbstzweck geronnen, die als mit der Notwendigkeit, das Vaterland und die Zivilbevölkerung zu verteidigen, zwingend zusammenhängend dargestellt werden. Die Auseinandersetzung mit Irans Atomprogramm scheint mir ein Extremfall dieser Überzeugung zu sein.

Tel Aviv, 13. Dezember 2021
Zuckermann an Zimmermann

Das Thema Angst, das Du am Anfang Deines Briefes ansprichst, beschäftigt mich schon seit vielen Jahren. Hauptsächlich deshalb, weil ich eine konzeptuelle Unterscheidung vornehme zwischen dem realen Angsterlebnis (das, wie wir bereits festgestellt haben, einen die Juden – auch die jüdischen Israelis – betreffenden historischen Wahrheitskern im 20. Jahrhundert hat) und der Angst, die zu einem Machtinstrument der Staatsideologie verdinglicht worden ist und als solches Interessen bedient, die so gut wie nichts mit dem wirklichen Angsterlebnis zu tun haben. Ich behaupte nicht, dass man zwischen beiden Kategorien immer eindeutig unterscheiden kann; im Grunde schließen sie sich nicht zwangsläufig gegenseitig aus, wie wir im Fall der Angst der Israelis während der Wartezeit vor dem 1967er-Krieg und des instrumentellen Gebrauchs, den man von dieser Angst »hinter der Bühne« machte, gesehen haben. Ich selbst bin mir nicht mehr ganz sicher, dass das reale Angsterlebnis bei den meisten Israelis noch immer so lebendig ist, gewiss nicht in der jungen Generation. Es verblasste, weil Israel weitaus weniger bedroht ist als früher und weil die typische israelische Arroganz mit permanenter Angst unvereinbar ist. Mag sein, dass ein solches Erlebnis im kollektiven Unbewussten fortwirkt, aber selbst, wenn dem so sein sollte, glaube ich nicht, dass es eine gewichtige Rolle in der Ausrichtung der Israelis auf »die Welt« spielt. Hingegen weiß ich definitiv, dass die Ideologisierung der Angst ein zentrales Fundament in der israelischen Selbstdarstellung »vor der Welt« (vielleicht auch im Selbstverständnis) bildet. Begleitet wird sie von Mustern der Selbstviktimisierung, zuweilen gepaart mit Größenwahn, der das vermeintliche Opferbewusstsein ergänzt. Dieses bildet ein zentrales Fundament in der israelischen Selbstdarstellung »vor der Welt« (vielleicht auch im Selbstverständnis) – sie zahlt sich einfach aus Und Deutschland, unser »treuer Verbündeter«, kooperiert im Sinne dieses verlogenen

Musters der Manipulation aus Gründen, die es auch ihm leicht machen, mit seinem »Gewissen« klarzukommen – denn es geht um die viel beschworene Aufarbeitung der Vergangenheit. Zwei neurotische Entitäten treffen hier aufeinander, symbiotisch aneinandergebunden, und betrügen sich gegenseitig wie sich selbst. Die Folgen für kritische Intellektuelle wie Dich und mich kennen wir beide zu Genüge.

Dieses Angstproblem beschäftigt mich wegen seiner mannigfaltigen tatsächlichen Konsequenzen, aber auch aus theoretischen Gründen. Der klassische Ideologiebegriff im Marxismus basiert meines Erachtens auf einem im Wesentlichen kognitiven Paradigma. Ein synonymer Begriff für dieses Ideologiekonzept in diesem Denken wäre »falsches Bewusstsein«. Es geht also um die Annahme, dass Menschen die Realität nicht so wahrnehmen, wie sie ist, sondern in einer verzerrten, mithin falschen Weise. Es gibt gute Gründe dafür, wie sie beispielsweise aus Louis Althussers Schrift über die ideologischen Staatsapparate hervorgehen. Aber letztlich darf man, wenn man am Geist der westlichen Aufklärung festhält, davon ausgehen, dass wenn man dem Träger des falschen Bewusstseins die Dinge so erklärt, wie sie sind, wenn man ihm beweist, dass er irrt, er seine Meinung ändern und das adäquate Bewusstsein von der Realität erlangen kann. Diese Auffassung wurde durch das Denken der Frankfurter Schule gravierend erschüttert, als das affektuelle Element in den ideologischen Mechanismen herausgearbeitet wurde, welches die Realitätswahrnehmung mit einer irrationalen Dimension auflädt, mit einem sich seiner selbst nicht bewussten psychischen Bedürfnis. In der Erörterung des »autoritären Charakters« haben die Frankfurter Forscher dargelegt, dass die Abhängigkeit des autoritären Menschentyps von der Autorität nicht rational, sondern psychisch generiert ist, dass es sich mithin um ein Bedürfnis und nicht um eine kognitive Wahl handelt. In seinem Roman *Der Untertan* hat Heinrich Mann diesen Charakter in der Gestalt Diederich Heßlings literarisch prägnant erfasst. Mann bezog sich auf die Autoritätshörigkeit in der deutschen politischen Kultur. Ich bin der Meinung, dass es sich um ein politisches Phänomen handelt, das nicht spezifisch deutsch ist, sondern sich in vielen Ländern der Welt findet, mithin auch tiefe Wurzeln in Israels politischer Kultur geschlagen hat. Das zentrale Problem liegt für mich in der Dekodierung des Mechanismus, mit dem sich psychische Impulse (wie Angst) in ideologische Muster und sogar in gefestigte Weltanschauungen übersetzen, ohne dass man klar und deutlich den Übergang von einer Sphäre der Weltwahrnehmung (der affektuellen) in die andere (die ideologische) zeigen kann. Ich glaube nicht, dass wir dieses Problem im hier gegebenen Rahmen werden »lösen« können. Aber strukturell muss man jedes Mal aufs Neue die ideologischen Momente der gängigen politischen Abläufe in Israel unter diesem Aspekt dekodieren. Dazu gehört auch das Problem der »Angst« bei uns.

Glaube und »falsches Bewusstsein«

Jerusalem, 20. Dezember 2021
Zimmermann an Zuckermann

Mit dem Begriff »falsches Bewusstsein« kam ich erst 1972 in Berührung, nach meiner Ankunft in Hamburg, wo ich meine Doktorarbeit schrieb und meine Kommilitonen 68er-Studenten und -HiWis waren. Marx' Schriften kannte ich vor allem als Student des Marx-Experten Shlomo Avineri von der Hebräischen Universität in Jerusalem. Bei ihm haben wir die Schriften des jungen Marx studiert. Mein Vater hat mir zwar erzählt, dass er 1933 noch die Kommunisten in Deutschland gewählt hat und der sozialistischen jüdischen Jugendbewegung Hashomer Hatzair angehörte, bevor er meine Mutter, die aus einer orthodoxen Familie stammte, heiratete und den Kontakt zum Marxismus aufgab. Den Umgang meiner Kommilitonen mit dem »falschen Bewusstsein« würde man heute »cancel culture« nennen, und nur weil ich schon damals, Anfang der 1970er Jahre, der Besatzung des Westjordanlands kritisch gegenüberstand und Sympathien für Willy Brandts SPD hegte, wurde ich nicht aus Trotz dazu verleitet, zum rechten Flügel überzugehen. Das marxistische Palaver war bei vielen meiner Kommilitonen nur ignorante Mode. Anfang der 1980er Jahre habe ich mich selbstverständlich nicht über Kollegen und Dozenten, angeblich enthusiastische 68er, gewundert, die aufatmeten, als sie ihre linken Positionen aufgeben konnten und den Anschluss an die konservativen Werte der Ära Kohl fanden. Die intoleranten Benutzer des Schimpfworts »falsches Bewusstsein« posaunten in der Regel irgendwelche Slogans, und im Rückblick bin ich froh, dass sie mich nicht dazu brachten, ein trotziger Nationalist zu werden.

Wenn ich also die israelische Gesellschaft beobachte und mich der Frage aussetze, die auch Du gestellt hast, wieso eine sachliche Diskussion auf der Grundlage von faktischen Befunden nicht zur (meiner Überzeugung nach) richtigen Wahrnehmung der Wirklichkeit führe, greife ich nicht zu dem von Marxisten benutzten Begriff

»falsches Bewusstsein«, sondern stattdessen zu einen Begriff, der mir aus meiner Zeit als Schüler in einer religiösen Schule gut bekannt ist: »der wahre Glaube«. Du siehst ja, wie oft man die Floskel »Ich glaube, dass…« benutzt, die implizit suggeriert: »Ich verbiete mir jede Kritik an meinem Umgang mit dem Gegenstand meiner Überlegungen.« Dies ist die eigentliche Gefahr, die sich auch im »Glauben an die Richtigkeit des Zionismus« findet, auch im heutigen Zionismus, den ich für einen Etikettenschwindel halte. Egal ob Glaube oder falsches Bewusstsein, weder Fakten noch gute Gründe oder eine systematische Darstellung werden angenommen – nichts hilft. Wenn sich dennoch etwas ändern sollte, dann nur nach den Regeln einer neu aufgekommenen Mode: Entweder ändert sich der Zeitgeist oder materielle Interessen zwingen dem Bewusstsein den Gebrauch eines neuen Produktes auf. So kann der alte Glaube bzw. das alte Bewusstsein durch etwas Neues ersetzt werden. Ich bin oft dem Satz »Da fiel es mir wie Schuppen von den Augen« begegnet. Gemeint war damit: Ich hatte eine Offenbarung und konnte meinen alten Glauben gegen einen neuen eintauschen. Nicht aus rationalen Gründen fällt es einem wie Schuppen von den Augen, sondern wegen einer Glaubenserschütterung. Zwar bin ich voll und ganz für die Überwindung des populären Glaubens von heute, bin jedoch nicht überzeugt, dass eine Glaubenserschütterung den richtigen Weg für rationale Überlegungen bereitet, die auch Überzeugungen verändern können.

Um die gedankliche Sturheit, der ich als Historiker und Zeitzeuge begegnet bin, zu »knacken«, befasse ich mich systematisch mit den Zukunftserwartungen vergangener Gesellschaften. Wir Historiker haben nicht nur auf die Fakten der Vergangenheit zu schauen (im Sinne von Leopold von Rankes »Wie es eigentlich gewesen ist«), sondern auch auf das, was in der Vergangenheit *erwartet* worden ist. Mit dieser Methode schafft der Historiker etwas, womit man in unserer Wissenschaft eigentlich nicht rechnet: Variablen aus der Vergangenheit zu isolieren, um auf diesem Wege zu erfahren, inwieweit sie den Gang der Dinge beeinflusst haben. Bislang konnte ich nicht nur feststellen, dass Erwartungen meist nicht in Erfüllung gehen, weil bestimmte bekannte oder unbekannte Faktoren nicht berücksichtigt wurden, sondern auch, dass Zukunftserwartungen mehr vom Glauben bzw. vom Bewusstsein abhängen als von zur Verfügung stehenden Fakten und Befunden. Hier steht ja viel mehr auf dem Spiel als nur die Wahl zwischen Aktien im Börsengeschäft. Wir wollen ja herausfinden, wie man die Überzeugung eines Individuums oder einer Gruppe erschüttern kann, um Prioritäten neu festzulegen. Die Frage allein lässt mich verzweifeln.

Ich möchte nicht nur abstrakt philosophieren, sondern eine Frage beantworten, die uns beide im deutschen wie im israelischen Kontext (auf Deutschland schauend) beschäftigt: Weshalb kommen die Schlussfolgerungen, die wir aus der von uns untersuchten und erörterten Materie ziehen, nicht an? Wieso ist der Beitrag, den wir in diesem Zusammenhang leisten, so marginalisiert? Da Angst ein so elementarer Instinkt ist, so leicht zu manipulieren, scheint es mir in Anbetracht der von uns analysierten Gesellschaften besonders wichtig, sich mit diesem Phänomen genauestens zu beschäftigen, das von beiden Gesellschaften so geschickt in einen ideologischen und politischen Hebel übersetzt worden ist, meist mit schlechter Absicht.

Tel Aviv, 20. Dezember 2021
Zuckermann an Zimmermann

Ich sehe, dass Du disputierfreudig aufgelegt bist. Für mich war '68 mitnichten nur eine konjunkturelle Mode, sondern ein zentrales, höchst bedeutendes Ereignis in der westdeutschen Geschichte der Nachkriegszeit. Es bewirkte unter anderem das Entstehen einer neuen kritischen deutschen Intelligenz, die der »wirtschaftswunderlichen« Selbstzufriedenheit jener Zeit entgegenwirkte, mithin die

Verdrängung und das Vergessen, die die westdeutsche Gesellschaft nach der großen Katastrophe kennzeichneten, zu entlarven trachtete. Der Hauptkatalysator zur Förderung jener kritisch-revoltierenden Prozesse war die Kritische Theorie der Frankfurter Schule (der auch ich anhänge), welche die theoretische Synthese des Marx'schen makrosoziologischen Denkens und der Freud'schen Tiefenpsychologie zum Inhalt hat. Die Konsolidierung dieser Intelligenz war entscheidend für die Entstehung einer reflektiert-kritischen, öffentlichen politischen Sphäre in der BRD, die in den Jahrzehnten nach '68 einen fruchtbaren Einfluss auf die Forschung, die Publizistik, die Medien und andere Bereiche der deutschen politischen Kultur ausübte. Allen voran hat sie ihren Beitrag zur dringend nötigen Auseinandersetzung Deutschlands mit seiner verbrecherischen Vergangenheit geleistet. Es ist wohl wahr, dass nicht wenige der damals rebellierenden Studenten sich gerade das Parolenhafte dieses Denkens zu eigen machten; aber daraus und aus der teilweise euphorischen Überspanntheit der Bewegung eine Schlussfolgerung über die Kategorie des »falschen Bewusstseins« abzuleiten – das ist unverantwortlich. Der Begriff »falsches Bewusstsein« wird zunächst von (den sich an Hegel anlehnenden) Marx und Engels geprägt und erfährt in der Folge eine Radikalisierung im Denken Georg Lukács', der von einem »notwendig falschen Bewusstsein« sprach. Letztlich handelt es sich um einen Begriff, der die bestehende Spannung zwischen der Realität (hier verstanden als das gesellschaftliche Sein) und den Arten der Wahrnehmung dieser Realität anzeigt. Dieses epistemologische Problem beschäftigte die Philosophen bekanntlich schon Tausende von Jahren; es reicht hin in diesem Zusammenhang an Platons *Höhlengleichnis* zu denken. Zuweilen verwendete man auch »falsches Bewusstsein« als Synonym für Ideologie. Aber während »idéologie« im französischen Denken des 18. Jahrhunderts noch ein System von Ideen und Denkweisen über das gesellschaftliche Sein bezeichnete, änderte sich diese Auffassung in der modernen Ära.

Die heute gängige pejorative Bedeutung des Ideologiebegriffs wird Napoleon Bonaparte als erstem zugeschrieben; er widersetzte sich energisch den Ideen der französischen Denker und anderen Autoren der Aufklärungsbewegung im 18. Jahrhundert, sah sie als chimärenhafte Illusionen an und behauptete, dass für die Durchsetzung eines gesellschaftlich-politischen Wandels einzig der »politische Akt« von Bedeutung sei. Sobald er die Macht erringen wird, deklarierte er, werde er die Realität mithilfe von Soldaten verändern, nicht mit Denkern und aufgeklärten Geistesmenschen. Die Lehren der »idéologues« standen für ihn diesem Bestreben entgegen; entsprechend verhielt er sich ihnen gegenüber mit demonstrativer Herablassung, erteilte mithin den von ihnen verbreiteten Geistesprodukten eine deutliche Absage: »Ideologien« behandelte er als etwas Realitätsfernes, Unverwirklichbares. Er ging sogar so weit, die Ideologen als Urheber der Schwierigkeiten, auf die Frankreich im Verlauf der Französischen Revolution stieß, zu beschuldigen. Bei Napoleon erscheint also der Ideologiebegriff zum ersten Mal mit der negativen Konnotation, die ihm bis heute anhaftet: Ideologie gilt als wirklichkeitsfremd. Von da an wurden dem Begriff Attribute wie Lüge und Betrug zugeschrieben, bewusste Verschleierung politischer und sozialer Ziele, Manipulation von Meinungen und allgemein mehr oder minder bewusstes Verbergen wirklicher Tatsachen und Wahrheiten.

Man kann im hier erörterten Zusammenhang Schlüsselgestalten der französischen Aufklärung nicht übergehen, Figuren wie Louis de Jaucourt und Paul-Henri Thiry d'Holbach, die sich in ihrem Denken auf Schriften von Francis Bacon und Étienne Bonnot de Condillac bezogen und konzeptuelle Aspekte aus deren Denken entwickelten. D'Holbach etwa hob hervor, dass die Herrschenden praktische Zwecke verfolgten, den Massen aber unhinterfragbare, zuweilen auch göttlich verbürgte Wahrheiten präsentierten, um besagte Zwecke zu rechtfertigen. Dieser Akt sei ideologisch, weil das, was als theoretisches sachliches Argument aufgeführt wird, de facto atheoretisch sei und nicht dem Bereich objektiver Erkenntnis zugezählt werden könne. Mit anderen Worten, d'Holbach verweist auf die irrational-emotionalen Eigenschaften der Ideologie. Was aber im Denken der französischen Geistesheroen noch fehlt, wird zum ersten Mal bei Karl Marx und Friedrich Engels systematisch dargelegt: das Erfassen der Klasseninteressen aus den objektiven gesellschaftlichen und ökonomischen Bedingungen, aus denen sie erwachsen. Wie die Denker der Aufklärung sind auch Marx und Engels bestrebt, Vorurteile, Täuschungen und unfundierte Behauptungen als solche zu entlarven, den ausbeuterischen Gebrauch von ihnen zu verhindern und die Augen der sozial Schwachen dafür zu öffnen, dass sie selbst die Verfestigung ihres elenden Lebens durch Ideologien ermöglichen. Dies gilt vermutlich für die »Massen« schlechthin, die gesamte Geschichte hindurch. Gleichwohl entdecken Marx und Engels in der kapitalistischen Gesellschaft eine neue Form der Ideologie, eine ungleich gefährlichere als die Summe aller Vorurteile und partikularistischer Rechtfertigungen, gegen welche die Philosophen und Denker seit Bacon angedacht hatten. Dies ist ihrer Ansicht nach deshalb der Fall, weil die kapitalistische Gesellschaft ihre Mechanismen der betrügerischen Rechtfertigung und Manipulation immer wieder aufs Neue effektiv reproduziert. So bewirkt die Ideologie als Apparat der Indoktrination zwangsläufig die menschliche Entfremdung.

Das »falsche Bewusstsein« (als Ideologie) umfasst also auch das, was für Dich der Glaube ist. Ähnlich wie das, was Du als aufgeklärte Position darstellst – Rationalität und realitätsgerechte Wahrnehmung der Dinge anstelle von Aberglauben und Vorurteilen –, verweist auch die Analyse des »falschen Bewusstseins« auf diese Diskrepanz. Sie tut dies aber in komplexerer Weise, indem sie die affektuellen Faktoren analytisch erfasst, die an der Entstehung von Weltanschauungen und Ideologien und allgemein der Wahrnehmungen von Wirklichkeit, wie auch von Mechanismen der Verdinglichung und Manipulation, beteiligt sind. Im selben Zusammenhang: Ich möchte jetzt hier nicht auf die Komplexität von Rankes »Wie es eigentlich gewesen ist« eingehen. Es reicht hin, daran zu erinnern, dass sein Kriterium für die Validität geschichtlicher Tatsachen die *schriftliche* Quelle ist, um zu verstehen, warum er selbst seinem eigenen Postulat nicht gerecht zu werden vermag. Nicht von ungefähr plädierte er für die vordringliche Erforschung der Kirchengeschichte bzw. der Geschichte von Monarchien und herausragenden Heerführern, namentlich der Geschichte jener Sphären menschlichen Seins, die dokumentiert sind. Aber wie soll man mit der restlichen Menschheit umgehen, deren Dasein nicht schriftlich dokumentiert ist? Es ist hier nicht der Rahmen, um sich auf diese komplexe Problematik einzulassen, aber ich meine, dass auch sie bzw. ihre Kategorien der Ideologie, des falschen Bewusstseins und ja, auch des »Glaubens« als Mittel des Kampfes gegen die Vernunft und das Realitätsbewusstsein der eingehenden Erörterung bedürfen.

Öffentliche Meinung: Wagner in Israel?

Jerusalem, 22. Dezember 2021
Zimmermann an Zuckermann

Bis zu meiner Emeritierung vor zehn Jahren hat das Koebner Center, das ich 26 Jahre lang (viel zu lang) geleitet habe, mithilfe des PORI-Meinungsforschungsinstituts die Entwicklung der Einstellung von Israelis gegenüber Deutschland beobachtet. Sehr früh begann das Sprechen über diese Frage zu Floskeln zu gerinnen, was sich sowohl bei Stammtischgesprächen oder in den Medien niederschlug als auch in den Einstellungen, die die Befragten in den Umfragen zum Ausdruck brachten. Mit Floskeln meine ich Behauptungen wie »Die Deutschen bleiben immer Nazis« oder »Das liegt eben in ihrer Natur« etc. Vor Kurzem erzählte mir die Gebärdensprachdolmetscherin in einem Fernsehstudio, dass es bis vor einigen Jahren in dieser Sprache keinen Unterschied zwischen »Deutscher« und »Nazi« gegeben hat. Ich kann mich an die Gebärde nicht erinnern, aber diese Aussage hat mich beeindruckt. Ähnliche Floskeln trifft man auch bei Fußballfans an, die Spiele der deutschen Nationalmannschaft kommentieren. »Eine gut geölte Maschine«, so lautete ein geläufiger Kommentar aus den Rängen oder in den Medien. Mit solchen Pawlow'schen Klischeereaktionen waren auch wir beide (»Wahldeutsche«) konfrontiert, als uns die bereits erwähnte rechtsgerichtete, israelische Journalistin vor bald dreißig Jahren attackierte.

Die Umfragen vermitteln jedoch ganz andere Eindrücke. Die erste Umfrage, an der das Koebner Center beteiligt war, wurde im Jahr 1982 nicht von mir, sondern vom Nachrichtenmagazin *Der Spiegel* angeregt. Die Ergebnisse haben uns schon damals überrascht. Nahezu zwei Drittel der (jüdischen) Befragten gingen von einem »anderen Deutschland« aus, ganz im Sinne des von Ben Gurion bereits dreißig Jahre zuvor geäußerten Diktums. Etwas weniger als ein Drittel der Befragten behaupteten damals, dass die Beziehungen zu Deutschland sich bereits normalisiert hätten. Die nächste Umfrage führten wir 1990, im Jahr der Wiedervereinigung, durch. Etwa ebenso viele wie acht Jahre zuvor glaubten an ein »anderes Deutschland«, doch diesmal waren bereits 62 Prozent der Meinung, dass die Beziehungen sich normalisiert hätten. Dieses Ergebnis war umso überraschender, da Regierungschef Jitzchak Schamir damals vor der Entstehung eines Vierten Reichs warnte; die Likud-Partei, die damals seit dreizehn Jahren an der Macht war, pflegte eine antideutsche Tradition. Diese Befunde standen im deutlichen Widerspruch zu dem immer noch grassierenden Vorurteil, dass die Deutschen trotz allem noch Nazis seien.

Seit 1990 wurden die Umfragen Jahr für Jahr durchgeführt, und es stellte sich zunächst heraus, dass während und kurz nach dem Golfkrieg von 1991 die positiv werdende Einstellung zu Deutschland einen Dämpfer erhielt: Die Werte der positiven Antworten auf beide Fragen gingen etwas zurück. Die Gründe dafür, so habe ich damals vermutet, waren zum einen die fremdenfeindlichen Ausschreitungen im wiedervereinigten Deutschland und die Rolle, die die deutsche Industrie durch ihre Gaslieferungen an den Irak im Krieg gespielt hatte. Hinzu kam die psychologische Verfassung Israels: Israel bedarf eines Feindes, um sich selbst zu definieren, und da der sowjetische Feind abhandengekommen war und es mit den Palästinensern zu den Osloer Verhandlungen kam, griff man auf Deutschland, den altbewährten historischen Feind, zurück. Diese Phase war jedoch kurzlebig: Das Osloer Abkommen führte nicht zum Frieden mit den Palästinensern, Iran avancierte zum Feind Nummer eins, und die Umfragen zeigten, dass sich nach Einschätzung der Israelis die Beziehungen zu Deutschland zunehmend normalisierten, sich also die Vorstellung von einem »anderen Deutschland« verfestigte. Auf beide Fragen antworteten etwa 85 Prozent der jüdischen Befragten mit »ja«.

Das Koebner Center hat dann die Umfragen nicht fortgeführt, bis Gisela Dax vom European Forum der Hebräischen Universität Jerusalem dieses Instrument wieder aufgriff. 2021 sagen ca. 70 Prozent, dass die Beziehungen zu Deutschland normal geworden seien, und

80 Prozent, dass Deutschland tatsächlich ein »anderes Deutschland« sei (angemerkt sei, dass es hierzu mittlerweile kaum Unterschiede zwischen der Einstellung den jüdischen und den arabischen Bürgern des Landes gibt). 70 bis 80 Prozent finde ich beeindruckend, wenn ich auch für den Rückgang im Vergleich zu 2012 keine Erklärung habe.

Indizien dafür, dass der individuelle Israeli kein Deutschland-Hasser ist, sind in den Antworten auf weitere Fragen in der nämlichen Umfrage zu finden: Auf der Antisemitismus-Skala befinden sich die Deutschen in der unteren Hälfte; die deutsche Fußballnationalmannschaft genießt seit 2006 eine große Sympathie; die deutsche Sprache erregt weniger Widerstand als zuvor; und nur jeder zwanzigste Israeli würde prinzipiell keine deutschen Waren kaufen. Unter denen, die für Deutsche keine Sympathien haben, ist die Zahl der Ultraorthodoxen, die die Deutschen schlicht für die Amalekiter unserer Zeit halten, besonders groß. Auch auf die Frage, ob Deutschland eine israelfreundliche Politik betreibe, kommt meist (auch in der letzten Umfrage) eine positive Antwort.

Man fragt sich, wie das alles mit der starken Präsenz des Shoah-Gedenkens in Israel zu vereinbaren sei. Meine Antwort geht von der Unterscheidung zwischen Vergangenheit und Gegenwart und zwischen Geschichte und politischen Interessen aus. Heute sind die Deutschen für uns, anders als früher, Verbündete, also dürfen wir uns den Deutschen gegenüber freundschaftlich verhalten. Man kann es Pragmatismus oder Differenziertheit nennen, man darf diese Einstellung aber auch für schizophren halten. Hinter dieser Fassade verbirgt sich eine effiziente Taktik: So wie Israel im Bereich der Nuklearpolitik eine durch Obskurität geschützte »Bombe im Keller« versteckt, so verhält es sich auch mit den Beziehungen zu Deutschland. Sobald Deutschland eine Maßnahme ergreift, die man als antiisraelisch bezeichnen kann, erscheint der Vergangenheitsdämon aus der Flasche: Als Bombe im Keller fungiert dann deutscher Antisemitismus, und in diesem Keller vermengen sich wieder Vergangenheit und Gegenwart. Das wissen die Deutschen, allen voran die Politiker und die

Diplomaten, und handeln entsprechend äußerst vorsichtig, um diese Bombe im Keller – also den Antisemitismus-Vorwurf gegen Deutsche – zu entschärfen. Wie lange die deutschen Bürger diese Taktik der Politiker noch dulden werden, ist eine offene Frage.

Da der Umgang mit dem Deutschland der Gegenwart (mit besagter »Bombe im Keller« im Hinterkopf) für Israel bequem ist, entsteht eine zusätzliche Dynamik, die als Blitzableiter für Erinnerung aus der Vergangenheit fungiert: Kanalisiert wird die Erinnerung an die Shoah in Richtung Polen (oder auch in Richtung der Araber). Etwa ein Drittel der israelischen Juden hielten bereits vor circa zehn Jahren – so die Umfragewerte – die Polen für genauso verantwortlich für die Shoah wie die Deutschen. Bekanntlich führt der Weg der jungen israelischen »Shoah-Touristen« meist nach Polen und nicht nach Deutschland, weshalb es auch leichter fällt, die Erinnerungsenergien gegen Polen zu mobilisieren. Polen, das in den letzten Jahren eine populistisch-nationale Erinnerungspolitik betreibt, leistet dieser israelischen Taktik ungewollt Hilfe. Absurd ist dabei, dass, während Deutschland mit seiner proisraelischen Politik es schafft, die historisch bedingten Ressentiments der Israelis zu überwinden, die proisraelische Politik Polens, das, wie gesagt, dem rechtspopulistischen Lager Europas angehört, Ähnliches nicht schafft. Und was den ultimativen Ablenkungsfaktor – die Palästinenser – angeht, so schließt sich bei ihnen der Kreis perfekt. Wie bereits erwähnt, sind die Palästinenser von heute wie Haj Amin al-Husseini von damals zu sehen. Schenkt man Netanjahu Glauben, war der Mufti von Jerusalem schlimmer als Hitler.

Tel Aviv, 25. Dezember 2021
Zuckermann an Zimmermann

Ich muss gestehen, dass obgleich ich schon seit Jahren diese durch das Koebner Center erhobenen Daten kenne, sie mich jedes Mal aufs

Neue beeindrucken, wenn ich ihnen begegne. Für mich sind sie eine wahre Fundgrube für die Forschung, und zwar nicht nur im Hinblick auf die Ergründung der tieferen Beziehung zwischen »Israel« und »Deutschland«, sondern auch im Kontext der allgemeinen theoretischen Behauptung einer Diskrepanz zwischen der Staatsideologie und den realen Lebenswelten. Ich habe seit Jahren Ähnliches in Bezug auf die Diskrepanz zwischen der staatlichen und der partikularen Shoah-Erinnerungen bei den Orthodoxen, den orientalischen Juden, der letzten Immigrationswellen (Russen und Äthiopier), den Arabern etc. gesagt. Dies korrespondiert auch mit dem, was ich in der Anekdote über Ezer Weizmann und die Wartezeit am Vorabend des 1967er-Krieges thematisiert habe: die wechselseitige Verbindung zwischen der Vorder-, der Hinter- und der mittleren Bühne in Israels politischer Praxis. Ich möchte hier nun etwas aus meinem Forschungsbereich über die Beziehung der israelischen öffentlichen Meinung zu Deutschland beitragen. Ich werde es im Spiegel des Verbots, Wagner-Musik in Israel zu spielen, tun.

2013, das Gedenkjahr zum 200. Geburtstag Richard Wagners, bot der westlichen Musik- und Kulturwelt eine Gelegenheit, seine bekannte ambivalente Haltung gegenüber dem deutschen Komponisten und seinem großen künstlerischen Werk erneut zu bilanzieren. Nichts Neues ergab dieses Gedenkjahr zur Ehrung desjenigen, der einmal als »ein deutsches Ärgernis« apostrophiert worden war – weder in Hinsicht auf die Bewunderung seiner Genialität noch auf den Abscheu vor seinem individuellen Charakter; weder in Hinsicht auf das Revolutionäre seines Werks noch auf seine instabile Sprunghaftigkeit als politischer Revolutionär; nicht in Hinsicht auf das Eingebettetsein seiner Kunst im Denken eines Philosophen vom Rang eines Arthur Schopenhauer und seine enge Verbindung zum nicht minder bedeutenden Friedrich Nietzsche noch auf seinen ätzenden Antisemitismus und die kultische Rezeption seines Werks und seiner Person durch die Führer des Naziregimes. Alles, was es über den Menschen, den Schöpfer, den Theoretiker und den Ideologen

Richard Wagner zu sagen gibt, ist schon gründlich und erschöpfend erforscht worden. Es ist kein Zufall, dass die »neuen« Entdeckungen über ihn (und auch die waren schon bekannt) sich im Bereich der Aufdeckung seiner kleinen Fetische und privaten Obsessionen befanden – Petitessen, die herzlich wenig mit seinem künstlerischen-politischen-ideologischen Werk zu tun haben, welches, wie gesagt, in einer Weise erforscht worden ist, wie es wenigen in der Kulturgeschichte zuteilgeworden ist.

Es versteht sich von selbst, dass die emsige Aufführungsindustrie der Werke Wagners und die Publikationen über ihn in den elektronischen und gedruckten Medien rund um die Welt an Israel fast völlig vorbeigegangen sind. Dies versteht sich von selbst, weil das Verhältnis der öffentlichen Sphäre Israels zu Wagner in erster Linie durch den auf die Person und sein Werk halbstaatlich verhängten Boykott geprägt worden ist. Die Wurzeln des Boykotts gehen auf das Jahr 1938 zurück; er hat seit damals einige Metamorphosen durchlaufen, wobei ein beständiges Muster beharrlich gewahrt wird: Sobald jemand versucht, den Boykott zu durchbrechen und das ihn verfestigende Tabu zu übergehen, ereignet sich automatisch ein Skandal. Auch hierin hat sich nichts erneuert: Alles, was es für oder gegen den Boykott vorzubringen gab, ist schon längst vorgebracht worden; die Ignoranz eines Großteils des israelischen Publikums gegenüber Wagner und seinem Werk hat sich ebenfalls erhalten, womöglich noch gesteigert; die der Boykottbegeisterung zugrunde liegende Ideologie basiert auf derselben Heuchelei und Inkonsequenz und demselben falschen Bewusstsein, die ihr von Anfang an zu eigen waren: Der Antisemitismus der Person Wagners, so schlimm er in der Tat ist, findet sich nicht in seinen Bühnenwerken, und wenn man nicht bereit ist, eine kategorische Unterscheidung von Werk und Person vorzunehmen, gerät man in diesem Zusammenhang in jene kulturelle Sackgasse, die die Rezeption der Werke vieler westlicher Kulturgrößen im modernen Zeitalter verunmöglicht. Dass Hitler Wagners Werk bewunderte, kann nicht als Kriterium für die

Rezeption dieser Kunst herhalten, und sei es, weil Hitler auch Beethoven bewunderte und weil viele Juden, unter ihnen herausragende Musiker des 20. Jahrhunderts, ausgesprochene Wagner-Anhänger waren. Auch das Argument der »Empfindlichkeit der Shoah-Überlebenden« gegenüber der Aufführung von Wagner in Israel (das stärkste Argument unter allen, schon deshalb, weil es eine Rücksichtnahme auf andere beinhaltet und keine pseudorationale Argumentation) steht letztlich nicht auf sonderlich festem Boden. Denn nicht nur bilden die Shoah-Überlebenden in Israel keine homogene Gruppe, auch nicht im Verhältnis zu Wagner, sondern ein Vergleich mit Shoah-Überlebenden, die nicht in Israel leben, mag auch erweisen, dass das »Wagner-Problem« der Überlebenden im Wesentlichen ein israelisches Konstrukt ist, eine Folge aus dem israelischen Diskurs, der nicht sehr viel mit der realen Lebenswelt der meisten Überlebenden zu tun hat (es reicht hin, an die jahrzehntelang währende schändliche Haltung des israelischen Establishments gegenüber den in Israel lebenden Überlebenden zu denken, um einzusehen, dass die Inanspruchnahme der »Überlebenden« als Argument für den Boykott in erster Linie ideologisch und in perfider Weise zynisch ist).

Und darum geht es letztlich. Die Ideologie des Verbots, Wagners Musik in Israel zu spielen, betrifft im Grunde weder Wagner noch sein Werk und noch nicht mal seinen Antisemitismus. Sie spiegelt getreu die Tatsache wider, dass gerade weil der Staat Israel schon zu Beginn (aus verständlichen praktischen und zweckgerichteten Gründen) das Wiedergutmachungsabkommen mit Deutschland eingegangen ist, die Shoah-Erinnerung von Anfang an auf den Pfad der Materialisierung der Sühne und Instrumentalisierung des Gedenkens zu Zwecken, die mit dem Wesen der Shoah und ihrer realen Geschichte nichts zu tun haben, geleitet worden ist. Gerade weil Israel seine Beziehungen zu Deutschland nach und nach »normalisierte« und alle staatlichen Institutionen, die irgendeinem Hass, Ressentiment oder zumindest einer offiziellen Ambivalenz Israels

Deutschland gegenüber Ausdruck zu verleihen vermochten, außer Kraft setzte; gerade weil es die »Shoah« in ein Argument der zionistischen Ideologie verwandelte, zur Rechtfertigung des »begangenen Weges«, der seinerseits in Verruf geriet, als das als Zufluchtsstätte für die Opfer angedachte Land zu einem Land systematischer Brutalität gegenüber Opfern verkam, womit es nicht nur das Andenken der historischen Opfer (und nicht wenige überlebende Opfer) verriet – gerade also weil Israel auf der staatlich-öffentlichen Ebene die Shoah-Erinnerung all ihrer wesentlichen Inhalte entleert hat, hält es bis zum heutigen Tag am Rest fest, der ihm von dieser »Erinnerung« übrig geblieben ist: der Boykottierung eines Komponisten, der im Jahr 1883 das Zeitliche segnete, fünfzig Jahre vor Hitlers Machtübernahme.

Es heißt, dass man über ein Symbol nicht diskutiert. Mag sein. Aber das ist eine praktische Behauptung, die primär auf den möglichen Nutzen ausgerichtet ist, den man aus so einer Diskussion ziehen kann. Hingegen darf man sehr wohl erörtern, was das Symbol symbolisiert. So besehen, symbolisiert der Boykott der Aufführung von Wagner-Musik in Israel vor allem die Einseitigkeit seiner öffentlichen Shoah-Erinnerung, ihre betrügerische Heuchelei und ihren Zynismus, der gerade vor dem Hintergrund des ideologischen Rangs, den die Shoah-Erinnerung in Israels politischer Kultur einnimmt, und ihrer oft proklamierten Bedeutung für die Fundierung der Raison d'être des zionistischen Staates irritieren mag. Aus dieser Sicht hat es nicht sehr viel Sinn, über die Aufhebung des Verbots der Aufführung von Wagner-Musik in Israel zu debattieren, solange kein ernst zu nehmender Diskurs über das Wesen der Shoah-Erinnerung in Israel entstanden ist, der, und sei es schrittweise, die Entideologisierung der Erinnerung zu fördern vermöchte. Solange es einen solchen Diskurs nicht gibt, wird der Wagner-Boykott die Farce der Kollektiverinnerung Israels weiter widerspiegeln, mithin den Verrat der zionistischen Ideologie an den Opfern.

Jerusalem, 26. Dezember 2021
Zimmermann an Zuckermann

Ich hatte es ganz vergessen, durch Deine Nachricht fiel es mir wieder ein: Bereits vor zwanzig Jahren haben wir im Rahmen unserer jährlichen Meinungsumfragen eine repräsentative Auswahl an Israelis mit der Frage konfrontiert, ob man Wagner-Musik in Israel verbieten sollte. Anlass dieser Befragung war die heftige Debatte, die damals Daniel Barenboims Versuch, ein Werk von Wagner aufzuführen, ausgelöst hat – er wurde deswegen gar zur Persona non grata erklärt. Sogar die Knesset hat sich mit dieser Frage befasst, und die historische Zeitschrift Deiner Uni, *Zmanim*, hat diesem Thema ein Sonderheft gewidmet. Du hast ja an dieser Diskussion teilgenommen.

Irgendwie sind unsere Befunde damals nicht in die öffentliche Debatte durchgesickert. Unsere Umfrageergebnisse waren – anders als die, die unter den Besuchern der Tel Aviver Philharmonie ermittelt worden waren (sie waren mehrheitlich gegen ein Wagner-Verbot) – für das gesamte jüdische Publikum im Land repräsentativ. Es hat sich herausgestellt, dass 37 Prozent dazu keine Meinung hatten (oder nicht wussten, worum es geht), während 19 Prozent für Aufführungen von Wagner in Israel waren. Das bedeutet, dass für 56 Prozent der Bevölkerung, die Mehrheit der Israelis, im Gegensatz zum israelischen Establishment oder zur offiziellen Haltung, Wagner kein Tabu ist. Noch interessanter war aber die Begründung der Befürworter des Wagner-Verbots: Da war zum einen Wagners Antisemitismus, der für 23 Prozent der Grund für den Boykott war; der andere Grund aber war, dass Wagner Nazi gewesen sei – das haben etwa 20 Prozent als Begründung angegeben. Man bedenke nur: Adolf Hitler kam sechs Jahre nach Wagners Tod zur Welt, und die NSDAP wurde erst dreißig Jahre später gegründet.

Zum Vergleich: Im Jahr 2006, als herauskam, dass Günter Grass bei der Waffen-SS gedient hatte, haben wir gefragt, wie die Befragten zur Übersetzung von Grass' Schriften ins Hebräische stehen. 36 Prozent gaben zu, nie von Grass etwas gehört zu haben (ich meine, es sind viel mehr), 31 Prozent waren für einen Boykott von Grass' Schriften (meiner Meinung nach hat auch hier die Mehrheit der Antwortenden Grass nie gelesen), während nur magere 9 Prozent dachten, dass Bücher, die in der NS-Zeit und danach veröffentlicht wurden, nicht ins Hebräische übersetzt werden dürfen. Etwa ein Viertel der Befragten vertrat die Auffassung, dass man die Erklärung des Schriftstellers respektieren darf, die Rekrutierung eines Siebzehnjährigen mithin nicht die spätere schriftstellerische Arbeit, die kritisch mit der deutschen, besonders mit der NS-Vergangenheit umgeht, überschatten muss. Auch die Antwort auf diese Frage zeigt, dass Grass für die Mehrheit der Israelis kein rotes Tuch ist, dass aber die Minderheit, die für einen Boykott seiner Schriften ist, naturgemäß schärfer reagiert, wenn die Buchstaben SS im Spiel sind.

Ich stimme Dir zu: Es geht nicht um Meinungen, die auf Kenntnissen beruhen, und auch nicht um Respekt für den (angeblichen) Wunsch der Shoah-Überlebenden, der immer als Argument verwendbar ist. Vielmehr geht es um eine Komponente in Israels Erinnerungskultur, in der die Shoah selbstverständlich einen zentralen Platz einnimmt, wobei ihre zynische Instrumentalisierung zur Gewohnheit verkommen ist. Wagner ist das perfekte Alibi, die letzte Festung jener, die die Shoah in Politik übersetzen. Aus pragmatischen Gründen hat sich die Beziehung zu Deutschland normalisiert, auch die Aversion gegenüber deutschen Produkten ist weitestgehend verschwunden. So ist es nun einmal gekommen, ob zu Recht oder nicht, auch wenn es anders hätte kommen können.

Stell Dir vor, wir wären heute gegen deutsche U-Boote im Dienst der israelischen Streitkräfte, gegen Autos von Mercedes oder Waschmaschinen von Bosch. Unvorstellbar! Mehr noch, auch im Kulturbereich wurde der Widerstand aufgegeben – dabei ist der Kontakt zur deutschen Kultur (mit Ausnahme des Fußballs) für nur wenige in der israelischen Gesellschaft relevant. Früher waren auch Aufführungen von Richard Strauss, der zwei Jahre als Präsident der Reichsmusikkammer fungierte, verboten. Das hat sich geändert, und von Strauss' negativem Image blieb nichts übrig. Von Carl Orff, einem NS-Aushängeschild, dessen *Carmina Burana* gewissermaßen als Gewinnerin der israelischen Klassik-Hitparade zu bezeichnen ist, ganz zu schweigen. Vor Jahren hat mich der Riesenerfolg der *Sissi*-Filme in Israel verblüfft, die gezeigt werden durften, weil in Österreich produziert, obwohl unter den Filmstars viele waschechte Nazis waren bzw. solche, die im Dritten Reich ihre Karriere machten. Die Schlussfolgerung ist frustrierend. Was uns noch übrig geblieben ist, um die Erinnerung an die Shoah aufrechtzuerhalten, ist Richard Wagner. Die Tatsache, dass diejenigen, die sich für Wagner in Israel einsetzen, angeblich »Weiße« (aschkenasische Juden) und »Linke« sind, macht es denen leicht, die sich scheinheilig auf das Wagner-Verbot konzentrieren.

Ich kann mich an ein Konzert erinnern, ich glaube, es war im Jahr 1981. Zubin Mehta war im Begriff, eine Wagner-Ouvertüre im Konzert der Philharmonie im Konzertsaal der Carmina Burana in Jerusalem zu dirigieren. Die Frage, die sich die Konzertbesucher gestellt haben, war: »Wird er oder wird er nicht den Mut dazu haben?« Hatte er nicht. Was mir auffiel, als ich unter den Zuhörern saß, war die Anwesenheit junger Leute, keineswegs typische Shoah-Überlebende, denen man ansah, dass sie zu den Siedlern oder zu der militanten religiös-nationalistischen Rechten gehören. Man hat vermutet, dass sie den Konzertsaal betreten hatten, um das Orchester zu stören, falls Wagners Musik doch erklungen wäre. In dieser Situation kam das Spielen von Wagners Musik nicht infrage. Es ist schwer, dem Knesset-Abgeordneten Shilansky, einem Überlebenden, wegen seiner Abneigung gegen Wagner Vorwürfe zu machen: Aber Shoah-Überlebende werden auch hier eher als Legitimation für andersartige, im Dienste des israelischen Rechtsradikalismus stehende Motive missbraucht. Soweit mir bekannt, wurde noch nie eine repräsentative Umfrage durchgeführt, die nachweist, dass die Überlebenden in ihrer Mehrheit den Wagner-Boykott befürworten.

Die Masche ist dem israelischen Publikum nicht unbekannt. 2009 haben wir eine Umfrage dazu gemacht, ob Israel (gemeint ist Israels Politik) von der Shoah-Erinnerung Gebrauch macht, um Deutschlands Verhalten im israelisch-palästinensischen Konflikt zu beeinflussen. Etwa ein Drittel der Befragten haben mit »ja« (»wird gemacht« oder »sehr oft gemacht«) geantwortet. Nur 9 Prozent haben eindeutig »nein« geantwortet (bei israelischen Arabern war das Verhältnis 44 zu 3 Prozent). Das israelische Publikum, auch das jüdische, ist sich des manipulativen Gebrauchs der Shoah-Erinnerung im gegenwärtigen deutsch-israelischen Kontext bewusst. Mit dem größten Verbrechen der Deutschen am Kollektiv der Juden in dieser beschämenden Weise umzugehen, ist nichts weniger als Blasphemie. Und falls Du behaupten solltest, dass diese Zahlen, weil bereits zehn Jahre alt, nicht mehr repräsentativ sind, werde ich antworten, dass wir auch heute genügend Beweise haben, um diese Einsichten zu bestätigen. Zum Beispiel: Das Ministerium für strategische Angelegenheiten und seine Handlanger haben sich seit 2015 sehr bemüht, diese Taktik zu fördern. Die Angst vor dem Antisemitismus-Vorwurf bzw. vor dem Vorwurf der Holocaust-Leugnung ist, wie wir oben bereits festgestellt haben, eine effektive Waffe, insbesondere im Umgang mit deutschen Politikern und mit der deutschen Öffentlichkeit. Das kann man klar feststellen, wenn man die Bundestagsdebatten zum Thema Antisemitismus und Israel verfolgt.

Tel Aviv, 27. Dezember 2021
Zuckermann an Zimmermann

Die von Dir vorgestellten Daten sprechen für sich selbst und unterstützen die Behauptung über die bestehende Diskrepanz zwischen der (sich in den Statistiken der erforschten Positionen niederschlagenden) öffentlichen Meinung und der offiziellen Rhetorik des Establishments. Aber gerade weil dem so ist (und dem ist so – man kann die Validität der Forschungsergebnisse nicht ernsthaft infrage stellen), stellt sich die Frage, warum die bestehende öffentliche Meinung die Politik des Establishments nicht bestimmt und warum das Establishment sie jedes Mal aufs Neue ignorieren kann. Ich möchte hier eine weitere (diesmal persönliche) Wagner-Anekdote erzählen, die womöglich eine Antwort darauf enthält.

In den Jahren 2005/2006 weilten meine Frau und ich im Rahmen eines Sabbaticals in Wien. Im Oktober 2005 rief mich der Hauptgeschäftsführer des Israelischen Philharmonischen Orchesters (IPO) an und beschied mir, dass Zubin Mehta ein Konzert mit Wagner-Werken plane und man interessiert sei, dass ich während dieser Veranstaltung einen Vortrag über den Komponisten halte. Ich bemerkte schon zu Beginn meiner Antwort, dass ich das für ein totgeborenes Kind hielt – keine Chance, dass so ein Event ohne Skandal verlaufen könnte; vergangene Erfahrungen lehrten, dass man gegen die Veranstaltung protestieren und sie sabotieren würde. Der Hauptgeschäftsführer antwortete, dass es diesmal anders sei: Mehta wolle das Konzert, so auch der Vorstand der IPO, und ohnehin intendiere man diesmal, von vornherein zu erklären, worum es gehen soll, und wer wolle, werde zu diesem besonderen Konzert kommen können, das außerhalb der regulären Abonnement-Reihen stattfinden solle. Ich willigte also ein, und auf meine Frage, wie wir das Format der Veranstaltung, die für April 2006 geplant war, bestimmen wollen, sagte man mir, dass ich darüber mit Mehta selbst im Dezember 2005 würde reden können – er plane, nach Wien zu einem Konzert zu kommen. In der Tat traf ich ihn im Dezember in seinem Hotel. Ich saß mit ihm etwa zwei Stunden, wir redeten über das Problem der Aufführung von Wagner in Israel (es stellte sich heraus, dass er die Bedeutung des Boykotts nicht ganz begreift), und wir beschlossen, dass ich anfangs über die historische Gestalt Wagners und seine zentralen künstlerischen Thesen sprechen und dann das Orchester einiges aus seinem Repertoire spielen sollte. Nach der Pause würde ich über Wagners Antisemitismus, über seine Rezeption im Dritten

Reich und auch über die Problematik der Aufführung seiner Musik in Israel sprechen, woraufhin das Orchester weitere Stücke von ihm spielen würde. Mehta beriet sich auch mit mir über die Wahl der Stücke und bat mich, ihn während der Pause vor Interessierten aus dem Publikum über die musikalisch-professionelle Wichtigkeit der Spielerfahrung von Wagner-Musik für moderne Orchester zu interviewen. Zudem beschlossen wir, dass ich mich nach dem Konzert dem Publikum zu einer (so lange wie erwünscht dauernden) Diskussion über das vielschichtige Problem der Aufführung von Wagner-Musik in Israel stellen würde.

Nach einigen Tagen rief man mich wieder vom Vorstand des Orchesters an und fragte, ob ich bereit sei, einen Text für das Konzertprogramm zu verfassen und zu gegebener Zeit mit der Presse über die Veranstaltung zu sprechen. Ich war einverstanden und schrieb sogleich den Text. Es vergingen einige Monate, und gegen Ende des Sabbaticals in der letzten Märzwoche 2006 sprach ich wieder mit dem Vorstand und erfuhr, dass die Veranstaltung nicht in der Presse angekündigt worden war und der Kartenverkauf noch gar nicht begonnen hatte. Man beruhigte mich, dass man absichtlich die Werbung zurückhielt, um jene in der Öffentlichkeit, die sich der Veranstaltung widersetzen können, nicht zu früh auf den Plan zu rufen, und das, sobald das Konzert bekannt gemacht würde, es innerhalb von ein, zwei Tagen ausverkauft wäre. Ich fragte, wann man das Event anzukündigen gedenke, und erhielt die Antwort: »nach der Abstimmung«. Ich verstand nicht, was ich hörte: Die Veranstaltung war doch schon beschlossen, was gab es da noch abzustimmen? Man erklärte mir, das sei die gängige Prozedur – immer, wenn man beschließt, Wagner zu spielen, fände eine offizielle Abstimmung unter den Orchestermitgliedern statt. Als wir nach einigen Tagen nach Israel zurückkehrten, erfuhr ich, dass das Orchester mit überwältigender Mehrheit gegen die Veranstaltung gestimmt habe, weshalb sie annulliert wurde. Man muss die Bedeutung dieses Abstimmungsergebnisses begreifen: Als Zubin Mehta 1981 beschloss, Wagner-Musik mit dem Orchester aufzuführen, fand eine Abstimmung statt, und ganz wenige (unter ihnen Söhne von Shoah-Überlebenden) weigerten sich, am Konzert teilzunehmen, und wurden in der Tat davon freigestellt. Ein Vierteljahrhundert später – es spielten schon keine Shoah-Überlebenden mehr im Orchester, und auch ihre Nachkommen begannen, in Pension zu gehen, und das Orchester selbst war voll von nichtjüdischen Musikern aus dem Ausland – stimmte eine überwältigende Mehrheit gegen die Veranstaltung. Als ein Freund von mir das hörte, sagte er: »Naja, heute werden sie ja schon mit der Tätowierung auf dem Arm geboren.«

Es ist etwas dran an dieser sarkastischen Äußerung, aber ich glaube, die Erklärung liegt dennoch woanders, nicht im historischen Bewusstsein oder im Umgang mit der Shoah-Erinnerung. Eigentlich sagte mir das der Hauptgeschäftsführer selbst (auch er war vom Ergebnis der Abstimmung überrascht): Sie wollten das Publikum nicht verärgern, fürchteten, es könnte das Orchester Annullierungen von Abonnements kosten. Das heißt, es ging gar nicht so sehr um einen (wie immer an sich widersinnigen) historisch-moralischen Wert, sondern um einen Tauschwert, den man für die Realisierung des Konzerts hätte zahlen müssen, mithin um einen dem Orchester zugefügten ökonomischen Schaden. Und ich frage mich, ob sich jene Diskrepanz zwischen der öffentlichen Meinung und der staatlich ideologisierten Politik nicht durch Gewinn-Verlust-Erwägungen in Bereichen der Wirtschaft, des Handels, der »Sicherheit« und dergleichen erklärt, genauso wie die Überlegung, dass das IPO Wagner spielt, aus mittel- oder langfristigem ökonomischem Kalkül und einer ihm verschwisterten »Rücksichtnahme« auf die öffentliche Meinung resultiert und nicht aus einer grundsätzlichen Reflexion über Kunst und Moral. Das Abkommen mit Westdeutschland im Jahr 1952 wurde doch grosso modo aufgrund heteronomer Überlegungen gemacht und hatte nichts mit einer essenziellen Aufarbeitung der Vergangenheit und schon gar nicht mit »Wiedergutmachung« zu tun. Übrigens war ich seinerzeit so verärgert über den Beschluss des

Orchesters (nicht zuletzt auch über die überflüssige Mühe, die mir die gesamte Chose bereitet hatte), dass ich besagten Hauptgeschäftsführer des IPO um ein Treffen mit den Mitgliedern des Orchesters bat, um mit ihnen ein Gespräch über nationales Gedenken, historische Erinnerung und kulturelles Gedächtnis zu führen. Er versprach mir, ein solches Treffen zu initiieren. Das war im Jahr 2006, und bis zum heutigen Tag fand ein solches Treffen nicht statt. Jahre später, als ich die Bühne nach einem kurzen Vortrag, den ich vor einem von Zubin Mehta dirigierten Konzert hielt, verließ, traf ich ihn hinter den Kulissen, bevor er auf die Bühne ging, und er sagte mir: »Ich warte darauf, dass du mal einen solchen Vortrag vor einem Konzert mit Wagner-Musik hältst.« Ich antwortete ihm: »Maestro, nicht du wartest auf mich, ich warte auf dich.«

Wir und die deutsche »Historikerzunft«

Jerusalem, 8. Januar 2022
Zimmermann an Zuckermann

Wir sind israelische Historiker, die einen Großteil ihrer Forschungs- und Lehrtätigkeit der deutschen Geschichte und Zeitgeschichte widmen. Ich möchte nun versuchen, uns im Rahmen der sogenannten Historikerzunft in Israel wie auch in Deutschland zu verorten. Wir gehören der Generation an, die Deutschland vor 1945 nicht aus persönlicher Erfahrung gekannt hat. Das heißt, wir gehören zur Generation der Schüler von Kollegen, die als Studenten oder bereits Dozenten im alten deutschsprachigen Mitteleuropa aufgewachsen sind. Die meisten von ihnen haben das Dritte Reich bewusst miterlebt: Jacob Katz, Yehoshua Arieli, Uriel Tal, Shlomo Ne'eman, Jacob Toury, Otto Dov Kulka. Auch Walter Zwi Bacharach und Alex Carmel fallen mir ein, es gibt aber noch viele andere. Du bist zwar sechs Jahre jünger als ich, aber wir beide gehören der nächsten Generation an, der Generation der in (Erez) Israel Geborenen – so auch Dan Diner und Shulamit Volkov – oder der aus dem Ausland Kommenden (wiewohl nicht direkt aus Deutschland), wie Steven E. Aschheim. Zu dieser Generation gehören auch Henry Wassermann und der Mediävist Michael Toch. Die nächste Generation ist die unserer Schüler. In »unserer« Generation sind wir beide diejenigen, die sich am deutlichsten mit dem israelisch-deutschen Vergleich befassen, der auch im Mittelpunkt dieses Buches steht.

Ich meine, dass wir uns zuerst über die Koordinaten einigen sollten, die uns zur deutschen Zunft führen, bevor wir die Verortung vornehmen. Ich gebe hier meinen Input und hoffe, dass auch Du das sinnvoll findest.

Als ich Student an der Hebräischen Universität (HU) war und unter der Anleitung von Hedva Ben-Israel und Jacob Talmon meine ersten Schritte als Historiker machte, hatte ich noch nicht einmal einen indirekten Kontakt zur deutschen historischen Forschung (mit dem Erlernen der deutschen Sprache habe ich auch erst im fünften

Semester begonnen). Meine erste Bekanntschaft mit dem internen Diskurs der deutschen Historikerzunft machte ich, als ich 1964 eine Seminararbeit zum Ausbruch des Ersten Weltkriegs schrieb und von der Fischer-Kontroverse erfuhr. Jacob Talmon kannte Karl Dietrich Bracher und George L. Mosse, der seit Ende der 1960er Jahre Gastprofessor an der HU war; er kannte die deutsche Szene insgesamt sehr gut. Doch als ich nach Deutschland (1972) reiste, um für meine Dissertation zu forschen, war mein Mentor nicht in der Lage, mich auf einen deutschen Ansprechpartner zu verweisen, der mich an seiner Uni hätte betreuen können. In dieser Hinsicht war die Situation in Tel Aviv eine ganz andere – Walter Grab kannte die deutsche Szene sehr gut, seitdem er in Deutschland seine Dissertation geschrieben hatte. Die eigentliche Pointe ist, dass ich erst nach meiner Ankunft in Deutschland am Institut für die Geschichte der deutschen Juden in Hamburg erfahren habe, dass sich die dortige Historikerzunft in der Übergangsphase zu einer neuen Schule, die der Sozialgeschichte, befand. Zu jener Zeit hatten sich Ausrichtung und Methode der Sozialgeschichte in Israel noch nicht durchgesetzt. Meine Kommilitonen, die später meine Kollegen wurden, waren meist Vertreter dieser neuen Richtung.

Für mich, Schüler von Jacob Talmon, Arieli und anderen, die noch getreue Geistesgeschichtler waren, war der Aufbruch der Sozialgeschichte in Deutschland eine ziemliche Überraschung. Ich kann mich nicht erinnern, ob wir uns bereits mit der Annales-Schule befasst haben (außer an einen Auftritt von Le Roy Ladurie als Gastprofessor bei Talmon), sodass ich erst in Deutschland den Mehrwert der Sozialgeschichte für die Erforschung der späten Neuzeit, meinem Forschungsgebiet, schätzen lernte. So wurden auch Theodor Schieder und Werner Conze indirekt zu Wegbereitern meiner Arbeit. Theodor Schieder habe ich nicht persönlich gekannt, wohl aber seinen Sohn Wolfgang, den Faschismusforscher, der mir sehr geholfen hat und später mein Freund wurde. Conze kannte ich während meines Aufenthalts in Heidelberg 1984, lange nach seiner Rektoratszeit an der dortigen Uni. Er hatte sich mit mir beraten, als er einen biografischen Aufsatz über seinen Mentor, Hans Rothfels, schrieb. Er wollte erfahren, wo die Grenze zur Assimilation der Juden verlief, vor oder erst nach der Taufe. Obwohl er Christ war und ungeachtet seiner konservativen, deutschnationalen Überzeugung wurde Rothfels bekanntlich von den Nazis wegen seiner jüdischen Herkunft verfolgt und vertrieben. Ich habe aber die Assistenten dieser beiden Größen der deutschen Sozialgeschichte gut gekannt: Conzes Assistent Wolfgang Schieder wie auch Theodor Schieders Assistent Hans-Ulrich Wehler, der Star der Bielefelder Schule im letzten Drittel des 20. Jahrhunderts, und Hans Mommsen, der Assistent bei Hans Rothfels gewesen war. Im Nachhinein ist mir klar geworden, dass ich mich genauso verhalten habe wie meine deutschen Kollegen: Ich fand es unbequem, diese Kollegen mit Fragen nach ihrem Verhältnis zu ihren Mentoren zu konfrontieren, die ja vor 1945 Teil des NS-Systems gewesen waren, vor allem, was die Ostforschung und die »Judenfrage« anging. Auch in Gesprächen mit Wolfgang Schieder zögerte ich, in Familienangelegenheiten herumschnüffeln, was mich auch davon abgehalten hat, das Wirken seines Vaters unter den Nazis zu thematisieren. Die Geschichte, die mir Reinhart Koselleck über seine Fast-Rekrutierung zur Waffen-SS erzählte, resultierte nicht aus einem Versuch meinerseits, ihm etwas zu entlocken, sondern war die Antwort auf eine nebensächliche, wiewohl persönliche Frage. Ich habe auch die Freundschaft beobachten können, die sich zwischen meinem Lehrer Yehoshua Arieli und Rudolf Vierhaus entfaltete; sie beruhte teilweise auf der gemeinsamen Erfahrung als Kriegsgefangene. Arieli wurde als Soldat der britischen Armee gefangen genommen und bis zum Ende des Krieges in ein Gefangenenlager der Deutschen gesteckt, während Vierhaus von den Amerikanern gegen Ende des Krieges in Frankreich gefangen genommen wurde. Wenn mein Eindruck mich nicht täuscht, war die Benennung des Zentrums für deutsche Geschichte nach Richard Koebner, auch er ein Ostforscher, der aus der Uni Breslau 1933 entlassen wurde, in den Augen der deutschen Kollegen aus der Zunft eine Art Sühneleistung.

Seit der Zeit Richard Koebners, des Vaters der historischen Disziplin in Israel an der HU, und obwohl er aus Deutschland kam und deutsche Geschichte erforscht hatte, war die historiografische Orientierung bei uns eindeutig englisch. Koebner hat den Schwerpunkt auf die Geschichte Großbritanniens verlagert, weshalb auch seine Schüler Jacob Talmon und Hedva Ben-Israel ihre Karriere als Historiker in England begannen. Arieli, ein waschechter Jekke, ist auf Anraten von Koebner nach Amerika gereist, um sich mit der Geschichte der USA zu befassen. Das war der wahre Grund dafür, dass in der HU die deutsche Geschichte, auch noch, als ich studiert habe, völlig marginalisiert war. Während meines Aufenthalts in Hamburg entwickelten sich Beziehungen zwischen der HU und der Historikerzunft in Deutschland, besonders mit Göttingen, was eine Zusammenarbeit auf institutioneller Ebene, aber auch die Änderung der Prioritäten von der englischen auf die deutsche Geschichte ermöglicht hat. Die jüngere Tel Aviver Universität lag diesbezüglich am Anfang im Vorteil, und zwar sowohl dank der Beziehungen Walter Grabs in Deutschland als auch weil Shulamit Volkov, die bei Hans Rosenberg, einer Koryphäe der Sozialgeschichte-Schule, in den USA promoviert worden war und enge Beziehungen zu anderen Rosenberg-Schülern knüpfte.

Dank der Beziehung zu Göttingen hat die HU Kontakt zu einer zentralen Figur in der deutschen Historikerzunft hergestellt – Rudolf Vierhaus, einem Spezialisten für die frühe Neuzeit und Direktor des Max-Planck-Instituts für Geschichte in Göttingen. Er war es, der die bereits erwähnte Konferenz im Jahr 1975 zum Thema Liberalismus in der deutschen Geschichte angeregt hatte, zu der Jacob Katz, Gershom Scholem, Ernst Simon, Shmuel N. Eisenstadt (also die »alte Garde«), aber auch jüngere Historiker (darunter auch ich) eingeladen wurden. Diese Konferenz bildete meines Erachtens einen Wendepunkt in der deutsch-israelischen Bereitschaft zur Zusammenarbeit. Vierhaus, dem ich persönlich viel zu verdanken habe, war *Spiritus movens* bei der Gründung des Koebner Center, dem er auch die besten deutschen Historiker als Gastprofessoren vermittelt hat: Hans Mommsen, Vertreter der funktionalistischen Schule, mit dem eine enge Freundschaft entstand, Reinhard Rürup, Kenner der jüdischen Geschichte in Deutschland, Jürgen Kocka, der bis heute die Sozialgeschichte vertritt, und Bernd Weisbrod, der sich mit deutscher Zeitgeschichte befasst – sie waren die ersten Gastprofessoren, die zu uns nach Jerusalem kamen und seitdem unsere Partner und Freunde geblieben sind. Ich werde nicht alle namentlich nennen, der Kontakt entstand jedoch mit allen, die in Jerusalem deutsche Geschichte gelehrt haben (darunter selbstverständlich Yehoshua Arieli und George L. Mosse), wie auch mit herausragenden Personen aus der deutschen Historikerzunft der nächsten Generation. Ich weiß, dass Ähnliches auch das Institut für deutsche Geschichte an der Uni Tel Aviv erfahren hat. Dan Diner, der zur deutschen Historikerszene gehörte, noch bevor er nach Tel Aviv kam, ist ein Fall für sich.

Ich denke, es war an dieser Stelle angebracht, diesen Kontext unserer Tätigkeit als Historiker zu erläutern. Er hat nicht nur den Kontakt zwischen deutschen und israelischen Historikern ermöglicht; diese Kontakte schufen auch für israelische Historiker die Möglichkeit, an den öffentlichen Debatten in Deutschland teilzunehmen. Der Historikerstreit 1986 um Ernst Noltes These war dafür nicht das erste, auch nicht das letzte Beispiel. Das ist der Rahmen, in dem wir uns in beiden Arenen, in Israel und Deutschland, bewegen.

Tel Aviv, 9. Januar 2022
Zuckermann an Zimmermann

Deine Bemerkungen über unsere Stellung in der »Gilde« sind sehr wichtig, und zwar gerade weil wir, wie Du sagst, die prononcierten Vertreter des Vergleichs zwischen Israel und Deutschland sind. Dies umso mehr, als trotz dieses paradigmatischen gemeinsamen Nenners unsere intellektuell-geistige Sozialisierung doch recht unterschiedlich war. Erstens, weil ich im Gegensatz zu Dir in Deutschland aufgewachsen bin und diese Jahre der Entwicklung, was Bildung und geistige Entwicklung anbelangt, entscheidend von diesem Teil meiner Biografie geprägt sind; aus offenkundigen Gründen kam den 1960er Jahren in diesem Zusammenhang eine besondere Bedeutung zu. Zweitens, im Gegensatz zu Dir begann ich mein akademisches Studium nicht im Bereich der Geschichte. Ich studierte Soziologie und Politologie. Danach diente ich acht Jahre lang als Organisationssoziologe bei der Luftwaffe, und erst danach promovierte ich in Geschichte, nachdem ich fünf Master-Seminare im Fachbereich Geschichte der Tel Aviver Universität absolvierte. Mein Interesse an Geschichte bestand schon immer (die Art von Soziologie, zu der ich mich hingezogen fühlte, war klar historisch geprägt), aber dieses Interesse befriedigte ich, wie gesagt bis zum Doktorat, außerhalb der Universität.

Auch als ich zur Geschichtsforschung gelangte, waren die entstandenen Verbindungen und die Kontexte meiner Betätigung andere als Deine – in gewissem Sinne war ich nie wirklich Teil der »Gilde«. Das hing größtenteils mit meiner interdisziplinären Ausrichtung zusammen, in der sich verschiedene Bereiche der Geistes-, Sozial- und Kulturwissenschaften miteinander verbanden. Aber nicht minder wichtig war der Ausgangspunkt meines Einstiegs in die akademische Geschichtswelt, der mich späterhin mit einigen Personen, die Du in der Darstellung Deiner Entwicklung aufgelistet hast, zusammenbringen sollte, wobei diese Begegnungen nicht sonderlich freundlich waren, in einigen Fällen gar feindselig. Mein Betreuer war Walter Grab, Ex-Kommunist marxistischer Gesinnung, der die Französische Revolution als Basis des Vergleichs mit dem Gang der deutschen Geschichte im 19. Jahrhundert wählte. Dieser Zugang erfreute sich zwar einer gewissen Popularität bei einigen Historikern in den 1970er und 1980er Jahren, aber gewiss nicht in der hegemonialen

Geschichtsschreibung Deutschlands. Grab konzentrierte sich auf die Erforschung deutscher Jakobiner, um nachzuweisen, dass es, entgegen der gängigen Meinung, sehr wohl liberale und demokratische Tendenzen im deutschen Vormärz gegeben habe; er stellte gar die These auf, dass, wenn diese Strömungen historisch gesiegt hätten, die Revolution von 1848 anders ausgegangen und im weiteren Verlauf nicht in der Katastrophe gemündet hätte, in der sie real mündete. In Israel war dies keine allzu genehme Auffassung (Zvi Yavetz beschuldigte Grab, die deutsche Geschichte weißzuwaschen), auch nicht in der BRD der 1970er und 1980er Jahre, nach der Ära der Neuen Linken und den Ereignissen von 1968. Der Terror der Baader-Meinhof-Gruppe trug zudem seinen Teil zur Schädigung des Ansehens der linken Historiografie bei. Und so kam es, dass Rudolf Vierhaus in Deiner akademischen Biografie eine solche Bedeutung erlangte, für Grab aber zum akademischen Feind avancierte. Er sagte mir einmal: »Wenn Vierhaus recht hat, kann ich meine Bücher im Klo runterspülen; wenn ich recht habe, kann er seine Bücher runterspülen.« Als ich Vierhaus Jahre später während meines Aufenthalts als Gast des Max-Planck-Instituts in Göttingen begegnete, identifizierte er mich mit Walter Grab und versuchte, ihn vor mir zu verleumden, wahrte aber Fasson und war »nett« zu mir.

Meine von Grab betreute Doktorarbeit befasste sich mit der Geschichtsschreibung der Französischen Revolution im Deutschland des 19. Jahrhunderts. Und weil ich mich in der Historiografie bewegte, kam ich recht schnell mit der Annales-Schule in Berührung, der ein Teil der Historiker der Französischen Revolution im 20. Jahrhundert angehörten; einige (und die wichtigen) unter ihnen bereicherten die marxistische Geschichtsschreibung der Revolution; andere, allen voran François Furet, leisteten ihren Beitrag zu ihrer Zerstörung. Aber der Versuch, Deutschlands politische Geschichte im 19. Jahrhundert im Spiegel der Französischen Revolution zu prüfen (wie etwa von Hans Kohn paradigmatisch vollzogen), stieß auf Ablehnung seitens des deutschen Historiker-Establishments. Nicht nur Grab wurde also als randständig kategorisiert (und nicht lange nach seiner Emeritierung Mitte der 1980er Jahre vergessen), sondern auch ich befand mich mit meiner Arbeit, die theoretisch auf dem freudo-marxistischen Paradigma der Frankfurter Schule basierte, außerhalb der »Gilde«. Nach dem Mauerfall und der Vereinigung beider deutschen Staaten wurde ohnehin alles, was nach Marxismus roch, von der akademischen Tagesordnung in Deutschland beseitigt – Aufmerksamkeit im deutschsprachigen Raum, besonders in Deutschland, errang ich erst, als ich in der zweiten Hälfte der 1990er Jahren begann, in den Bereichen der in diesem Band verhandelten Themen auf Deutsch zu publizieren.

In meiner Doktoratszeit in den 1980er Jahren las ich viele Schriften der Bielefelder Schule, die die Sozialgeschichte in Deutschland begründet hatte, besonders die von Theodor Schieder und Werner Conze und deren Nachfolger Hans-Ulrich Wehler. Diesem Namen begegnete ich wieder, als ich im Oktober 1998 zu einem Sabbatical im Wissenschaftskolleg zu Berlin eintraf. Im Rahmen des deutschen Historikertags im Sommer desselben Jahres sah sich Wehler schweren Vorwürfen darüber ausgesetzt, dass er über die Nazi-Vergangenheit seines Doktorvaters Theodor Schieder und dessen Kollegen Werner Conze jahrzehntelang geschwiegen hatte. Es stellte sich heraus, dass auch Wehler in jenem Jahr Fellow am Wissenschaftskolleg war, und der damalige Rektor der renommierten Institution, Wolf Lepenies, lud ihn ein, einen Vortrag im Rahmen des Kollegs zu halten, in welchem er auf die während des Historikertags gegen ihn erhobenen Vorwürfe antworten sollte. Man muss wissen, dass Wehler ein linksliberaler Intellektueller war, der sich in öffentlichen Debatten, bei denen es um die deutsche Vergangenheit ging, zu involvieren pflegte. Es mochte daher in der Tat merkwürdig erscheinen, dass er sich zur Nazi-Vergangenheit seines Betreuers und Patrons nie geäußert hatte. Angemerkt sei, dass die ganze Debatte um Conze und Schieder auch eine ideologisch eingefärbte Forschungsdimension zum Inhalt hatte, die die sogenannte »Ostforschung« anbelangte. Ich will das hier überspringen. Aber was Wehler, der Lepenies' Angebot zuletzt annahm, im Rahmen seines Vortrags machte, erschütterte mich. Er lieferte eine tadellose Rekonstruktion der Nazi-Vergangenheit Conzes und Schieders, die in der Tat nicht ignoriert werden konnte. Dann rekonstruierte er nicht minder beeindruckend den bedeutenden Beitrag, den beide zur Etablierung der Sozialgeschichte in Deutschland seit den 1950er Jahren geleistet hatten. Es erhob sich indes die Frage: Was war in der Zeit zwischen der Nazi-Vergangenheit und der akademisch-liberalen Aktivität nach der Nazi-Ära geschehen? Wehler bezog sich primär auf seinen Betreuer Theodor Schieder und entlastete ihn, indem er ihm »Lernprozesse« zusprach. Nicht Verdrängung, nicht Opportunismus – einfach nur einen Lernprozess (es waren gleichwohl auch Stimmen zu vernehmen, die dies bezweifelten und über Gespräche von Schieder aus den 1960er Jahren zu berichten wussten, die alles andere als einen Lernprozess indizierten). Man hätte die hinkende Apologie Wehlers noch hinnehmen können, wenn er sie nicht durch zwei bezeichnende Fragen zu verstärken gesucht hätte. Die eine lautete: Wenn wir Conze und Schieder verurteilen (denen nachgesagt wurde, sie hätten Himmler akademisch-wissenschaftliche Beratung zur »Entjudung Polens« angetragen), wie sollen wir uns zu marxistischen Historikern wie E. P. Thompson und Eric Hobsbawm verhalten? Die zweite Frage (ich gebe sie hier paraphrasiert wieder): Wie viele Jahre honorigen Lebens muss ein Mensch leben, um eine »Jugendsünde« wettzumachen? Ich will mich hier nicht bei den Antworten auf diese Fragen aufhalten, die ich im Rahmen eines Buches gab, das ich infolge meines Schocks über Wehlers Vortrag noch am Wissenschaftskolleg fertigstellte. Das Buch wurde noch während unseres Sabbaticals publiziert. Am Wissenschaftskolleg schlug man Wehler vor, darüber einen Dialog mit mir vor Publikum zu veranstalten, wir waren ja immerhin beide Fellows am Kolleg. Seine Antwort lautete: Ich kann mit Zuckermann nicht reden, er hat einen »empfindlichen Hintergrund«. Er meinte den Shoah-Hintergrund meiner Familie.

Du siehst also, wir gelten beide als die prononcierten Vertreter des Vergleichs zwischen Israel und Deutschland, obgleich mein akademischer Weg dorthin sich von Deinem deutlich unterscheidet. Der Grund dafür scheint mir in den Schlussfolgerungen zu liegen, die wir beide aus besagtem »empfindlichen Hintergrund« gezogen haben – nicht nur in Bezug auf Deutschland, sondern auch im Hinblick auf Israel. Und obwohl sich die Stationen unserer Entwicklung wie auch die Kontexte dieser Stationen unterscheiden, sind wir uns in unseren Anschauungen nah – und zwar außerhalb der »Gilde« auch hier in Israel. Nicht zuletzt, um dies zu klären, haben wir, denke ich, den Dialog in diesem Buch geführt.

Verpasste Geschichtslektion

Jerusalem, 5. April 2022
Zimmermann an Zuckermann

Einige Tage nachdem wir unser Manuskript beim israelischen Verlag eingereicht hatten, hat Russland die Ukraine überfallen. Ich betrachte auch dieses Ereignis als Testfall für die von uns aufgestellten Thesen zur Dreiecksbeziehung, mit der wir uns in diesem Dialog befasst haben. Der neue Krieg, der am 24. Februar ausbrach, ist für unseren Interessenbereich von einiger Relevanz. Mit dem Überfall geht eine Ära zu Ende, die mit dem Fall der Berliner Mauer begonnen hat. Der Fall der Mauer symbolisierte den Sieg der liberalen Demokratie – der Kalte Krieg ging mit einem Knall, aber ohne Blutvergießen zu Ende. Drei im Großen und Ganzen gute Jahrzehnte sind seitdem vergangen, dreißig Jahre, in denen man behaupten konnte, dass sogar die Rivalen des Westens (ausgenommen die Anhänger des islamischen Fundamentalismus) die Vorteile des siegreichen Systems anerkannt haben. Und siehe da, nur eine Generation nach dem Fall der Mauer scheint Europa einen Rückzieher vollzogen zu haben – immer mehr Staaten ziehen das autoritäre System vor, und die Mauer kehrt zurück: Der »heiße« Krieg hat sich zurückgemeldet, der Albtraum ist Realität.

In der dritten Woche des Krieges meinte unser Freund Dan Diner in einem Ferngespräch aus Berlin: »Um das Geschehen analysieren zu können, verfügen wir Historiker des Zweiten Weltkriegs über bessere Mittel als die Russologen.« Ich stimme ihm zu. Den Satz »Seit 5:45 Uhr wird jetzt zurückgeschossen« kennen wir allzu gut. Der Aggressor, der sich als Opfer ausgibt, »der bestohlene Kosack« (so heißt es im Hebräischen) – eine Masche, die uns wohlbekannt ist. Wir kennen auch die zynische propagandistische Taktik des Schiebens des eigenen Kriegsverbrechens in die Schuhe des Opfers. Diese Taktik haben wir bereits oben berücksichtigt, als wir uns mit der Shoah befassten. Auch die Namen der nun bombardierten Städte kommen uns wegen des Zweiten Weltkriegs so bekannt vor.

Kurzum: Wer die Geschichte der Entfesselung des Zweiten Weltkriegs durch Hitler-Deutschland kennt, ist jetzt mit einem Szenario konfrontiert, das ihm nicht unbekannt vorkommt. Nur ist der Aggressor von heute das Opfer von damals.

Auch der Umgang Deutschlands und Israels mit diesem Krieg erfordert eine Analyse vor dem Hintergrund der Lehre, die beide Staaten aus der Geschichte des NS und der Shoah angeblich gezogen haben. Denn es handelt sich nicht bloß um ein weiteres Kapitel in der langen Gewaltgeschichte der Region, die der Historiker Timothy Snyder »Bloodlands« genannt hat. Wir sind so erschüttert, weil in Europa, von dem wir behaupteten, es habe den Frieden als höchsten Wert endlich schätzen gelernt, wieder eine kriegerische Auseinandersetzung möglich ist. Die Europäische Union, die sich seit 1990 graduell nach Osten erweitern konnte, verliert an Anziehungskraft, reagiert zaghaft auf die existenzielle Gefahr und scheint die Vehemenz des Erdbebens nicht richtig einschätzen zu können. Deutschland, Europas Rückgrat, litt nicht nur an »Russland-Verstehern« oder »Putin-Verstehern«, so wie viele in den 1930er Jahren meinten, Hitler verstehen zu können, sondern es meidet auch Maßnahmen, die es aus der Komfortzone herauszerren könnten. Der deutsche Gutmensch ist zwar bereit, den Flüchtlingen großzügig zu helfen (was lobenswert ist), denkt aber nicht an die Anwendung von Gewalt gegen einen Diktator, der alle Spielregeln ignoriert. Der Gaspreis schien für viele Grund genug zu sein, um nach einer Ausrede zu suchen, die ein Weiter-so mit der Diktatur im Osten zulässt.[40]

Die Naivität der deutschen Außenpolitik ist uns aus der Perspektive des Israel-Palästina-Konflikts wohlbekannt. Nun stellt sich heraus, dass Deutschland auch mit einem größeren Problem naiv umging – der Abhängigkeit vom unersetzbaren Energielieferanten Russland. In unserem Dialog habe ich mich positiv zu Deutschlands Angst vor Krieg und Militarismus nach 1945 geäußert; doch wenn auf die Angst die Lähmung folgt und die gewalttätige Diktatur nicht auf Widerstand stößt, ist letztendlich die Kapitulation vor der Diktatur die Folge. Die wehrhafte Demokratie muss darauf bedacht sein, in einer Ausnahmesituation auch zur Waffe zu greifen.

Das frustriert mich sehr: Wenn die liberale Demokratie nicht begreift, dass und wie sie sich zur Wehr setzen muss, um ihre Werte zu verteidigen, wird sie letztlich verlieren. Ich befürchte, dass die Lehre, die Israel aus der neuen Entwicklung ziehen wird, der Verzicht auf liberale Werte sein wird. Stattdessen wird im Namen des heiligen nationalen Egoismus noch mehr Gewalt angewendet werden. Es gibt in Israel genug Menschen, die diese Lehre für die richtige halten werden. Statt also von Europa gelernt zu haben, wie man einen militärischen Konflikt durch Verhandlungen ersetzt, lernen wir aus der jüngsten europäischen Erfahrung, dass es besser sei, der gewalttätige regionale Raufbold zu sein. Er wird auch den Opfern des Raufbolds von nebenan nicht zu Hilfe kommen, weil beide Grobiane gemeinsame Sache machen (damit meine ich die russisch-israelische Zusammenarbeit in Syrien). So ist es auch diesmal passiert: Aus Angst vor dem gewaltbereiten Partner (Russland) hält sich Israel so weit zurück, dass es sich nicht einmal den gegen Russland verhängten Sanktionen anschließt, von Waffenlieferungen an die Ukraine ganz zu schweigen. Waffen verkaufen wir an andere Rabauken. Auch der relevante Begriff der Besatzung wird im neuen Zusammenhang weiterhin mit unseren Scheuklappen gesehen. So wie Russland den Begriff »Krieg« verbietet, verbieten wir den Gebrauch des Begriffs »Besatzung«, wenn es sich um die Präsenz Israels in den besetzten Gebieten seit 1967 handelt. Man sollte vor der eigenen Tür kehren.

Der neue Krieg hat auch den Begriff »Holocaust« herausgefordert. Wieder war der Teufel los, weil der Versuch unternommen wurde, den monopolisierten Gebrauch des Begriffs »Holocaust« bzw. »Endlösung« infrage zu stellen, so in der Rede des ukrainischen Präsidenten vor der Knesset. Statt sich mit der Frage zu befassen, weshalb Israel sich nicht auf die Seite des Opfers schlägt (wie es retroaktiv von jedem erwartet wurde und noch immer wird, der nicht gegen das antisemitische NS-Deutschland aufstand), kreist die öffentliche Debatte um die Frage, ob der vom ukrainischen Präsidenten angedeutete Vergleich überhaupt hätte angestellt werden dürfen. Wieder besetzte die Floskel »unvergleichbar« die Tagesordnung, um einen anderen relevanten Vergleich zu verdrängen, nämlich den zur Vorstufe der Shoah – die Lehren aus der Évian-Konferenz und der sogenannten »Polenaktion«, beide im Jahr 1938. Wie kann es sein, dass die ukrainischen Flüchtlinge uns nicht an die Evian-Konferenz gemahnen, die für die jüdischen Opfer Nazideutschlands keinen Zufluchtsort gefunden hat, weil »die Welt wegschaute«, oder an die Tausenden jüdischen Vertriebenen, die an der Grenze zwischen Deutschland und Polen im Oktober 1938 ausharren mussten?

Hätten wir diese Erinnerung wachgehalten, wäre die israelische Regierung nicht auf die abstruse Idee gekommen, eine Selektion unter den nach Israel Geflohenen vorzunehmen – Ukrainer bevorzugen, die nach israelischem Gesetz als Juden anerkannt werden. Auch hier ist der Vergleich angebracht: Zwischen der polnischen und deutschen Flüchtlingspolitik einerseits, der die Lehre aus der Zeit um 1945 zugrunde liegt, und der israelischen Einstellung zu diesem Thema. Wenn wir diese Lektion nicht gelernt haben, haben wir überhaupt etwas aus der Geschichte gelernt?

Tel Aviv, 6. April 2022
Zuckermann an Zimmermann

»Haben wir überhaupt etwas aus der Geschichte gelernt?«, fragst Du am Schluss Deiner Worte, und ich weiß nicht, ob es Dir ernst ist mit dieser Frage oder ob Du sie nur sarkastisch stellst. Warum sollte man annehmen, dass wir (in Israel) etwas gelernt haben? Unser monatelanger Dialog hat doch gezeigt, dass wir nicht nur nichts gelernt haben, sondern auch nichts lernen *wollten*. Wir wollten lediglich der »Welt«, die (der Shoah) »tatenlos zusah«, ihre Amoralität vorhalten, während dieselbe »Welt« weiterhin »tatenlos zusieht«, wie das sich selbst viktimisierende Israel, das »die Lehre aus der Shoah gezogen hat«, seit über einem halben Jahrhundert sein barbarisches Besatzungsregime betreibt. Liberale Demokratie? Kann das okkupierende Israel überhaupt Demokratie genannt werden? Israel, in welchem ein Großteil seiner Bevölkerung und auch seiner Politiker sich jedes Mal aufs Neue als schamlose, unverbesserliche Rassisten erweisen, Israel, das seit Jahren nicht zögert, ein gewalttätiges Apartheidregime zu unterhalten – dieses Israel soll den Aggressor anprangern? Soll allen Ernstes seine Stimme gegen einen Diktator erheben? Von diesem Israel soll man eine moralische Aussage gegen Unterdrückung erwarten (insofern man überhaupt von Moral und Politik reden kann)? Das Israel des Einmarsches in den Libanon ist in der Position, gegen die russische Invasion in die Ukraine zu protestieren? Wenn die Ukrainer die Opfer und die Russen die Aggressoren im gegenwärtigen Krieg sind, ist es nicht klar, wem von beiden Israel ähnelt (wenn es schon einer Analogie bedarf)?

Im hier erörterten Zusammenhang ist Putin in erster Linie der Verbrecher, weil er den Krieg begonnen hat. Es gab keinen unmittelbaren Grund, ihn zu eröffnen, es gibt keine Rechtfertigung für diese schreckliche Aggression – man kann die wertende Beurteilung dieses Geschehens mit dieser eindeutigen Feststellung zusammenfassen. Aber wir sind Historiker, daher auch zu einer breiteren, kontextuellen Sicht der Dinge verpflichtet. Man muss kein besonders großer Putin-Versteher sein, um (neben der klaren Verurteilung der zerstörerischen russischen Aggression) zu begreifen, dass Putins krimineller Akt sich nicht im historisch luftleeren Raum vollzog. So wie man fragen mag, ob ein weniger drakonischer Zugang zur Verfassung des Versailler Vertrags nach dem Ersten Weltkrieg nicht die Dynamik der Kräfteverhältnisse im Deutschland der Weimarer Zeit hätte mildernd beeinflussen können, kann gefragt werden, ob eine entschiedenere und verpflichtende Festlegung des Status quo zwischen den Blöcken nach Beendigung des Kalten Krieges und dem

Zerfall des Warschauer Pakts nicht möglich gewesen wäre – einfach, um das Vordringen der NATO im europäischen Osten in Richtung des besiegten Russlands zu verhindern. Man behauptet im Westen, die Russen hätten keinen Grund gehabt, sich von der NATO bedroht zu sehen. Mag sein. Aber wenn man so argumentiert, muss man auch fragen, welchen Grund John F. Kennedy hatte, nach der Stationierung sowjetischer Mittelstreckenraketen auf Kuba im Jahr 1962 einen dritten Weltkrieg zu riskieren. Worin war das amerikanische Gefühl der Bedrohung damals verständlicher als das heutige russische? Das kann zwar Putins barbarischen Akt mitnichten legitimieren, aber gerade weil seiner Verurteilung ein moralisches Moment innewohnt, muss man fragen: Wer ist es, der verurteilt? Die Vereinigten Staaten (und ihre westeuropäischen Verbündeten)? Die USA des Koreakriegs, des Vietnam- und des Afghanistankriegs, die USA zweier Invasionen in den Irak und anderer imperialistischer Interventionen in Südamerika und anderen Orten in der Welt? Im 21. Jahrhundert, bereits nach dem Zerfall des kommunistischen Blocks, haben doch gerade die USA gezeigt, dass wenn es in ihrem Interesse liegt, sie – ohne Bedenken und ohne jemanden zu fragen – einen zerstörerischen Krieg eröffnen.

Und wieder sei – zum dritten Mal – betont, dass all das die Verteidigung der von Putin getroffenen militärischen Maßnahme nicht im geringsten stützen kann. Wie bereits hervorgehoben, ist die schiere Eröffnung dieses Krieges ein scharf zu verurteilendes Verbrechen. Es sei in diesem Zusammenhang erwähnt, dass die verbreitete Position in den deutschen Medien nicht die der Putin-Versteher ist, sondern im Gegenteil die fast einheitliche Position seiner Verurteilung. So, wie die deutschen Medien sich eins sind in der *Nicht*verurteilung Israels für seine routinemäßig begangenen Kriegsverbrechen, so einheitlich sind sie in der Verurteilung der Russen für das von ihnen Verbrochene. Aber geschieht dies wirklich nur aus Identifikation mit den Opfern und Feindseligkeit gegenüber dem Aggressor? Oder spielt da auch etwas vom traditionellen deutschen Russenhass mit hinein, welcher bereits im Ersten Weltkrieg die Parole »Jeder Schuss ein Russ'« hervorbrachte? Das generalisierende Diktum »Die Deutschen werden den Juden Auschwitz nie verzeihen« paraphrasierend, kann man (in nicht minder generalisierender Weise) behaupten, dass die Deutschen den Russen die Schande der Niederlage im Zweiten Weltkrieg nie verzeihen werden. 1995 erzählte mir Jürgen Habermas, dass anlässlich des 50. Jahrestags der Beendigung des Zweiten Weltkriegs in Deutschland eine Debatte entbrannte, wie dieses Datum zu begehen sei: als »Niederlage« oder »Befreiung« Deutschlands. Der damalige Kanzler Helmut Kohl habe die erlösende Formel gefunden: Befreiung, aber das letzte Mal. Eine andere Art der »Normalisierung«, wenn man will. Du schreibst: »Der deutsche Gutmensch ist zwar bereit, den Flüchtlingen großzügig zu helfen (was lobenswert ist), denkt aber nicht an die Anwendung von Gewalt gegen einen Diktator, der alle Spielregeln ignoriert.« Ich muss sagen, dass ich immer der Meinung war, dass das für Deutschland nach allem, was es im 20. Jahrhundert angerichtet hat, die adäquate Schlussfolgerung ist, die es aus seiner Geschichte gezogen hat – bis auch diese im Jahr 1999 zerfiel, als Deutschland ein Tabu brach und das erste Mal seit 1945 seine Luftwaffe im Jugoslawienkrieg einsetzte. Der damalige Außenminister Joschka Fischer von den Grünen begründete dies mit dem Argument: »Ich habe nicht nur gelernt: *Nie wieder Krieg*. Ich habe auch gelernt: *Nie wieder Auschwitz*.« Es stellt sich heraus, dass auch die deutsche Linke nicht schlecht darüber Bescheid weiß, wie man den Holocaust für eigene Zwecke instrumentalisiert. Mich beunruhigen gerade die vielen Milliarden, die die deutsche Regierung für die Bewaffnung ihres Militärs als Reaktion auf den Krieg in der Ukraine budgetiert hat.

Zurück zu unserem kleinen Land. Es ist nicht verwunderlich, dass Israel in der Reaktion auf den gegenwärtigen Krieg einen Zickzackkurs einschlägt. Wann hat Israel jemals auf kriegerische Barbarei in der Welt reagiert (schon gar nicht zu reden von kriegerischen Schrecken und ihren Folgen in der Dritten Welt)? Wieso soll man denken, dass es vor Aggressoren jeglicher Art im geopolitischen Umfeld zurückschreckt? Man weiß ja, was Israel selbst im benachbarten Umfeld angestellt hat (und noch immer anstellt). Und wenn rassistische Diktatoren wie Viktor Orbán, Jair Bolsonaro und Rodrigo Duterte von Israel eingeladen wurden, einen Kranz in Yad Vashem niederzulegen, gibt es keinen Grund anzunehmen, dass wir eine relevante Lehre aus der jüdischen Leidensgeschichte gezogen haben – gewiss keine Lehre zur Auseinandersetzung mit der Unterdrückung, dem Leid und der allgemeinen Barbarei, die sich in der Welt zunehmend verbreiten.

Deutsche Solidarität –
mit einem demokratischen Israel

Jerusalem, 8. Mai 2023
Zimmermann an Zuckermann

Der Spruch »Never a dull moment« beschreibt tatsächlich und tagtäglich die israelische Befindlichkeit. Nachdem wir im Januar 2022 unseren Dialog abgeschlossen hatten, der im Schatten der Pandemie geführt wurde, kam der Angriff Russlands auf die Ukraine, der uns veranlasste, unser Buch um ein weiteres Kapitel zu ergänzen. Seitdem hat auch Israel ein zusätzliches Kapitel geschrieben, das von uns nicht unberücksichtigt bleiben darf: Am 1. November 2022 fanden in Israel zum vierten Mal innerhalb von zwei Jahren Parlamentswahlen statt, die die Pattsituation durchbrochen haben. Die israelische Rechte erhielt eine klare Mehrheit, die Linke war wie weggefegt. Die Regierung, die am 29. Dezember 2022 vereidigt wurde, ist wieder eine Regierung Netanjahus und wird volkstümlich »voll und ganz rechtsorientiert« (*Jamin male male*) genannt, im Klartext: eine rechtsradikale Regierung, die eine rechtsextreme, rassistische Partei beherbergt, aber keine einzige Partei aus der sogenannten Mitte.

Rückblickend kann ich sagen, dass wir es kommen sahen, und trotzdem stehe ich, wie viele andere, unter Schock. Denn die neue Regierung ging sofort zur Sache – die israelische Justiz, vor allem den Obersten Gerichtshof, zu überrumpeln (euphemistisch: reformieren) ist das erste Ziel. Denn es ist die Justiz, die den Weg der »voll und ganz rechten« Regierung Richtung »Großisrael« und Zerstörung der demokratischen Strukturen noch zu versperren vermag. Die Liste der Gesetze und Maßnahmen, die diese rechtsradikale Koalition dann plant, macht uns, Kenner der deutschen Geschichte, besonders hellhörig, und die Hunderttausenden, die gegen diese Regierung demonstrieren, können nicht anders, als sich fragen: Befinden wir uns noch im Jahr 1932 oder bereits im Januar 1933? Auf einem Plakat, das Demonstranten vor dem Amtssitz des israelischen Präsidenten in Jerusalem hochhielten, hieß es (auf Deutsch!): »1933. Beginnt zu vergleichen, bevor es zu spät ist«.

In meinem Hinterkopf schwebt schon seit Langem der Titel des Werkes unseren Kollegen Heinrich August Winkler *Der Weg in die Katastrophe 1930–1933. Mutatis mutandis*, wie sich von selbst versteht, aber wie kann man dem Vergleich ausweichen, zumindest dem mit der thüringischen Regierung 1930, in der zum ersten Mal ein Nationalsozialist Minister wurde. Wenn an der Regierung eine Partei teilnimmt, die rechtsextreme Minister aufstellt – liegt dann ein Vergleich nicht auf der Hand? Einer von ihnen (Minister Bezalel Smotrich) hat bereits seinen Plan verkündet: die Palästinenser vor die Wahl zu stellen, entweder Untertanen Israels zu werden, ohne Gleichberechtigung, oder auszuwandern. Sollten sie beide Möglichkeiten ausschlagen, bliebe ein dritter Weg übrig: Das würde dann als Kriegserklärung gegen Israel gewertet und, »a la guerre comme a la guerre«, Israel dürfe gegen sie Krieg führen und sie auch mit Gewalt vertreiben. Der Politiker war bereits Minister, als er sich offen dafür aussprach, ein palästinensisches Dorf auszuradieren, weil dort (wohlgemerkt im besetzten Westjordanland) Palästinenser Siedler angegriffen und getötet haben. Da sollte einen meines Erachtens über einige Jahre nach 1933 nachdenken lassen. Aber nein, wird man mir sofort entgegenhalten, es besteht keinesfalls die Gefahr eines weiteren Auschwitz, was jeden Vergleich im Keim erstickt – aber das haben wir weiter oben schon erörtert.

Der andere Minister, Itamar Ben-Gvir, mehrmals vorbestraft, jetzt Minister für innere Sicherheit (sprich: Polizeiminister) kommt aus dem Lager des Rassisten Rabbi Meir Kahane, den wir im Laufe unserer Korrespondenz bereits erwähnt haben. Ben-Gvir habe ich persönlich kennengelernt, als er vor zwanzig Jahren einen Zeitungsredakteur wegen Verleumdung verklagte. Der Redakteur, ein Schulkamerad von mir, nannte ihn in einer Talkshow »kleiner Nazi«. Meine Aufgabe war es, als Historiker ein Gutachten über die Frage zu erstellen, ob man der Kahane-Ideologie eine Ähnlichkeit mit der NS-Ideologie nachweisen kann. Der Prozess durchlief drei Instanzen, bis der Oberste Gerichtshof 2002 zwar Verleumdung feststellte, aber eine Entschädigung von nur einem Schekel (etwa 25 Cent) verhängte – das Wort Nazi sei bei uns nicht zu verwenden. Aber auch den Richtern war klar, wie nah dieser damalige Aktivist und heutige Minister dieser Bezeichnung kommt. Schaut man also auf diese Parteien, diese Minister, diese Regierungspolitik, so drängt sich die assoziative Rückbesinnung auf Ausschnitte aus der deutschen Geschichte gleichsam von selbst auf. Es geht dabei nicht nur um die Beschränkung der Macht des obersten Gerichts und des Generalstaatsanwalts, sondern auch etwa um die bereits gefallene Entscheidung, eine Nationalgarde zu gründen, die ihre Befehle direkt von diesem Minister für nationale Sicherheit erhält, quasi als Privatarmee. Fällt einem in diesem Zusammenhang nicht ein, wie vor neunzig Jahren eine Privatarmee zur Hilfspolizei mutierte, die half, die Demokratie zu zerstören? Gewiss. Einige solcher Vergleichsmöglichkeiten bieten sich an; die Methode des Vergleichs kann man uns jedenfalls nicht verbieten. Und wie wir bereits oben unterstrichen haben, führt der Vergleich nicht zur automatischen Gleichsetzung der miteinander verglichenen Gegenstände.

Aber nicht nur das historische Deutschland wird angesichts des Versuchs, die liberale Demokratie zu unterwandern, relevant, sondern auch das Deutschland der Gegenwart. (Vergleichen muss man übrigens nicht nur mit Deutschland – Ungarn oder etwa Nordkorea sind auch in mancher Hinsicht relevant.) Es geht um Deutschlands offizielle Positionierung gegenüber unserer neuen Regierung. Kurz nach der Vereidigung der neuen Regierung plädierte der Autor eines hebräischen Buches über die AfD in der bereits erwähnten Netanjahu-nahen Zeitung *Israel HaYom* (*Israel heute*) für die Rückkehr zu den deutsch-israelischen Regierungskonsultationen – ganz so, als wäre das Sitzen an einem Tisch mit Ben-Gvir und Smotrich mit der demokratischen Gesinnung der Bundesrepublik nicht unvereinbar. Oder ist dies etwa doch vereinbar? Sowohl Bundeskanzler Scholz (bei einem Besuch Netanjahus in Berlin) als auch Außenministerin Baerbock (bei einem Besuch des israelischen Außenministers Cohen) haben zaghaft die »Justizreform« als Grund zur »Sorge« angedeutet; zu mehr reichte es nicht. Der Grund für diese offenkundige Zögerlichkeit ist nicht nur die Fülle an internationalen Herausforderungen, denen man sich vor allem diplomatisch ausgesetzt sieht – Ungarn und Polen in der EU, der Ukrainekrieg, Chinas Affront, Inflationsbekämpfung etc. –, sondern vor allem die Angst vor dem Antisemitismus-Vorwurf. Gemäß der Logik, die wir bereits oben kritisierten, darf man sogar Rechtsextremismus aus Israel dulden, weil es eben um Juden geht. So plädierte auch der israelische Botschafter in Berlin in einem ARD-Interview am 7. Mai für die Wiederaufnahme der Regierungskonsultationen, an denen auch die rechtsradikalen Minister teilnehmen können. Wer weiß, ob der deutsche Botschafter in Israel nicht die Einladung befolgt hätte, am Europatag mit Minister Ben-Gvir als Gastgeber teilzunehmen, wenn die EU nicht die Bremse gezogen hätte. Man muss die Frage an die deutsche Politik richten: Mit wem in Israel wollt Ihr zusammenarbeiten – mit den Demokraten oder mit den Zerstörern der freiheitlichen Demokratie?

Diese Logik der deutschen Politik hat aber noch weitere Auswirkungen: In Deutschland kommt eine Zusammenarbeit mit der AfD (wie lange noch?) nicht infrage, aber die Deutsche Botschaft in Tel Aviv bemühte sich um Gesprächspartner für AfD-Abgeordnete, die Israel letzte Woche bereisten, als wäre das nicht ein haarsträubender Widerspruch – rechtsradikale deutsche Politiker im Land der Holocaust-Überlebenden? Im letzten Moment haben wachsame Israelis dazu beigetragen, dass der Besuch der beiden AfD-Leute in Yad Vashem nicht mit einer Zeremonie in der großen Halle seinen Höhepunkt erreichte. Wie die bestürzte offizielle Reaktion in Deutschland auf die documenta fifteen mit dieser Bereitschaft, die AfD und Israel miteinander ins Gespräch zu bringen, in Einklang gebracht werden kann, ist mir ein Rätsel. Wo bleibt die Reaktion der vielen Antisemitismusbeauftragten in Deutschland, die auf jedes BDS-gebundene Ereignis automatisch gereizt und lauthals reagieren? Die jetzigen deutsch-israelischen Beziehungen zeigen jedenfalls, dass etwas mit den Lehren aus der Geschichte schiefläuft; viel Ignoranz und Dummheit sind beim Thema Juden bzw. Antisemitismus im Spiel. Das muss auch das Fazit sein, nachdem sich in der Sondersitzung des Bundestags zum 75. Geburtstag Israels besonders die AfD-Abgeordneten als Israelfreunde aufgespielt haben. Unsere Kritik, die wir im Laufe des Dialogs zum Ausdruck gebracht haben, erweist sich als berechtigt, aber im Grunde noch als zu sanft, denn die absurde deutsche Haltung gestaltet sich immer deutlicher. Ich kann meine Befürchtung nur wiederholen – der Bumerang wird uns direkt ins Gesicht fliegen. Auf Englisch gehört hierher der Satz: »I rest my case.«

Israel feiert jetzt, wie die Bundesrepublik im kommenden Jahr, seinen 75. Geburtstag. Man kann sich gut vorstellen, wie die Feier des 100. Geburtstages aussehen wird!

Tel Aviv, 19. Mai 2023
Zuckermann an Zimmermann

Du hast am Beispiel von Bezalel Smotrich und Itamar Ben-Gvir das wesentlich Krankhafte der gegenwärtigen politischen Struktur Israels dargelegt. Dass Netanjahu die Parteien der beiden sowie die orthodoxen Parteien als seine »natürlichen Verbündeten« bezeichnet, hängt mit der unerbittlichen Verfolgung seiner Privatinteressen zusammen, denen er die nationalen Interessen und das kollektive Gemeinwohl unterstellt. Die »Justizreform«, die eher auf einen Staatsstreich hinausläuft, gilt ja nicht zuletzt der Verhinderung seiner Verurteilung in dem gegen ihn laufenden Prozess. Bedrückend ist aber vor allem, dass diese populistischen Politiker offenbar auf eine Riesenmasse von Menschen zählen können, die sie und mithin auch ihre rassistischen, chauvinistischen und faschistischen Anschauungen gewählt haben. Die Melange aus Faschismus und religiösem

Fundamentalismus, die jetzt in Israel an die Macht gelangt ist, ist in der Tat etwas, das wir zwar jahrelang als Möglichkeit vor Augen hatten, das uns jetzt aber trotzdem entsetzt, da es sich tatsächlich verwirklicht hat. Zwar hat sich eine beeindruckende Protestbewegung gegen diese Entwicklungen gebildet (und man kann ihre Agitation in den letzten Monaten mit einiger Bewunderung registrieren). Trotzdem sollte man auf keinen Fall unterschlagen, dass ein anderer Elefant im Raum steht und von den Hunderttausenden energisch Demonstrierenden ignoriert wird bzw. nicht zum Thema ihrer Protestemphase gemacht wird: Von der Okkupation, geschweige denn von einer politischen Lösung des Konflikts mit den Palästinensern, darf weiterhin kaum geredet werden.

Ich möchte aber an den zweiten Teil Deiner Darlegung anknüpfen und auch in diesem Kontext über Deutschlands Beziehung zu Israel sprechen. Deutschlands unverbrüchliche Solidarität mit Israel ist historisch nachvollziehbar. Deutsche haben an Juden Monströses verbrochen; in Israel haben zionistische Juden ihren Nationalstaat errichtet; und so war es nur zu verständlich (und realpolitisch praktisch), dass Deutschland (bzw. die alte BRD) seine den Juden gegenüber zu erbringende Sühne auf den Staat Israel übertrug und ab 1952 materialisierte. Über die sogenannte Wiedergutmachung hinaus, und letztlich als integralen Bestandteil von ihr, verpflichtete sich das staatsoffizielle Deutschland, seine Solidarität mit Israel nie abreißen zu lassen – bis hin zum Bekenntnis der deutschen Kanzlerin im Jahre 2008, dass Israels Sicherheit Teil der deutschen Staatsräson sei. Das Hauptargument für diese selbst auferlegte Radikalverpflichtung formuliert sich in der Parole, dass Israel den Juden nach der im Holocaust kulminierten Verfolgungsgeschichte endlich eine Zufluchtsstätte biete – und diese gelte es zu erhalten, wofür Deutsche eine besondere historische Verantwortung trügen.

Angesichts der Erfahrung des Zivilisationsbruchs war das nach 1945 zweifellos richtig und die so begründete Staatsgründung darf aus damaliger Sicht gar als historische Notwendigkeit gewertet werden. Aber wie schon mehrfach an anderer Stelle dargelegt, darf bezweifelt werden, dass dem heute noch so ist bzw. dass der Zionismus seinem Versprechen nachgekommen ist, den Juden in aller Welt eine Zufluchtsstätte zu errichten, wo sie in Frieden und Sicherheit leben können. Was immer der komplexe Zusammenhang dafür sein mag, lässt sich heute doch mit Bestimmtheit sagen, dass der Jude als Jude nirgends auf der Welt so bedroht ist wie gerade in dieser vermeintlichen Zufluchtsstätte, und zwar sowohl individuell als tendenziell auch kollektiv.

Aber das sei hier nur nebenbei bemerkt. Zu fragen gilt es gleichwohl, ob man in Deutschland wirklich weiß, mit was für einem Staat man sich solidarisiert, wenn man Israel gegenüber eine solch beharrliche Loyalität bezeugt. Oder lässt man sich etwa durch die Pathosformel der Zufluchtsstätte dermaßen blenden, dass man die Realität dieses Staates gleichsam ausblendet, um sich ungestört und bar jeglicher Wirklichkeitsrelevanz der längst schon zum verdinglichten Fetisch mutierten Sühnearbeit hingeben zu können? Weiß man in Deutschlands politischer Klasse wirklich nichts von der jahrzehntelangen Barbarei des israelischen Okkupationsregimes und seinen Auswirkungen auf Palästinenser und jüdische Israelis? Weiß man nicht, dass man sich mit einem Land solidarisiert, das Kriegsverbrechen begeht, das Völker- und Menschenrecht systematisch übertritt, das schon längst zu einem Apartheidstaat verkommen ist? Und wenn man das weiß, meint man nicht, die notwendige Verurteilung dieser barbarischen Praxis in irgendeiner Weise artikulieren zu sollen?

Diese Frage stellt sich nun mit umso größerer Dringlichkeit angesichts der vor einem halben Jahr in Israel eingeschworenen neuen Regierung. Wenn diese Regierung die Regierung des *zionistischen* Staates ist, dann kann dem Postulat, der Zionismus sei rassistisch, endgültig nicht mehr widersprochen werden. In der israelischen Gesellschaft feiert der Rassismus schon seit vielen Jahren Urständ, seit geraumer Zeit auch im Parlament des radikal nach rechts gerückten Staates, und nun ist er zum integralen Bestandteil des mit Verve proklamierten Parteiprogramms der zentralen Koalitionspartner Netanjahus (seiner »natürlichen Verbündeten«) avanciert. Man hasst die Araber, man hasst Homosexuelle, man hasst Linke, man redet über Frauen, als sei man noch gar nicht im 20., geschweige denn im 21. Jahrhundert angelangt. Und man ist dort letztlich auch noch nicht angelangt: Die klerikal-mystische Grundlage dieser Koalitionsparteien amalgamiert sich mit chauvinistisch-faschistischen Ideologemen; das erklärte Ziel einiger dieser Parteien, die in der neuen Regierung zentrale Ministerien besetzen, ist es, Israel in eine Theokratie verwandeln zu wollen. Die Angriffe auf das (bereits jetzt merklich geschwächte) Justizsystem Israels korrespondieren mit der Tatsache, dass alle Führer der Koalitionsparteien vorbestraft sind; und das wiederum verwundert nicht, wenn man bedenkt, dass Netanjahu selbst der Korruption, des Betrugs und der Veruntreuung angeklagt ist. Lüge, Korruption und offene Übertretung des Gesetzes sind zur Matrix des regierenden Teils der Knesset verschmolzen. Entsprechend werden Gesetze konstruiert und jetzt schon verabschiedet, die dieses illegale Unwesen legalisieren, mithin Netanjahu helfen sollen, seinem Prozess und einer möglichen Gefängnisstrafe zu entkommen.

In den 1990er Jahren sagte mir einmal ein berühmter deutscher Philosoph, nachdem er vom Fachbereich Philosophie an der Universität Tel Aviv gebeten wurde, eine Petition zu unterschreiben, die Israel für ein gerade begangenes horrendes Verbrechen der IDF im Libanon verurteilte: »Das kann ich leider nicht machen. Kein Mensch meiner Generation in Deutschland würde je eine Verurteilung Israels unterschreiben.« Mutig war das nicht, aber nachvollziehbar. Seine Generation war ja noch aktiv am Ende des Zweiten Weltkriegs mit allem, was er implizierte, beteiligt. Wegen seiner lebensgeschichtlichen Erfahrung räumte er der Zufluchtsstätten-Doktrin Vorrang gegenüber einem Urteil über das aktuelle Verbrechen ein. Juden und Israel waren ihm da ein Abstraktum – anders war ihm der Umgang mit der deutschen Geschichte (in seinem Fall, wie gesagt, nachvollziehbar) nicht möglich.

In der Woche, als die neue Regierung in der Knesset eingeschworen wurde, schrieb der israelische Publizist Yossi Klein in der Tageszeitung *Haaretz*: »Die Bildung der Regierung heute ist ein historisches Ereignis. Einmalig. Bedeutend wie die Ermordung Rabins. Es ist das erste Mal, dass Juden eine Regierung bilden, deren Gesetze denen ähneln, in deren Namen ihr Volk ermordet wurde.« Es wäre interessant, eine offizielle deutsche Stimme dazu zu hören. Aber die gab es eigentlich schon: Am 2. November 2022 wurde Andrea Sasse, Sprecherin des Auswärtigen Amtes, auf einer Pressekonferenz um einen Kommentar zur sich bildenden »rechtsradikalen Koalition« in Israel gebeten. Die Sprecherin gab zur Antwort: »Zum einen weisen wir das zurück, was in Ihrer Frage mitschwingt.« Als der Fragende wissen wollte, was es sei, das da zurückgewiesen würde, es seien ja Faschisten in der neuen Koalition, antwortete die Sprecherin resolut: »Die Bewertung, die in Ihrer Frage liegt, machen wir uns nicht zu eigen.« Das ist die ganze Story *in nuce*: Der israelische Publizist ist entsetzt über die rechtsradikale, faschistische Regierungskoalition, die in den kommenden Jahren sein Land beherrschen wird, und die Sprecherin des deutschen Außenministeriums kann sich die Benennung dessen, was sein Entsetzen auslöst, nicht zu eigen machen. Dass sie das als Angehörige der Diplomatengilde nicht kann, ist einzusehen. Aber haben sie und ihresgleichen, hat man in Deutschland überhaupt begriffen, dass man mit derlei »israelsolidarischen« Reaktionen gerade den Untergang des Landes, das man realitätsfern noch immer als Zufluchtsstätte »der Juden« zu beschützen vorgibt, *mutatis mutandis* mitbewirkt und vorantreibt?

Und eine Frage sei im Zusammenhang mit der von Dir erwähnten Feier anlässlich des Europatags, die man wegen der Teilnahme Itamar Ben-Gvirs absagte, zum Abschluss noch gestattet: Wenn nicht Itamar Ben-Gvir als Vertreter Israels bei der EU-Feier eingesetzt worden wäre, sondern ein Regierungspolitiker mit moderateren

Anschauungen – in welcher Hinsicht wäre das offizielle Israel samt seiner ungestört betriebenen Okkupationsbarbarei mit den vorgeblichen Werten der EU vereinbar gewesen? Und wenn die Besatzungsrealität den EU-Werten nicht widerspricht, ist es nicht ein lediglich gradueller Unterschied, ob Ben-Gvir oder ein geschliffener Diplomat Israel beim EU-Festtag vertritt?

Anmerkungen

1 Frank Bösch et al. (Hg.), *Public Historians: Zeithistorische Interventionen nach 1945*, Göttingen 2021.

2 Theodor Mommsen im Interview mit Hermann Bahr 1894, in: Helmut Berding, *Moderner Antisemitismus in Deutschland.* Stuttgart 1988, S. 156.

3 Empfehlenswert, um die Geschichte der »Aufwertung« des Beitrags des Muftis und der Palästinenser im Kontext der Geschichte der Shoah in Israel zu begreifen: Michael A. Sells, »Holocaust Abuse: The Case of Hajj Muhammad Amin Al-Husayni«, in: *Journal of Religious Ethics* 43 (4) (2015), S. 723–759.

4 Heinrich Heine, *Shakespeares Mädchen und Frauen*, Band 10, Hamburg 1993.

5 Herzl an Bismarck 19.6.1895, in: Franz Kobler (Hg.), *Juden und Judentum in deutschen Briefen aus drei Jahhunderten*, Wien 1935, S. 361.

6 *Die Welt*, 7.6.1912.

7 Gershom Scholem, *Judaica II.* Frankfurt am Main 1970, S. 7–11.

8 Richard Wagner, »Das Judenthum in der Musik« (1850) unter dem Pseudonym K. [= Karl] Freigedank, in*: Neue Zeitschrift für Musik* (Leipzig), 17. Jg, 33. Bd., Nr. 19, 3. September 1850, S. 101–107, und Nr. 20, 6. September 1850, S. 109–112.

9 Noam Zadoff, *Gershom Scholem: From Berlin to Jerusalem and Back*. Boston 2018.

10 »Ostjuden«: die im deutschen Judentum herabschätzend benutzte Bezeichnung für Juden aus Osteuropa.

11 Vgl.: Joachim Käppner, »Geschenk und Verpflichtung«, in: *Süddeutsche Zeitung*, 15.9.2020.

12 Joachim Kuhs meldete sich zu Wort auch im März 2023. Er stellte sich auf die Seite Netanjahus und seinen Anschlag auf die israelische Justiz und warf den gegen Netanjahu demonstrierenden Menschen vor, von der EU bezahlt zu sein. (https://unser-mitteleuropa.com/die-eu-sollte-sich-schaemen-israel-lektionen-in-demokratie-zu-erteilen/, aufgerufen am 31.7.2023)

13 Noah Klieger, *Zwölf Brötchen zum Frühstück – Reportagen aus Auschwitz.* München 2010.

14 In seinem Vortrag bei einer AfD-Veranstaltung behauptete Noll sogar, dass die Mehrheit der Juden in Deutschland mit der AfD sympathisieren (https://www.youtube.com/watch?v=bcCo0wECR8E, aufgerufen am 31.7.2023).

15 Zwei Monate zuvor, am 13. Juni 2021, wurde Netanjahu durch Naftali Bennett als Regierungschef ersetzt. Netanjahu wurde aber im Dezember 2022 wieder Ministerpräsident.

16 https://www.theguardian.com/world/2015/oct/21/netanyahu-under-fire-for-palestinian-grand-mufti-holocaust-claim, aufgerufen am 21.7.2023)

17 »Aufzeichnung des Gesandten Schmidt (Büro RAM)«, Fuschl, 14.5.1941, in: *Akten zur Deutschen Auswärtigen Politik (ADAP)*, Serie D (1937–1941), Band XIII 2, S. 719–721.

18 Moshe Zimmermann, *Vom Rhein an den Jordan*. Göttingen 2016, S. 141 ff.

19 Jair Lapid interpretiert auch den gegen Nichtjuden gerichteten Rassismus als Antisemitismus, Yehuda Bauer hingegen besteht auf der Unterscheidung zwischen Rassismus und Antisemitismus.

20 Ich muss zugeben, dass sich Dayan in diesem Amt zum ausgewogenen Kulturpolitiker entwickelte und u. a. Beschwerden aus der rechten Ecke zurückgewiesen hat.

21 Das Modell war das von Franz Rosenzweig gegründete Freie Jüdische Lehrhaus (1920–1938) in Frankfurt am Main.

22 Doron Kiesel, *Zur Gründung der Jüdischen Akademie in Frankfurt am Main.* 30.9.2021. (https://www.bpb.de/themen/zeit-kulturgeschichte/juedisches-leben/340993/zur-gruendung-der-juedischen-akademie-in-frankfurt-am-main/, aufgerufen am 31.7.2023)

23 Das deutsche Wort wird als Sprachmünze gebraucht.

24 »Raschi« (Abkürzung für »Rabbi Schlomo Jizchaki oder Itzhaki«, 1040–1105) war der wichtigste Kommentator des Pentateuchs; »SchUM« sind die Gemeinden Speyer, Worms und Mainz, die jüdischen Hochburgen des Rheinlands im Mittelalter (die Bezeichnung setzt sich aus den hebräischen Anfangsbuchstaben der Stadtnamen zusammen).

25 Inzwischen konnten sich in Deutschland auch der Soziologe Natan Sznaider und der Erziehungswissenschaftler Meron Mendel als Vertreter der deutsch-jüdischen Intellektuellen profilieren.

26 Die Jüdische Volkspartei nahm an den Wahlen der jüdischen Gemeinde teil – eigentlich war sie eine zionistische Partei.

27 Brit Shalom (1925–1933) war eine Gruppe Zionisten, die einen binationalen Staat anstrebten. Ihre Ideen wurden weiter diskutiert, auch nachdem die Gruppe selbst auseinandergegangen war.

28 Beide gehören zu den Siedlern, die sich in der palästinensischen Stadt Hebron kurz nach dem Krieg 1967 niedergelassen hatten und als fanatische Sprecher der Siedler-Bewegung bekannt geworden sind.

29 So ein Burgfrieden entstand während der Massendemonstration gegen die Regierung Netanjahu: Zum Symbol des Kampfes gegen den von der Regierung initiierten Staatsstreich wurde die israelische Flagge. Die israelischen

Palästinenser blieben im Wesentlichen außerhalb der protestierenden Gemeinschaft.

30 Yehuda Elkana »Plädoyer für das Vergessen«, in: *Haaretz*, 2.3.1988, S. 13.

31 Friedrich Nietzsche, *Jenseits von Gut und Böse*, München und New York-Berlin 1998, Viertes Hauptstück, Sprüche und Zwischenspiele.

32 Zeev Sternhell, *The Founding Myths of Israel: Nationalism, Socialism, and the Making of the Jewish State*. Princeton 1999.

33 Mit »Revisionisten« sind Zionisten gemeint, die mit der Politik der Mehrheit in der zionistischen Bewegung unzufrieden waren und so bereits vor dem Zweiten Weltkrieg ihre eigene zionistische Organisation ins Leben gerufen haben, wo sie dann bis 1948 eine antibritische, später israelisch-nationalistische Politik betrieben.

34 Der Jüdische Autonomismus war eine Nationalbewegung in Osteuropa, die eine kulturelle Autonomie für Juden in der Diaspora, nicht aber eine Konzentration der Juden auf einem Territorium (Palästina oder anderswo), anstrebte.

35 Wir verwenden für den sogenannten »Sechstagekrieg« durchgehend die Bezeichnung »1967er-Krieg«, um erstgenannten politisierten Begriff zu vermeiden.

36 Max Nordau (1849–1923), Arzt und berühmter Schriftsteller, leitende Figur in der zionistischen Bewegung seit 1897.

37 Arthur Biram (1878–1967) wanderte als Zionist bereits vor dem Ersten Weltkrieg nach Palästina aus, war Erzieher und Rektor der Realschule in Haifa.

38 Matthias Thoma, *»Wir waren die Juddebube«. Eintracht Frankfurt in der NS-Zeit.* Göttingen 2007.

39 Frank Biess, *Die Republik der Angst.* Reinbek 2019.

40 Seit April 2022 hat Deutschland den Kurs schrittweise geändert. Zwar bleibt die Bundeswehr weiterhin direkt am Krieg unbeteiligt, aber die Militärhilfe für die Ukraine kommt, Nordstream 1 und 2 sind außer Betrieb, Deutschland hat auf Flüssiggas umgestellt und sich neu aufgestellt. Auch der Normalbürger scheint zu begreifen, worum es geht. Ganz anders als Israel. (15.5.2023)